Das Leben der Wikinger

Nikol Verlagsgesellschaft mbH & Co. KG
Hamburg

Das Leben der Wikinger

Krieger, Händler und Entdecker

James Graham-Campbell

Vorwort von David M. Wilson, Direktor des British Museum

Das Leben der Wikinger

Sonderausgabe für Nikol Verlagsgesellschaft mbH & Co. KG, Hamburg. Mit freundlicher Genehmigung des Originalverlages.

Titel der englischen Originalausgabe: "The Viking World",
erschienen bei Frances Lincoln Publishers Limited, London, in Verbindung mit Weidenfeld & Nicolson Limited, London.

Schutzumschlag-/Einbandgestaltung: Wolfgang Heinzel/Callena Creativ GmbH, Druck: BAWA Print, Tschechien.

Printed in Slovakia

ISBN 3-933203-45-7

Inhalt

Vorwort von David M. Wilson Direktor des British Museum

Von ihren Zeitgenossen als brutal und blutdurstig beschimpft, sind die Wikinger wegen ihres Abenteuergeistes und ihrer Improvisationsgabe heute Gegenstand unkritischer Bewunderung. Und dies aus guten Gründen. Aus dem Nichts heraus brachen sie in eine vergleichsweise stabile Gesellschaftsordnung ein und erschütterten ihre Selbstgefälligkeit: Sie kolonisierten neue Länder, trieben Handel über bisher unvorstellbare Entfernungen, kämpften tapfer und schufen schließlich eine Reihe von Nationalstaaten, die heute noch bestehen und sich durch Stabilität und Bescheidenheit auszeichnen. Ihre mittelalterlichen Nachfahren überlieferten einige der Heldentaten der Wikinger in romantisch-christianisierter Form, in Epen, die zur Weltliteratur zählen: den nordischen Sagas. Der Norden entfaltete eine Schöpferkraft, von der James Graham-Campbell und die übrigen Autoren dieses Buches uns mit Sorgfalt und Begeisterung zugleich berichten.

Das am leichtesten verständliche Symbol der Wikinger ist das Schiff, und Sean McGrails Beitrag in diesem Buch ist vielleicht der erste Überblick über die Seefahrt der Wikingerzeit, dessen Autor sowohl ein erfahrener Seemann als auch ein promovierter Archäologe ist. Jahr für Jahr entdeckt man neue Schiffe, und unser Wissen über diesen Aspekt jener Zeit hat außerordentlich zugenommen. Dazu zählen auch Unternehmungen wie die Reise, die die *Odin's Raven* 1979 auf den Spuren der Wikinger von Norwegen zur Insel Man machte, was Wissenschaftlern und Seeleuten neue Kenntnisse über die Seefahrt vor tausend Jahren brachte. Im gleichen Jahre

führte man in Haithabu bei Schleswig eine der gründlichsten Ausgrabungen der letzten Jahre durch und barg aus dem flachen Hafenwasser dieser berühmten Wikingerstadt Teile eines Kriegsschiffes der Wikinger. Es besaß fast gar keinen Kiel mehr, und die übrigen Teile des Schiffes wiesen so wunderschöne Details auf, daß es in seiner handwerklichen Vollkommenheit nur mit dem großen Schiff verglichen werden kann, das man in einem Hügelgrab in Gokstad in Norwegen fand und das eines der bekanntesten Zeugnisse der Wikingerzeit darstellt.

Jahr für Jahr erschließt die Archäologie weitere Einzelheiten der materiellen Kultur der Wikingerzeit. Neue Studien an altem Material erweitern unsere Kenntnisse, werfen neues Licht auf Münzwesen und Wirtschaftsformen, politische Ordnung, Gesundheitswesen und Siedlungsgewohnheiten. Neue Funde erschließen uns neue kulturelle und technische Aspekte, die das Gesamtbild vervollständigen. So haben Ausgrabungen in Vorbasse in Dänemark nicht nur ein richtiges Dorf aus mehreren einzelnen Gehöften erschlossen, sondern auch Häuser mit Ställen an einem und Wohnräumen am anderen Ende. So finden durch Zufall Hochzeitsreisende im Süden Englands einen goldenen Armreif, während zur gleichen Zeit fleißig arbeitende norwegische Archäologen in Westness auf den Orkneys die seit Jahren ersten fachgerecht ausgegrabenen schottischen Gräber der Wikingerzeit freilegen.

Wenn auch die Archäologie die vielversprechendste Informationsquelle für die materielle Kultur des Nordens ist, so wird unser Wissen von den Wikingern doch auch wesentlich bereichert durch das Studium der einschlägigen zeitgenössischen und späteren Literatur. Welch überraschende Unmittelbarkeit geht doch etwa von der Lektüre einer schwedischen Runeninschrift des 11. Jahrhunderts aus, die über den Tod eines Mannes in der englischen Stadt Bath berichtet. Begrub man ihn vielleicht in der großen Abtei, die ein paar Jahre zuvor der Schauplatz der Krönung Edgars, eines der größten angelsächsischen Könige gewesen war? Die Kapitel von R. I. Page und Chr. Fell über die mehr literarischen Elemente der Überlieferung sollte man aufmerksam lesen, besonders, da dieses Buch reich und schön illustriert ist, und dadurch möglicherweise die Aufmerksamkeit des Lesers vom Verständnis der geistigen Kräfte des Nordens abgelenkt wird.

Das Zeitalter der Wikinger kann man nur vor dem Hintergrund jener Länder verstehen, in denen dieses Volk lebte. Die wundervollen Landschaftsaufnahmen, die hervorragende Photographen in Schweden und Norwegen im hellen Licht schöner Tage machten, kann man nur bewundern. Doch versetze man sich an die gleichen Orte in einer schwarzen Februarnacht, wenn man im Sturm kaum zu stehen vermag, vom Regen naß bis auf die Haut, unzureichend gekleidet und mit der Aussicht auf nichts als ein rauchiges Feuer und eine gestampfte Lehmtenne. Dann kann man vielleicht die Sehnsucht jener Nordleute nach anderen Ländern verstehen, wo das Leben leichter und die Ernten reicher waren. Hier liegt sicher eine Wurzel zum Verständnis der Wikingerzeit. Eines der bemerkenswertesten Kennzeichen dieser Epoche jedoch ist die Art und Weise, wie der menschliche Geist neue Höhen erklomm. Dieses Phänomen zu erklären oder zumindest zu untersuchen, ist die Absicht dieses Buches.

David M. Wilson

Die heidnischen Völker und ihre Heimat

Norwegens Berge steigen steil aus den Fjorden im Westen auf; sie lassen den Menschen wenig Raum, daher orientieren sich die wenigen dort lebenden Menschen zum Meer hin. Von diesen Küsten starteten zu Ende des 8. Jahrhunderts die Nordleute zu ihren ersten Raubzügen nach Britannien und Irland: der Beginn der Wikingerzeit im Westen.

Grundlagen der Wikingerzeit

Das Zeitalter der Wikinger umfaßt das 9. bis 11. Jahrhundert. Es war die Zeit der großen Seereisen: Wikingerschiffe segelten von Skandinavien, ihrem Heimatland, in alle Gegenden der nördlichen Halbkugel. Drei Jahrhunderte Nordischer Geschichte wurden geprägt durch Piratenzüge und Invasionen, durch Handelsreisen, Entdeckungsfahrten und Landnahme.

Die Welt der Wikinger war ein loser Verband des skandinavischen Kernlandes mit den neuen Siedlungsgebieten jenseits der Meere. Ihre Verbindungslinien waren Seewege in der Ostsee und in der Nordsee, ja sogar im Atlantischen Ozean. Wikinger siedelten von Neufundland bis Nowgorod, vom Nordkap in Norwegen bis zur Normandie im Fränkischen Reich. Mit ihren Schiffen befuhren sie die nördlichen Gewässer von Labrador bis zum Eismeer. Sie plünderten die Atlantikküste Europas bis nach Gibraltar und drangen ins westliche Mittelmeer ein. Über die Flüsse der Britischen Inseln und Kontinentaleuropas gelangten ihre Kriegsschiffe sogar tief ins Herz Westeuropas. Über Dnjepr und Wolga reichte ihr Handel bis ins Schwarze und Kaspische Meer und brachte die Wikinger so in direkte Berührung mit Byzanz und der Islamischen Welt.

Ein Wikinger sein, hieß wörtlich ein Pirat sein: Im Altnordischen steht das Nomen *víking* für Piraterie oder Raubzug, und ein *víkingr* war ein Pirat, ein Räuber. Dennoch wäre es verfehlt, deswegen drei Jahrhunderte Nordischer Geschichte als ein Zeitalter der Seeräuberei abzustempeln – denn keineswegs waren alle Skandinavier damals Räuber. Doch ist die Bezeichnung „Wikinger" mittlerweile zu einem festen Begriff geworden und soll auch hier alle Menschen skandinavischer Herkunft bezeichnen, gleich welcher Art ihre Tätigkeiten oder Absichten waren, soweit man sie nicht aufgrund ihrer Nationalität genauer bezeichnet, etwa als Dänen, Schweden, Norweger, Isländer usw. Eine solche engere Bestimmung ist oft unmöglich, da die europäischen und islamischen Quellen sowohl die räuberischen „Wikinger" als auch die handeltreibenden Skandinavier meist mit so allgemeinen Ausdrücken wie Nordmänner oder Heiden bezeichnen.

Im Westen beginnt das Zeitalter der Wikinger mit dem Ausbruch der skandinavischen Seeräuberei in den letzten Jahrzehnten des 8. Jahrhunderts, als die Wikinger erstmals Westeuropa überfielen. Zu ihren ersten Zielen gehörten zahlreiche Klöster, und dieser direkte Angriff auf die Christenheit verbreitete Angst und Schrecken bei allen, die davon hörten. Die wachsende Zahl der Raubzüge im 9. Jahrhundert und ihre Regelmäßigkeit im 10. Jahrhundert rechtfertigen den Begriff Zeitalter der Wikinger in seiner wörtlichen Bedeutung für diese Periode im Westen. Im 11. Jahrhundert nahmen Zahl und Heftigkeit der Angriffe allmählich ab. Gleichzeitig nahmen die heidnischen Völker Skandinaviens das Christentum an, und Norwegen, Schweden und Dänemark wurden zu Nationalstaaten wie jene im übrigen Europa, deren Zivilisation sie nun übernahmen.

Das Zeitalter der Wikinger war etwa gegen 1100 vorüber: In vielen Gegenden hatten sich die wikingischen Siedler und Händler mit der einheimischen Bevölkerung verschmolzen, anderswo, etwa in Island, lebt ihr Erbe bis heute fort.

Während dieser drei Jahrhunderte wikingischer Abenteuer blieben in Skandinavien Bauern, Jäger, Fischer und Fallensteller zurück, die weiter nach Art ihrer Vorfahren lebten. Die Daheimgebliebenen lieferten die Grundlagen, die die Seefahrten erst ermöglichten. Die Schiffe mußten gebaut, ausgerüstet und versorgt werden. Es waren Vorräte für den Winter anzulegen und für die Händler mußten Warenlager geschaffen werden. Man kann kein wirklichkeitsgetreues Bild von den Wikingern und ihren Errungenschaften gewinnen ohne Einblick in ihre ökonomischen Grundlagen in Skandinavien, ohne Kenntnis der sehr unterschiedlichen Landschaften ihrer Heimatländer.

Dänemark

Dänemark besteht heute aus der Halbinsel Jütland, den großen Inseln Fünen und Seeland sowie fast 500 kleineren Inseln, darunter Bornholm, das weit östlich vom übrigen Dänemark liegt. Im Zeitalter der Wikinger war das dänische Territorium weit ausgedehnter, denn die

Frauen hatten – in Theorie und Praxis – eine geachtete Stellung in der Gesellschaft der Wikinger inne. Dieser (hier vergrößerte) schwedische Schmuckanhänger zeigt eine Wikingerfrau in der typischen Kleidung der Skandinavierin jener Zeit.

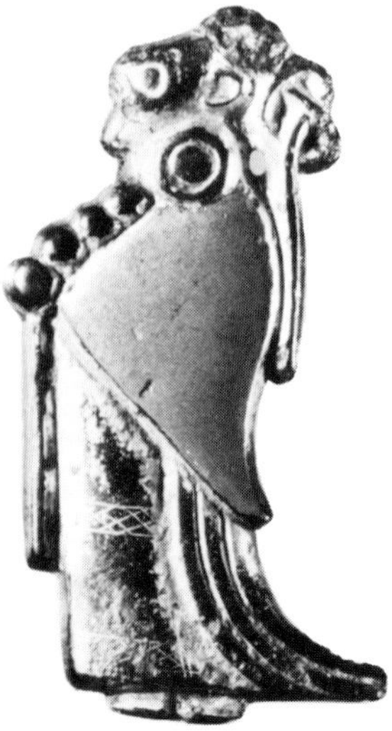

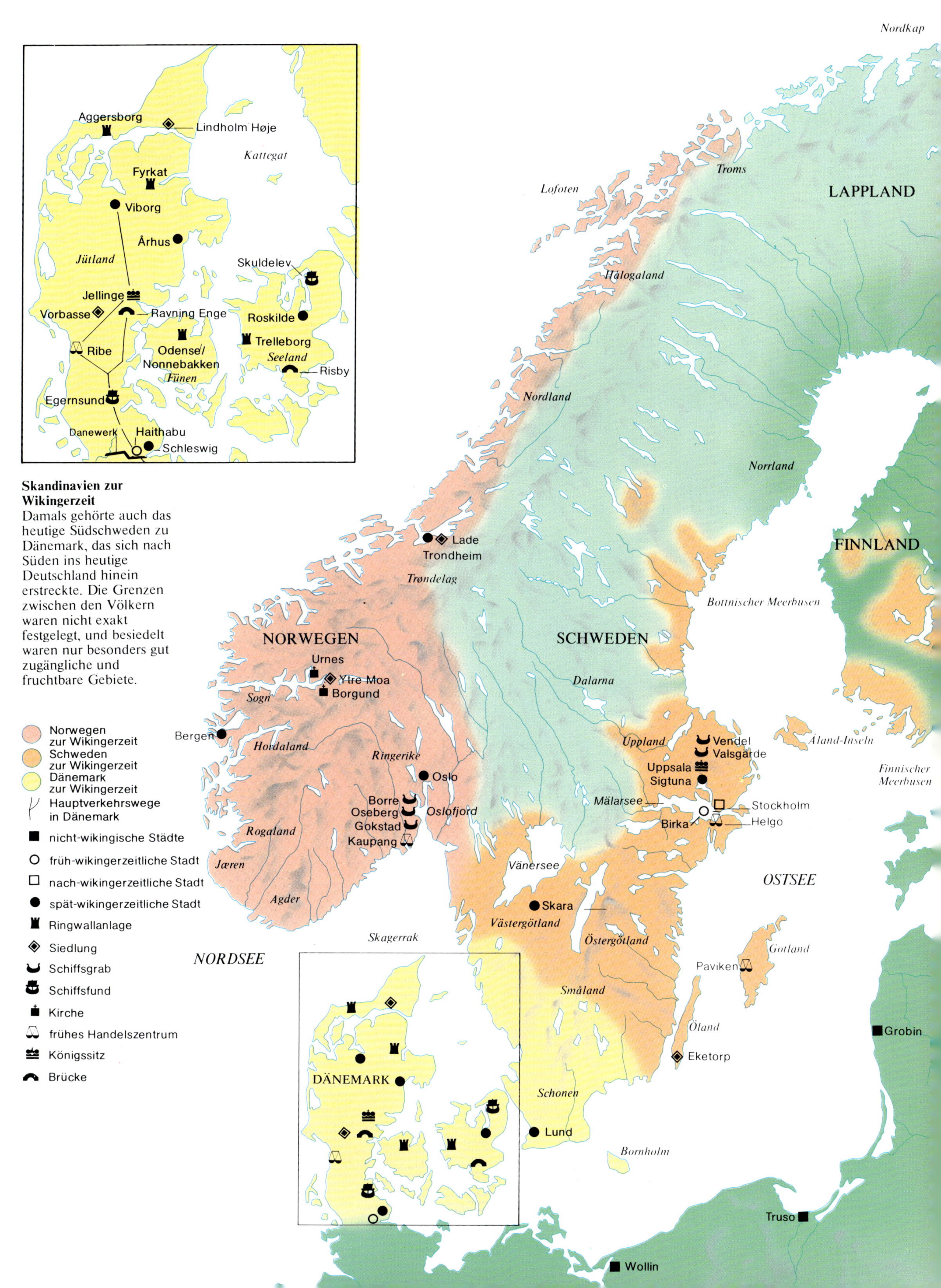

Skandinavien zur Wikingerzeit
Damals gehörte auch das heutige Südschweden zu Dänemark, das sich nach Süden ins heutige Deutschland hinein erstreckte. Die Grenzen zwischen den Völkern waren nicht exakt festgelegt, und besiedelt waren nur besonders gut zugängliche und fruchtbare Gebiete.

Der Mälarsee in Mittelschweden bildet den direkte Verbindungsweg von der Ostsee ins Herz des waldreichen und fruchtbaren Upplands. Hier, auf der Insel Björkö, blühte einst die Wikingerstadt Birka.

südschwedischen Provinzen Schonen, Halland und Blekinge gehörten zum Dänischen Reich. In Jütland lag die Grenze weit südlicher als heute, etwa in der Gegend der Eider. Die Grenzbefestigung bestand aus einer Reihe von Wallanlagen, dem „Danewerk", das nur einen einzigen Durchlaß für den sogenannten „Heerweg" hatte. Diese große Straße führte von Viborg im nördlichen Jütland nach Holstein, damals Grenzgebiet zwischen Dänen, Sachsen, Friesen und Slawen. Dort verband sie sich mit den Straßen der Nordeuropäischen Ebene, aus der Dänemark wie ein Daumen hervorragt. Über die Hälfte Dänemarks liegt weniger als 30 Meter über dem Meeresspiegel, sein höchster Punkt mißt 173 m, ein ungeheurer Gegensatz zu den 2560 m des höchsten Gipfels Norwegens.

Der deutsche Geistliche Adam von Bremen, der lange Gespräche mit dem dänischen König Sven Estridsson (1047–74) führte, beschreibt das Jütland des 11. Jahrhunderts so:

„Zwar ist auch ganz Deutschland unwirtlich durch seine unergründlichen Wälder, doch Jütland wirkt rauher als andere Landschaften; den Landweg meidet man wegen des Mangels an Nahrungsmitteln, die Schiffsreise wegen der Gefährdung durch Seeräuber. Nur an ganz wenigen Stellen trifft man bestellte Felder, für menschliche Besiedlung ist es recht ungeeignet. Wo jedoch Förden einander nahekommen, da gibt es sehr große Orte."

In der Wikingerzeit war Dänemark von riesigen Eichen- und Buchenwäldern bedeckt; der Rest

Der Limfjord zerschneidet die flache Landschaft Nordjütlands. Er verbindet die Nordsee mit dem Kattegat am Ausgang der Ostsee. Auf dem Acker im Vordergrund kann man einen Kreis helleren Bodens sehen: Spuren des zerpflügten Ringwalls von Aggersborg.

seiner hügeligen Landschaft bestand zumeist aus Ödland, Sanddünen und Heide. Jedoch gab es auf manchen Inseln fruchtbaren Boden und über Seeland, wo in Roskilde der Sitz der dänischen Könige des 11. Jahrhunderts lag, schrieb Adam von Bremen, es sei „berühmt für die Tapferkeit seiner Bewohner und seine reichen Ernten".

Kein Ort Dänemarks liegt weiter als 50 km vom Meer entfernt, und das Meer sorgte für den Lebensunterhalt der Bewohner; es war die Quelle ihres Wohlstandes. Der Süden, der schmale Fuß der Halbinsel Jütland, diente als sicherster Weg für den Handel zwischen Westeuropa und den Ostseeländern – er war die Grundlage des Wohlstands der wikingerzeitlichen Stadt Haithabu. Die Dänen beherrschten auch den Schiffsweg zwischen Nord- und Ostsee, denn alle Routen führten durch die Inselwelt zwischen Jütland und Schonen.

Schweden

Die großen Unterschiede in Bodenbeschaffenheit, Klima und Höhenlage führen in Schweden zu einer vielfältigen Vegetation. Nördlich von Schonen liegt die Hochebene von Småland mit ihren wenig fruchtbaren Böden, die – außer in einigen Tälern – nur dünn besiedelt war. Sie bildete eine natürliche Grenze zum Dänemark der Wikingerzeit. Die Zentralebene Schwedens war damals in zwei stark bewaldete und fruchtbare Gebiete unterteilt, das der *Svear* (die dem gesamten Land seinen Namen geben sollten) und das der *Götar*. Das Zentrum des *Svearlandes* bildete die Provinz Uppland mit dem Königssitz Alt-Uppsala. Die *Svear* beherrschten die Stämme um den Hjälmar- und Mälarsee und an der angrenzenden Ostseeküste. Die *Götar* lebten östlich des Vänersees in den heutigen Provinzen Västergötland und Östergötland. Im Westen waren sie durch dänische und norwegische Gebiete von der Nordsee getrennt – denn zur Wikingerzeit befand sich die schwedische Provinz Bohuslän in norwegischem Besitz, wenn

Dieser geschnitzte schöne Kopf eines Nordmannes aus dem 9. Jahrhundert schmückt eine Seite eines reichverzierten Wagens, den man im Schiffsgrab von Oseberg in Norwegen fand, dem Grab einer wohlhabenden Dame, möglicherweise der Königin Åsa von Vestfold.

sie auch gelegentlich von den Dänen beherrscht wurde.

Weiter nördlich liegt Norrland, das sich bis über den Polarkreis hinaus erstreckt. Von einer Hochebene entlang der norwegischen Grenze senkt sich die Landschaft in südöstlicher Richtung zu einer Küstenebene am Bottnischen Meerbusen. Nadelwälder bedecken einen großen Teil des Gebietes; der Rest ist nackter Fels. Landwirtschaft ist nur längs der Küstenebene möglich, und selbst dort haben die Bewohner mit langen, strengen Wintern zu kämpfen, in denen der Bottnische Meerbusen zufriert. Die Bevölkerungszahl ist heute noch so gering wir zur Zeit der Wikinger.

Die Küste Schwedens hat seit der Wikingerzeit beträchtlichen Wandel durchgemacht,

Wir kennen die Bedeutung dieser geheimnisvollen Gruppe von geschnitzten Figuren an der Rückseite des Wagens von Oseberg nicht, aber die Darstellung gibt uns einen Eindruck von der äußeren Erscheinung der Wikinger. Eine Frau hält den Arm eines Mannes zurück, der sein Schwert gegen einen Reiter mit einem Hund erhoben hat. Darunter befindet sich ein geflochtenes Tierornament.

denn noch immer erholt sie sich von dem schweren Gewicht des Eises, das einst auf ihr lag. Im Norden hebt sich das land jedes Jahrhundert um einen Meter, nach Süden hin nimmt dies ab und hört im äußersten Süden ganz auf. Großen Teilen der Küste sind zahllose kleine Inseln vorgelagert, während parallel zur Küste *Götalands* die lange, schmale Insel Öland liegt. Zur Wikingerzeit war die Ostseeinsel Gotland besonders bedeutend und wohlhabend. Sie besteht aus einem großen Kalksteinmassiv und besitzt an ihren Küsten und geschützten Buchten gutes Bauernland. Ihre Bewohner nutzten die strategische Lage als Mittelpunkt der Ostsee voll aus und erhielten ihre Unabhängigkeit.

Finnland

Östlich der Ostsee begannen zu Anfang der Wikingerzeit Schweden in Finnland zu siedeln.

Wie Pockennarben bedecken an die 55.000 miteinander verbundene Seen die Oberfläche des Landes, vielfach umgeben von Sumpf und Moor. Kein anderes Land der Welt ist so stark bewaldet. Entlang des Bottnischen und des Finnischen Meerbusens erstreckt sich etwa 100 km weit eine schmale Ebene, wo sich Schweden inmitten der finnischen Bevölkerung ansiedelten; hoch im Norden leben, wie auch in Schweden und Norwegen, die Lappen. An der Südwestküste finden sich zahlreiche kleine Inseln und Schären, von denen die Åland-Inseln die Größte Gruppe sind.

Norwegen

Die Berge Norwegens, die sich unmittelbar steil hinter der von Fjorden zerrissenen Küstenlinie erheben, zwingen die Norweger, sich zum Meer hin zu orientieren. Hätte Norwegen eine gerade Küstenlinie, so betrüge ihre Länge gut 3000 km, tatsächlich beträgt sie aber über 20.000 km. Dabei sind noch nicht die mindestens 150.000 der Küste vorgelagerten Inseln mit berücksichtigt, die Norwegens westliche Küste schützen und einen ruhigen Seeweg nach Norden sichern, den „Nordweg", der Norwegen den Namen gab.

Die Fjorde mit ihren Steilküsten sind lang und eng, der Sognefjord z. B. über 160 km lang aber kaum breiter als 5 km. Siedlungen gibt es

Dieser Helm aus der Vor-Wikingerzeit fand sich in einem Häuptlingsgrab in Valsgärde im schwedischen Uppland. Er hat die Form eines eisernen Sturzhelms mit einem brillenähnlichen Schutz für Augen und Nase; seine reichen Verzierungen sind größtenteils verschwunden. Diese Art von Helm war ein Vorläufer des Wikingerhelms - der keine Hörner besaß.

nur auf schmalen Felsbänken und auf den winzigen Ebenen am Ende der Fjorde, die durch Ablagerungen der von den Hochebenen herabfließenden Flüsse gebildet wurden.

Mehr als die Hälfte des Landes liegt über 610 m hoch, aber es gibt nur wenige Landstriche mit sanften Ebenen und guten Böden, etwa um den Oslofjord, oder auch in Jæren am Südende des Fjordlandes und weiter nördlich in der Gegend des Trøndelag.

In den Oslofjord münden zwei große Täler, das Østerdal und das Gudbrandsdal. Von diesen Tälern führen Wasserwege nach Norden in das reiche Ackerland des Trøndelag, das zur Wikingerzeit wohlhabend und bedeutend war; es besaß Verbindungen ins östliche Schweden sowie nach Norden und Süden entlang der durch die vielen Küsteninseln geschützten Seewege.

Weiter nördlich lag in einem langen Streifen bis über das Nordkap und sich an der Barentssee verbreiternd *Hálogaland*, was möglicherweise „Land der Aurora" bedeutet. Es handelte sich um ein kaum besiedeltes Gebiet, wo die norwegischen Wikinger die Lappen tributpflichtig machten und die reichen Naturschätze durch Jagd und Fischfang ausbeuteten.

Der Südwesten Norwegens ist abgesehen von der fruchtbaren Ackerlandschaft Jærens durch

Hochebenen bestimmt. Die Küste ist nicht durch Schären geschützt und daher den südwestlichen Stürmen ausgesetzt, felsig und gefährlich für die Seefahrt. Ganz im Süden finden sich ebenfalls keine bedeutenden Wege in Landesinnere, dies Gebiet spielte zur Zeit der Wikinger und noch viele Jahrhunderte danach kaum eine Rolle.

Regionale Unterschiede

Diese geographischen Unterschiede zwischen den Ländern Skandinaviens führten zu unterschiedlichen Verfahren in Landwirtschaft und Bauwesen. Die Viehzucht erforderte in Dänemark weniger menschliche Arbeit als im Großteil des übrigen Skandinavien, wo wegen der langen, harten Winter das Vieh monatelang in Gebäuden untergebracht und gefüttert werden mußte. So hatten Rinder und Pferde (sicher meist nur ihre Felle) in Dänemark einen großen Exportanteil, während in Schweden und Norwegen bei der Jagd erbeutete Pelze wichtiger waren. Überall in Skandinavien benutzte man Holz zum Häuserbau; außer in Dänemark, wo entsprechendes Material fehlte, wandte man zudem die Technik des Trockenmauerwerks an.

Die Seefahrt der Wikinger

Die unterschiedlichen Landschaften Skandinaviens bestimmten auch weitgehend die Richtungen der Wikingerfahrten. Zwangsläufig wandten sich die Wikinger Norwegens nach Westen, denn eine kurze Seereise über die Nordsee, die von den stärker besiedelten Gebieten nach Westen führte, ermöglichte die Entdeckung von neuem Land auf den Shetlands, den Orkneys und dem schottischen Festland. Die Nördlichen Inseln dienten als Sprungbrett nach den Hebriden, nach Irland, der Insel Man und Nordwestengland - oder nach Westen zu den Färöern und Island. Die Isländer wiederum besiedelten Grönland und die Grönländer zogen weiter, um die Küsten Nordamerikas zu entdecken. Die Schweden und zum Teil auch die Dänen wandten sich nach Osten, wo es bereits vor dem Zeitalter der Wikinger skandinavische Siedlungen an den südlichen und östlichen Küsten der Ostsee gab; ihre Gründung und Entwicklung diente vor allem dem Handel. Schweden entwickelte zu Beginn der Wikingerzeit regelmäßige Verbindungen zum Orient, besonders dem östlichen Teil des Islamischen Reiches in Westasien, den man über die Wolga erreichte.

Die Dänen gerieten zwar an der südlichen Küste der Ostsee mit den Schweden aneinander, wandten sich aber hauptsächlich nach Westen entlang der Südküste der Nordsee - dem Siedelgebiet der Friesen. Die Friesen waren im 8. Jahrhundert als Händler berühmt und entwickelten damals Handelsverbindungen mit Skandinavien, wie die Entwicklung von Ribe an der dänischen Westküste zeigt; friesische Münzen fand man hier in den Werkstätten und Abfallgruben der ältesten Ausgrabungsschichten. Auch in der Stadt Haithabu, an der Ostküste der Jütischen Halbinsel mit direktem Zugang zur Ostsee gelegen, scheint man friesische Elemente in den ältesten Siedlungsschichten gefunden zu haben.

Im 9. Jahrhundert stellte der Wohlstand der friesischen Kaufleute ein sehr lohnendes Ziel für räuberische Wikinger dar, und ihr Haupthafen Dorestad wurde mehrmals geplündert.

Dänische Wikinger segelten in ihrem Drang nach Westen durch den Englischen Kanal und fielen in Frankreich und Südengland ein, ja gelangten sogar nach Irland. Aber das wichtigste Gebiet für ihre überseeischen Niederlassungen hatten sie durch die Eroberung Ostenglands gewonnen.

Wir kennen die Gründe des großen Expansionsdrangs der Völker aus Skandinavien nicht, der ein wesentliches Element der Wikingerzeit ist. Das Streben nach Reichtum in Form von Gütern oder Land ist der offensichtlichste Grund, gleichzeitig mag der Bevölkerungsdruck in der Heimat zur Auswanderung Anlaß gegeben haben. Manche mögen auch dynastische Auseinandersetzungen und die wachsende Stabilisierung der königlichen Macht zur Suche nach neuem Land veranlaßt haben. Hinzu kam eine Abenteuerlust, die keine Schranken kannte. Vor allem muß man aber auf die Qualität ihrer Schiffe hinweisen, die zum ersten Mal derartige Expeditionen möglich machten.

Dieser bronze-vergoldete Zaumzeugbeschlag aus Valsgärde in Schweden verdeutlicht die skandinavische Tradition stilisierter Tierornamente, aus der heraus die Wikingerkunst entstand. Dargestellt sind zwei kaum erkennbare Wesen mit verknäuelten schlangenähnlichen Körpern und großen runden Augen.

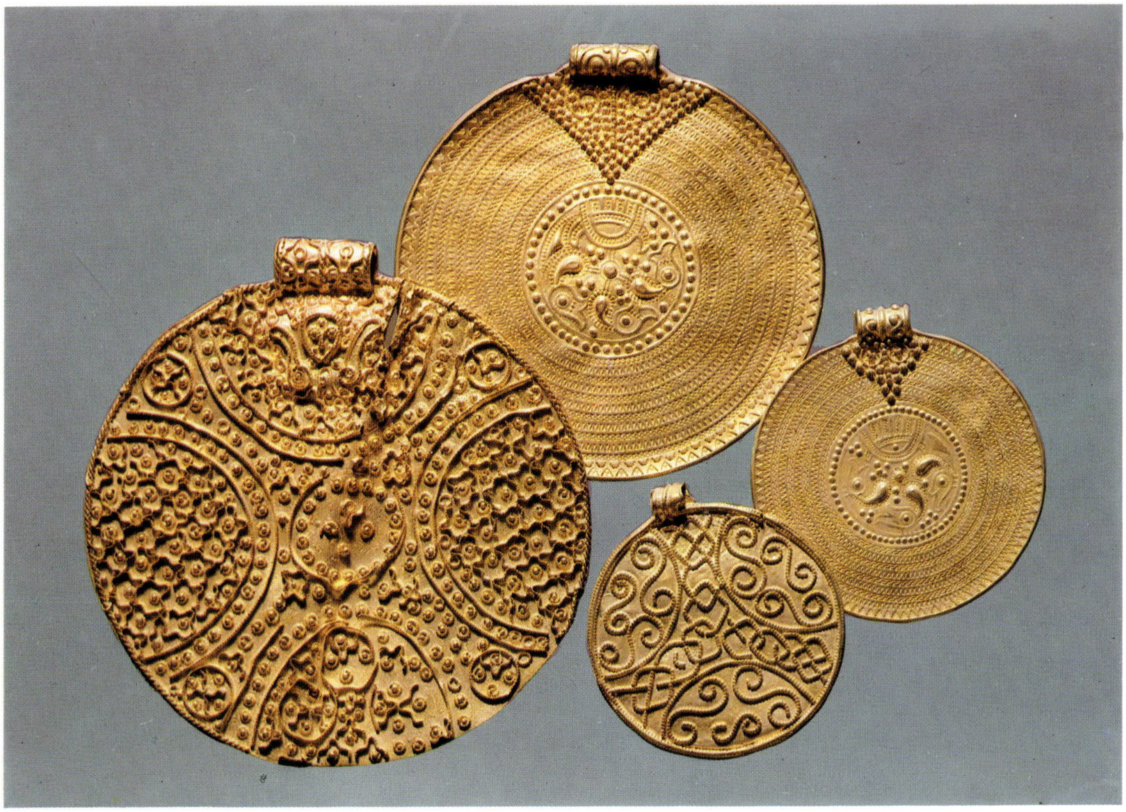

Diese Anhänger aus Gotland stehen in der Tradition skandinavischer Goldschmiedekunst seit dem 5. Jahrhundert, in dem solche Schmuckformen das erstemal auftraten. Damals kopierte man römische Münzen und Medaillen. In der Wikingerzeit zeigten die Objekte aber keine Spuren dieser Anfänge mehr.

Handel

Der Anfang der Wikingerzeit läßt sich sicher nicht mit einem plötzlichen Ereignis verknüpfen, wie es oft getan wird. Im allgemeinen wird die Bedeutung der ersten überlieferten Raubzüge überschätzt. Man sollte hier den weniger leicht zu fassenden Prozeß der Begegnung Skandinaviens mit dem übrigen Europa und den Welten von Byzanz und des Islam durch die Errichtung regelmäßiger Handelsverbindungen mit West und Ost stärker berücksichtigen.

In Skandinavien selbst blühten bereits im 8. Jahrhundert einige kleine Zentren von Handel und Handwerk wie das schon erwähnte Ribe sowie Paviken auf Gotland und Helgö in Schweden. Helgö am Mälarsee besteht aus einigen Gruppen von Häusern, darunter den Werkstätten von Schmieden und Bronzegießern und den Herstellern von Glasperlen, Handwerke, die besonders im 5. und 6. Jahrhundert blühten. Helgö bestand bis in die Wikingerzeit hinein, wenn es auch dann von der benachbarten Stadt Birka in den Hintergrund gedrängt wurde. Mit den Eisenwaren und dem Schmuck seiner Handwerker trieb man lokalen Handel, ein Teil wurde auch exportiert. Dafür kamen Importe herein, meist aus anderen Gegenden des Ostseegebietes, aber Rohstoffe wie Edelmetalle, Bronze und Glas stammten aus West- und Osteuropa. Zwei bemerkenswerte Funde stechen durch die Entfernung zu ihren Ursprungsländern besonders hervor – ein Buddha aus Bronze, der aus Nordindien, Kaschmir oder Afghanistan stammen kann und eine bronzene Einlegearbeit aus Irland, die der Kopf eines Krummstabs gewesen sein mag (siehe Seite 91).

Helgö lag im Zentrum des Königreichs der *Svear*, nicht weit von Alt-Uppsala, wo eine Gruppe mächtiger Hügelgräber der Könige aus der Vor-Wikingerzeit erhalten ist. Helgös Reichtum und Handelsbeziehungen, ja vielleicht sogar seine Produkte, spiegeln sich auch anderswo in Uppland wieder in den reichhaltigen Bootsgräbern von Vendel und Valsgärde, den Grabstätten zweier Familien, bei denen es

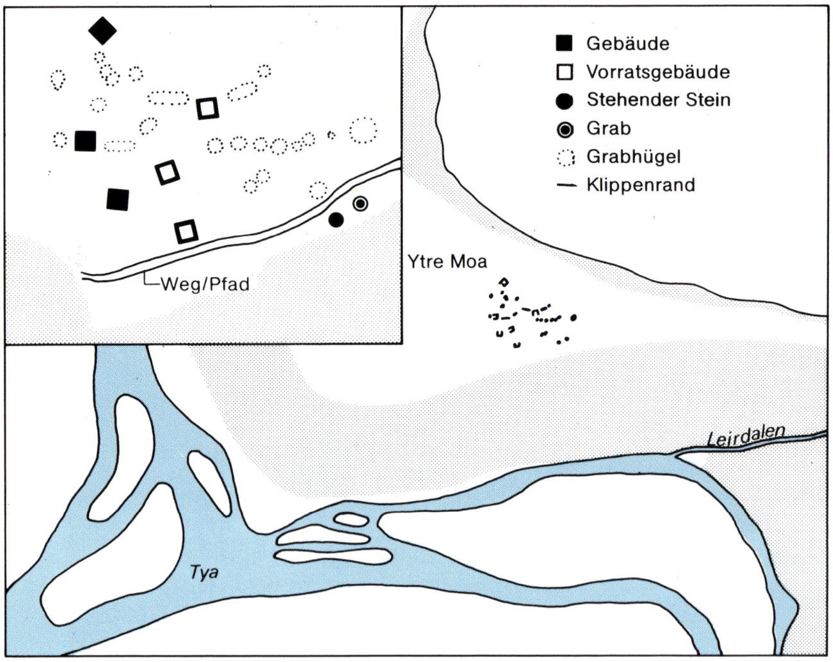

In Norwegen hat man nur wenige Gehöfte aus der Wikingerzeit ausgegraben. Das von Ytre Moa in Sogn lag auf einem kleinen Plateau über einem Fluß. Die Wohn- und Nebengebäude des Hofes waren von den Gräbern der Familie umgeben.

sich aufgrund ihrer Besitztümer und der verschwenderischen Begräbniszeremonien um örtliche Herrscher gehandelt haben muß. Auf beiden Friedhöfen, die bis in die Wikingerzeit hinein benutzt wurden, scheint man in jeder Generation ein großes Schiffsgrab errichtet zu haben, in dem ein Krieger mit den besten oft auch mit seinen Pferden und importierten Luxuswaren wie Trinkgläsern bestattet war. Das verzierte Zaumzeug weist Muster stilisierter Tierkörper auf. Diese Muster stammen ursprünglich aus der naturalistischen Kunst der Provinzen des Römischen Reiches; vom 5. Jahrhundert an waren sie aber in Skandinavien ständig verändert worden und wurden schließlich in unterschiedlichen Formen zur Grundlange der verschiedenen Kunststile der Wikinger.

Die Gesellschaftsstruktur

Die Häuptlingsgräber von Vendel und Valsgärde stellen uns die aristokratische Schicht der skandinavischen Gesellschaft in jenen Jahrhunderten vor und während der Wikingerzeit vor. An der Spitze jener Gesellschaft standen natürlich Könige und Fürsten. Im Folgenden werden wir immer wieder auf die Herrscherhäuser der Wikingerzeit zurückkommen. Zwar kennen wir in Schweden ihre Gräber nicht, aber die Schiffsgräber von Oseberg und Gokstad in Vestfold am Oslofjord und das Königsgrab von Jellinge in Jütland liefern uns direkte archäologische Hinweise auf Stellung und Besitztümer bestimmter Könige von Norwegen und Dänemark.

Der Häuptling oder *jarl* war der Anführer einer Kriegergruppe der freien Männer seines Gebietes. Während der Wikingerzeit gelang es den skandinavischen Königen, die Kontrolle über die Aktivitäten dieser Anführer zu erlangen, deren Unabhängigkeit zu beenden und so ihre Länder zu wirklichen Königreichen zu machen. Die freien Männer, die *karlar*, bildeten die Basis der Gesellschaft. Die meisten von ihnen waren Bauern, doch übten auch einige spezialisierte Tätigkeiten etwa als Bootsbauer, als Waffen- oder Goldschmiede aus.

In der Landwirtschaft gab es Sklavenarbeit, und der Sklave, der *thræll* wurde allgemein verachtet (obwohl er von edler Geburt sein konnte) und besaß kaum Rechte (obwohl Sklaven durch Gnadenerweis oder Kauf frei werden konnten). In Nordeuropa wie auch unter den Arabern war die Sklaverei zu jener Zeit eine anerkannte Einrichtung, und die Wikinger selbst wurden die größten Sklavenhändler ihrer Zeit, sie belieferten das Islamische Reich mit einer Ware, die sie durch Piraterie leicht beschaffen konnten, dafür erhielten sie Silber, das sie so sehr begehrten und das die Araber im Übermaß besaßen.

Moderne Archäologie

Der größte Teil unseres Wissens von den Wikingern in Skandinavien stammt immer noch aus dem Studium der Grabbeigaben, denn zum Glück für uns versorgte man die heidnischen Toten mit vielen Gegenständen des täglichen Gebrauchs. Silberschmuck und Münzen wurden nur in geringer Zahl in die Gräber mitgegeben, dafür fand man beides in Horten, die an sicheren Orten vergraben und dann mitunter später nicht wiedergefunden wurden. Der moderne Archäologe nimmt an, daß Silber wie Land zum Familienvermögen zählte und deshalb nicht ins Grab des Eigentümers kam. Möglicherweise hatte man praktischerweise auch entschieden, daß es im Jenseits nutzlos sei.

Siedlungsstudien gewinnen jedoch zunehmend an Bedeutung, je mehr Stätten man ausgräbt und deren Funde untersucht. Zu diesen Stätten zählen Städte und Handelszentren wie Trondheim und Kaupang in Norwegen, Haithabu im Norden Deutschlands, Lund und Löddeköpinge in Südschweden, aber auch die dänischen Forts wie Fyrkat und die große Steinfestung aus der Vor-Wikingerzeit in Eketorp auf Öland, die in der späten Wikingerzeit wieder als ständiges Lager diente.

Noch wissen wir sehr wenig über die Bauernhöfe in der Heimat der Wikinger - der Grund liegt zweifellos darin, daß viele von ihnen unter ihren modernen Nachfolgern liegen, da in großen Teilen Skandinaviens die für landwirtschaftliche Ansiedlungen geeigneten Gebiete höchst begrenzt sind. In Ytre Moa, im Westen Norwegens, hat man ein solches Gehöft ausgegraben, man stellte fest, daß es aus verstreuten Häusern und Gebäuden bestand (die aber nicht alle gleichzeitig benutzt wurden), es lag inmitten der Hügelgräber seiner früheren Bewohner. Eine ähnlich enge Beziehung zwischen Lebenden und Toten zeichnet sich in Lindholm Høje in Jütland ab, das gegen 1100 unter Dünen verschwand. Unter der Sandschicht fand sich eine dichte Ansammlung von Gräbern aus der Vor-Wikinger- und der Wikingerzeit. Anderswo in Jütland entdeckte man weitere Dörfer und Gehöfte, die gegenwärtig noch ausgegraben werden. Einige von ihnen scheinen zu bestätigen, daß Pferde- und Rinderhaltung für die Wirtschaft Dänemarks zur Wikingerzeit von besonderer Bedeutung war.

Auch Ausgrabungen außerhalb Skandinaviens vermehren ständig unser Wissen von der Welt der Wikinger. Archäologische Untersuchungen in Dublin haben in den letzten Jahren neue Aufschlüsse über die Wikinger in Irland erbracht; in York sind Ausgrabungen im Gange, die uns den tatsächlichen Anteil der Dänen an der Geschichte dieser angelsächsischen Stadt erklären werden, die die Wikinger zur Hauptstadt eines ihrer Königreiche machten. Einzelheiten von Wikingergehöften und ihren Nebengebäuden lassen sich immer noch am besten an Ausgrabungsstätten in den westlichen Siedlungsgebieten erkennen - in Schottland, auf den Färöer und Island - aber hier bleibt noch sehr viel zu tun. Wie noch gezeigt wird, sind viele wichtige Erkenntnisse das Ergebnis neuerer Ausgrabungen, daneben aber auch anderer, die Archäologie ergänzender Disziplinen. Ein einzelner archäologischer Fund wie die Schiffe von Skuldelev kann völlig neues Licht auf die Wikinger und ihr Tun werfen, aber Gleiches erbringt auch die mühsame Ausgrabung von Städten, Bauernhöfen und Abfallgruben. Und wir können sicher sein, daß überall da noch vieles entdeckt werden wird, wo die Mittel für derartige Forschungen bereitgestellt werden. Gerade in den letzten Jahren sind Erkenntnisse gewonnen worden, die das Interesse der Allgemeinheit geweckt und der wissenschaftlichen Forschung eine äußerste Präzision verliehen haben.

In Lindholm Høje am Limfjord im Norden Jütlands hat man einen großen Friedhof aus der Wikingerzeit ausgegraben sowie Teile der dazugehörenden Siedlung und sogar ein gepflügtes Feld. Die meisten Bestattungen waren Brandgräber in Steinsetzungen, die häufig Schiffsform hatten.

Die Wikinger als Krieger

Lindisfarne oder Holy Island – die Heilige Insel – ist eine kleine Gezeiteninsel vor der Küste von Northumbrien, auf der 634 ein Kloster gegründet wurde. Ihre flachen Strände boten einen denkbar günstigen Landeplatz für die flach konstruierten Schiffe der plündernden Wikinger dar, die die nichtsahnenden und schutzlosen Mönche im Sommer 793 überfielen. Dieser blutige Überfall auf „einen Ort, ehrwürdiger als jeder andere in Britannien", stellte einen der ersten bezeugten Wikingerzüge im Westen dar.

Salzwasserbanditen

Waren die Wikinger „Salzwasserbanditen mit brutalen Lastern" oder „zähe Gentlemen des Nordens"? Seit ihren ersten Raubzügen gaben sie Anlaß zu solch leidenschaftlichen Stellungnahmen. Im England des 12. Jahrhunderts nannte man sie „Hornissen" und „schreckliche Wölfe". Ihr erster Ansturm auf Westeuropa traf vor allem die Kirche schwer, denn Klöster waren die Hauptziele; und von gelehrten Mönchen stammen die zeitgenössischen Chroniken mit den zornigen Schilderungen ihrer Übeltaten.

Die Wikinger griffen im 9. und 10. Jahrhundert regelmäßig Klöster an, nicht, weil sie bewußt antichristlich eingestellt gewesen wären, sondern weil dort die größten Reichtümer angehäuft waren und weil sie nur unzureichend verteidigt wurden. Die Klöster verfügten über Kirchenschätze und sammelten Schenkungen; sie waren wohl versorgt mit Nahrungsmitteln und Meßwein. Vor allem aber stellten sie Bevölkerungskonzentrationen dar, und durch die Entführung von Äbten, Mönchen und Nonnen konnte man Lösegeld erpressen, und wenn für ihre Freilassung nicht schnellstens gezahlt wurde, konnte man sie als Sklaven verkaufen. Wiederholte Überfälle auf Klöster in Irland und Westfrankreich geben Anlaß zu der Vermutung, daß man ihre Insassen für den Sklavenhandel benötigte, der z. B. viel zum Wohlstand Dublins in der Wikingerzeit beitrug.

Nicht nur die Wikinger griffen Klöster an, diese konnten auch Opfer örtlicher politischer Unruhen oder einheimischer Räuber werden, wie die irischen Annalen berichten. Auch war die Kirche nicht immer gegenüber den Wikingerkriegern feindlich eingestellt: Oft zogen die frommen Männer eine gütliche Einigung dem Heldenmut vor. Erzbischof Wulfhere von York etwa arbeitete mit den dänischen Erorberern zusammen, nachdem diese die Stadt eingenommen hatten. Man muß bei alledem berücksichtigen, daß unsere wichtigsten historischen Quellen von Klerikern verfaßt und daher natürlich einseitig sind, doch spricht auch aus ihren Berichten echte Furcht, ja panische Angst.

Einige Jahrhunderte lang verbreiteten die Wikinger als *víkingr*, als Räuber im wörtlichen Sinne, Schrecken und Zerstörung in großen Teilen Westeuropas. Sie überfielen Klöster und Städte an der Nordsee und der Irischen See, an der gesamten Atlantikküste Europas und sogar im westlichen Mittelmeer. Jede Siedlung, und sei sie auch noch so klein, konnte der Verproviantierung eines Schiffs dienen oder Söhne und Töchter liefern, die auf dem Sklavenmarkt ihren Preis erzielten. Aber nicht nur die Küsten hatten zu leiden. Die Langschiffe der Wikinger mit ihrem geringen Tiefgang und ihrer guten Manövrierfähigkeit unter Segeln wie unter Rudern erlaubten, über die Hauptflüsse Europas weit ins Landesinnere einzudringen; vom Shannon zur Seine, vom Rhein zur Rhône gab es kaum einen Flußlauf, der dem Beutedrang der Wikinger entging. Überall im Westen mußte man die Reliquien der Heiligen in Sicherheit bringen: Die Gebeine des Heiligen Columba brachte man von der Hebrideninsel Iona nach Kells in Irland; die des Heiligen Cuthbert von Lindisfarne an der Küste Northumbriens weg und schließlich nach Durham; die des Heiligen Philibert von der Insel Noirmoutier an der Loiremündung nach Tournus.

Keineswegs alle, die von Skandinavien nach Westen oder Süden segelten, waren auf Beute aus; es gab auch Händler unter ihnen und Leute, die als Siedler eine neue Existenz gründen wollten, oder als Söldner in den Dienst eines jeden zu treten bereit waren, der sie benötigte. Dennoch waren die Raubzüge das Kennzeichen der Wikingerzeit; und als Räuber leben die Wikinger in der Erinnerung fort.

Rechts: Eine von zwei gleichen Silberminiaturen (hier vergrößert) aus Birka in Schweden. Adam von Bremen schrieb im 11. Jahrhundert, die Schweden seien „sehr große Krieger sowohl zu Pferde als auch zu Schiff".

WIKINGERZÜGE
Die ersten Seeräuber kamen Ende des 8. Jahrhunderts wahrscheinlich aus dem Westen Norwegens. Ihre Angriffe richteten sich vornehmlich auf die Britischen Inseln. Die Errichtung von Winterlagern erlaubte es den Wikingern später, in noch entfernteren Gegenden zu plündern. Die letzten Angriffe im späten 10. und im 11. Jahrhundert richteten sich wieder hauptsächlich gegen England.

Die Ausrüstung der Krieger

Dieser recht grobschlächtig in eine Seite des Kreuzes von Middleton in Yorkshire gemeißelte Krieger des 10. Jahrhunderts wird von seinen Waffen umgeben dargestellt. Auf dem Kopf trägt er einen kegelförmigen Helm, auf der linken Seite finden sich sein Schild, sein Schwert und seine Axt, rechts sein Speer. An seinem Gürtel hängt in einer Scheide ein großes Messer.

Der Erfolg der Wikingerzüge ist in erster Linie auf die besonderen Eigenschaften ihrer Schiffe zurückzuführen. Zusätzlich waren sie mit außerordentlich wirksamen Waffen ausgerüstet, darunter waren die Schwerter die wichtigsten. Sie vereinten höchste Wirksamkeit mit äußerster Schärfe und waren mit einer Hand zu führen. Ihre Blätter waren zweischneidig, und die besten scheinen aus dem Rheinland zu stammen. Solche Waffen behandelte man natürlich mit größter Sorgfalt, und dies fand oft seinen Ausdruck in der besonders schmuckvollen Ausführung der Griffe. Neben dem Schwert findet man als häufigste Waffe in den heidnischen Gräbern der Wikingerzeit den Speer. Sowohl Wurfspieße als auch Stoßlanzen waren in Gebrauch; auch hier waren die schönsten Stücke reich verziert.

Die Axt ist die Waffe, an die man im Zusammenhang mit den Wikingern üblicherweise zuerst denkt. Zur Zeit der Wikinger benutzte man im Kampf zweifellos häufig Äxte, auf dem Stein von Lindisfarne ist eine Szene dargestellt, die zeigt, wie sie geschwungen werden (s. S. 26), und auf dem Teppich von Bayeux befinden sie sich unter den Waffen, die zur Ausrüstung der Invasionsflotte Wilhelms des Eroberers gehörten. Das Hauptverteidigungsmittel war der Schild, bestehend aus einem runden Holzbrett mit einem eisernen Schildbuckel in der Mitte, der die Hand schützte.

Es ist wohl kaum noch möglich, den Mythos zu zerstören, das die Wikinger Helme mit Hörnern trugen. Wenn man die zeitgenössischen Darstellungen von Wikingerkriegern betrachtet, wird man auf fast allen Männer mit Spitzköpfen entdecken. Eine einfache spitze Kappe, wahrscheinlich aus Leder (denn es gibt kaum Helmfunde) scheint der übliche Kopfschutz der Wikingerkrieger gewesen zu sein. Der am besten erhaltene Fund eines Eisenhelms stammt aus dem Grab eines norwegischen Wikingers des 10. Jahrhunderts; er besteht aus einer einfachen runden Kappe, die aus mehreren Teilen zusammengesetzt und mit einem brillenähnlichen Schutz für Augen und Nase versehen ist.

Seltene Ausnahmen unter den Darstellungen wie eine kleine Figur aus Uppland (S. 179) zeigen gehörnte Helme. Aber solche Figuren stammen aus der Vor-Wikingerzeit. Selbst damals trug man solche Helme nicht in der Schlacht, sie waren Kultgegenstände mit vogelkopfartiger Spitze, die tanzende Krieger bei Festen trugen, die wahrscheinlich mit dem Odinkult in Zusammenhang standen.

Kettenpanzer als Körperschutz scheinen fast die gesamte Wikingerzeit hindurch eine Seltenheit gewesen zu sein, obwohl der norwegische Häuptling, den man mit seinem Helm begrub, auch ein Panzerhemd besaß. Erst am Ende der Wikingerzeit setzten sich solche Hemden allmählich durch; man findet sie nicht nur mehrfach auf dem Teppich von Bayeux, sie werden auch in dem angelsächsischen Epos „Die Schlacht von Maldon" erwähnt, das vom Zusammenstoß einer englischen mit einer Wikingerstreitmacht im Jahre 991 berichtet – ein Wikinger wurde „durch seinen Panzer hindurch verwundet" – vom Wurf eines angelsächsischen Speers.

Das Gedicht berichtet auch: „Sie ließen die Speere, hart wie Feilen aus ihren Händen fliegen, wohlbereitete Speere. Die Bogen hatten zu tun. Schwertspitze traf auf Schild. Stürmisch war die Schlacht, Krieger fielen auf beiden Seiten, Tote lage umher." Zu Beginn der Schlacht hatten die Angelsachsen mit ihren Schilden eine Mauer gebildet, um den Wikingern standzuhalten; dies war auch eine typische Kampfweise der Wikinger. Aber insgesamt scheint eine Schlacht ein großes Gerangel gewesen zu sein, in der es hauptsächlich daraum ging, den Gegner auf die wirksamste Weise zu schlagen.

Im Laufe der Wikingerzeit wurde die Verwendung von Pferden im Kampf zunehmend üblich. Vom 10. Jahrhundert an finden wir Wikinger, die nicht nur mit ihren Waffen sondern auch mit ihrer Reiterausrüstung und ihren Pferden bestattet wurden. Die Erfolge der Wikinger in England in der späten Wikingerzeit scheinen nicht zuletzt auf ihrer Beweglichkeit durch die Reiterei beruht zu haben. Gewöhnlich eroberten sie Pferde nach einer Landung, aber wenn nötig konnten Wikingerschiffe auch Pferde transportieren.

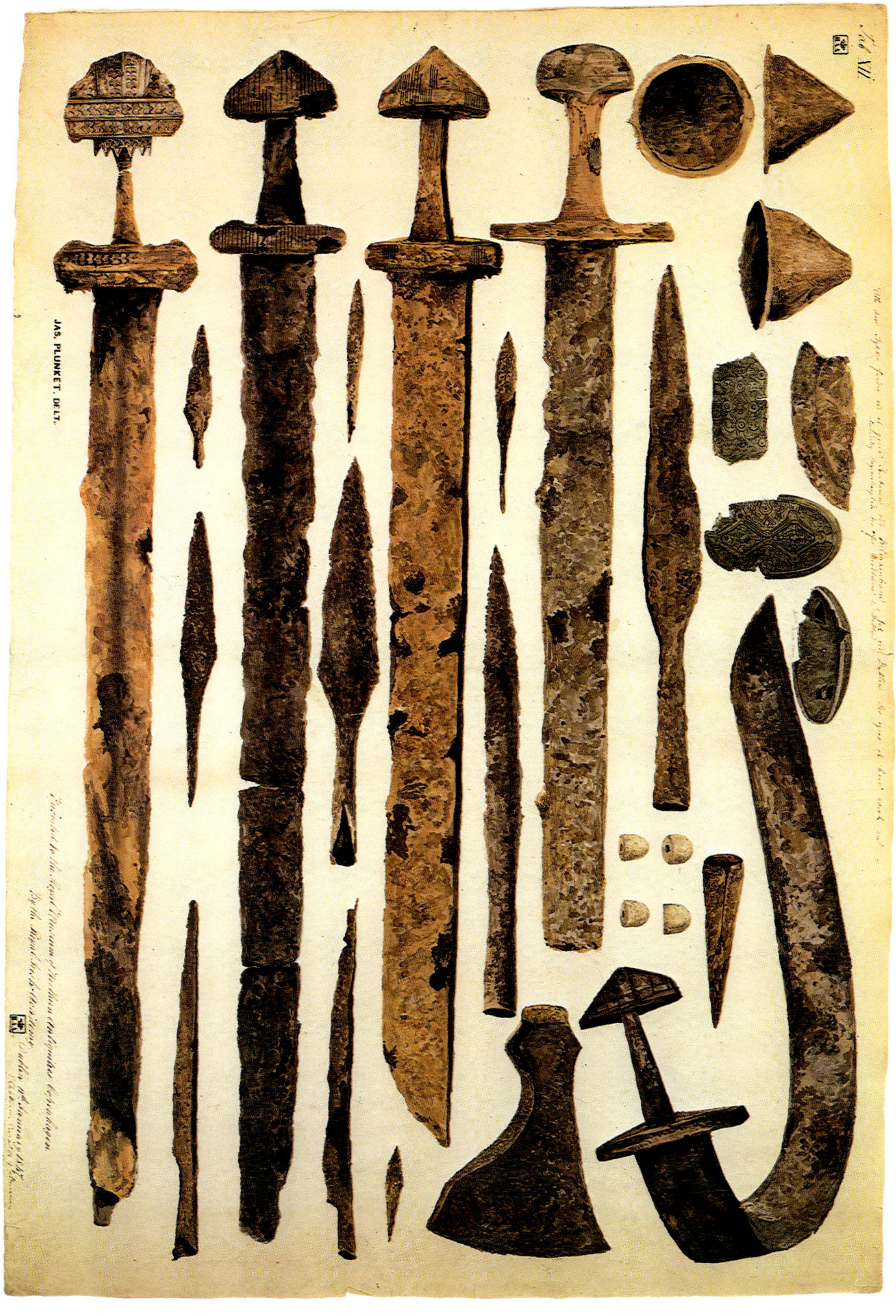

Oben: Großzügig mit eingelegten Silber- und Kupferdrähten verzierte Speerspitzen aus Gräbern des 10. Jahrhunderts in Valsgärde/Schweden zeigen den Reichtum und die Sorgfalt, die man in der Wikingerzeit Waffen widmen konnte.

Links: Dieses Aquarell des 19. Jahrhunderts zeigt die Waffen von Wikingerkriegern aus dem 9. Jahrhundert, die man auf dem heidnischen Friedhof von Kilmainham-Islandbridge bei Dublin fand. Man sieht Schwerter mit verzierten Griffen, Speer- und Pfeilspitzen, Schildbuckel und eine Axt sowie Bronzespangen der Frauentracht und vier Spielsteine.

Raubzüge auf Britannien

Diesen angelsächsischen Grabstein hat man im 9. Jahrhundert in Lindisfarne aufgestellt. Möglicherweise stellt die Szene eine Gruppe plündernder Wikinger dar, die ihre Äxte und Schwerter schwingen – vielleicht eine Erinnerung an den Überfall auf das Kloster im Jahre 793.

Von Norden soll das Unglück hereinbrechen über alle Bewohner des Landes" (Jeremias, 1, 14). Diese Prophezeihung erfüllte sich für die Angelsachsen am 8. Juni 793, als „der wilde Sturm der Heiden plündernd, mordend und zerstörend über das Haus Gottes in Lindisfarne" hierfiel. Die *Angelsächsische Chronik* schickt dieser Eintragung eine Aufzählung „schrecklicher Vorzeichen" voraus, die sich in Northumbrien in jenem Jahr gezeigt hatten und denen eine Hungersnot folgte. Den Angelsachsen erschienen die ersten Wikingerraubzüge als Strafe Gottes für ihre Sünden.

Der lange Sandstrand von Lindisfarne, der „Heiligen Insel", wo sich Mönche aus Iona in Schottland 634 niedergelassen hatten, um den Northumbriern das Christentum zu bringen, erwies sich als idealer Landungsplatz für die Langschiffe der Wikinger. Der Überfall war ein Überraschungsangriff, typisch für alle folgenden. Der englische Gelehrte Alcuin schrieb an den König von Northumbrien:

> „Nie zuvor ist solch ein Schrecken über Britannien hereingebrochen, wie wir ihn nun von den Heiden erleiden mußten, und nie zuvor hat man gedacht, daß ein solcher Überfall von See her geschehen könnte. Und seht, die Kirche des Heiligen Cuthbert ist bespritzt mit dem Blute der Priester Gottes und all ihres Schmuckes beraubt. Der ehrwürdigste Ort Britanniens ist den Heiden als Beute anheimgefallen."

Der Erfolg dieses Überfalls veranlaßte eine Mannschaft von Wikingern – sicher die gleiche –, im folgenden Jahr wiederum an der Küste Northumbriens zu landen und ein weiteres Kloster, wahrscheinlich Jarrow, zu überfallen. Jedoch fiel ihr Anführer im Kampf, andere ertranken in schwerem Sturm, und wer sich an Land rettete, wurde getötet. Nach dieser Niederlage für die Wikinger zog Northumbrien ein Menschenalter lang ihre Aufmerksamkeit nicht mehr auf sich. Das Interesse der Piraten von 793/94, die wahrscheinlich aus Norwegen kamen, richtete sich jetzt auf weiter westlich gelegene Ziele.

Die Überfälle auf Northumbrien sind die frühesten, über die wir gesicherte Kenntnisse haben, aber im Englischen Kanal haben die Übergriffe vermutlich schon früher begonnen. König Offa organisierte 792 die Verteidigung von Kent gegen heidnische Seefahrer; es ist allerdings nicht überliefert, um welche es sich handelte. Daß die englische Südküste gefährdet war, bestätigt eine Nachricht zum Jahre 789 in der *Angelsächsischen Chronik* über ein Ereignis während der Herrschaft des Königs Beorhtric von Wessex (782–802). Aus den verschiedenen Berichten über dieses Ereignis kann man schließen, daß Männer von drei Schiffen bei Portland an Land gingen und einen Beauftragten des Königs töteten, der von Dorchester ausgeritten war, um zu sehen was los sei. Wahrscheinlich kamen diese Wikinger aus Hordaland im westlichen Norwegen, wenn auch die *Chronik* beiläufig bemerkt: „Dies waren die ersten Schiffe mit Dänen, die in England landeten."

Die Angelsachsen hatten ständig Schwierigkeiten bei der Unterscheidung zwischen Norwegern und Dänen. Für sie waren beide Heiden, die „Dänisch" sprachen. Eine weitere Schwierigkeit bestand darin, daß zumindest in einer späteren Periode die Wikingerstreitkräfte, ja sogar einzelne Mannschaften, Männer verschiedener Nationalitäten umfaßten.

Iona wurde 795 erstmals geplündert, ebenso eine Irland vorgelagerte Insel, wahrscheinlich Lambay, nördlich von Dublin. Es gibt keine Chroniken, die uns von den Überfällen auf die Klöster der Nördlichen Inseln erzählen, die dem vorangegangen sein müssen. Nördlich und westlich von Schottland gingen Überfälle und Siedlungstätigkeit Hand in Hand. Die neuen Niederlassungen norwegischer Siedler lagen wie Perlen an einer Kette entlang einem großen Teil der Seeroute von Norwegen nach Irland, hier konnte man zur Verstärkung zusätzliche Mannschaften und Schiffe rekrutieren und Sturmschäden ausbessern, bevor man weiter nach Süden vorstieß.

Irland

Überfälle auf Irland erfolgten zunächst nur gelegentlich und beschränkten sich auf den Küstenstreifen. Aber im Jahrzehnt nach 830 wur-

Die Britischen Inseln und die Normandie
Die Siedlungsgebiete der Wikinger kann man an Hand der Ortsnamen skandinavischen Ursprungs feststellen. 886 beschränkte der Vertrag zwischen König Alfred und den Dänen diese in England auf das Gebiet, das unter dem Namen Danelag bekannt wurde. Die Normandie erhielten der Wikingerhäuptling Rollo und seine Gefolgsleute 911, aber am Ende des Jahrhunderts sprachen ihre Nachkommen schon französisch und hatten die skandinavischen Traditionen aufgegeben.

den die Plünderungszüge häufiger und Wikingerschiffe begannen in die irischen Flüsse einzudringen und die Gewässer im Landesinneren zu befahren. Nacheinander und oft mehrmals wurden die großen Klöster geplündert, ihrer Schätze und Bewohner beraubt. Teilweise als Antwort auf diese ständigen Angriffe erfanden die Iren die hohen konischen Rundtürme. Heute noch findet man an den Stätten früherer Klöster etwa 80 von ihnen, zwischen dem 10. und 12. Jahrhundert errichtet. Obwohl sie in erster Linie als Glockentürme dienten, lagen ihre Eingangstüren doch immer so hoch, daß sie auch einen sicheren Zufluchtsort für Mönche und Schätze bildeten. Ein unbekannter Mönch brachte seine Furcht in einigen Zeilen am Rande seines Manuskripts zum Ausdruck - eines der wenigen Gedichte zum Lobe des schlechten Wetters: „Rauh ist der Wind heute nacht, er reißt in der weißen Mähne des Meeres; heut' fürchte ich die wilden Wikinger nicht, die auf der Irischen See kreuzen."

Nach 840 verschlimmerte sich die Lage dadurch, daß Wikingergruppen *longphorts* errichteten, befestigte Seelager, in denen sie überwintern konnten. Waren sie zuvor nur immer zu einer bestimmten Jahreszeit gekommen, nisteten sie sich nun ständig in Irland ein. Etwa zur gleichen Zeit vereinigten sich die Norweger, die die früheren Raubzüge durchgeführt hatten, mit den Dänen. Einige der befestigten Lager gab man bald wieder auf, wie das bei Annagassan in der Grafschaft Louth, wo ein von einem Wall umschlossenes Gebiet noch der Ausgrabung harrt. Das erste Lager jedoch, das 841 am *Dubh-Linn* (Schwarzer Weiher) an der Furt über den Fluß Liffey errichtet wurde, entwickelte sich zu einer Ansiedlung, die schließlich (mit einer kurzen Unterbrechung) zur Hauptstadt eines Norwegischen Königreichs wurde und eines der wichtigsten Handelszentren Westeuropas darstellte. Flußaufwärts vom mittelalterlichen Dublin fand man bei Kilmainham-Islandbridge zahlreiche Gräber gut ausgerüsteter Wikingerkrieger - und ihrer Frauen -, die aber beim Bau der Great Southern Railway Mitte des 19. Jahrhunderts zerstört wurden. Es ist jedoch gesichert, daß es dort von der Mitte des 9. Jahrhunderts an eine ständige Niederlassung mit zahlreichen Handwerkern und Kaufleuten gab. Dieser Fundplatz legt auch die Vermutung nahe, daß die erste Ansiedlung in Dublin sich etwas von der unterschied, die man unter dem mittelalterlichen und modernen Stadtkern ausgegraben hat.

Dieser vermutliche Ortswechsel kann eine Folge davon sein, daß die Iren 902 die Norweger aus Dublin vertrieben; einige gingen nun nach Schottland, andere nach Nordwestengland. Aber 10 Jahre später begann die schlimmste Periode der Ausplünderung Irlands, und Dublin wurde 917 wieder eine norwegische Niederlassung, die sich bald ausweitete und zu einem großen Hafen und Handwerkszentrum aufblühte. Im 10. Jahrhundert entwickelten sich auch die anderen Städte der Norweger in Irland: Wicklow und Arklow, Wexford und Waterford, Cork und Limerick; dieser bekannten Aufzählung muß man nach neuesten Erkenntnissen Larne hinzufügen. Aber nur in der Umgebung Dublins gelangten größere ländliche Gebiete Irlands direkt unter die Herrschaft der Norweger. Die zahllosen kleinen Irischen Königreiche widerstanden dem Landraub weitgehend. In der Schlacht von Tara 980 erlitten die Norweger eine schwere Niederlage gegen die Iren und waren ihnen seitdem tributpflichtig. Die Iren waren danach bereit, die Wikinger in ihrer Mitte zu dulden, solange sie unter Kontrolle waren, denn sie waren geschickte Händler und ihre Städte wurden immer reicher. Viele irische Worte die mit Handel und Schiffahrt zu tun haben wie *margadh* für Markt stammen von den Norwegern, was deren dauernde Bedeutung für die irische Wirtschaft unterstreicht. Doch Kämpfe und Schlachten gab es auch weiterhin, denn sie waren ein Grundzug der irischen Politik, dem die Wikinger nur eine weitere Dimension hinzugefügt hatten. Die Schlacht bei Clontarf in der Nähe von Dublin 1014 bezeichnet man oft als den letzten Zusammenstoß zwischen den Wikingern (deren Streitmacht sich aus Verbündeten von den Orkneys, der Insel Man und Iren aus Leinster zusammensetzte) und Brian Boru, dem König von Munster und Hochkönig von Irland. Die Norweger wurden geschlagen, obwohl Brian Boru im Kampf fiel. Aus solchen Siegen entstehen Legenden, aber in Wirklichkeit bedeutete Clontarf weder die letzte Schlacht zwischen Iren und Wikingern noch die endgültige Niederlage der Wikinger. Hier kämpften Iren gegen mit Iren verbündete Norweger, und der besiegte König Sigtrygg Seidenbart von Dublin herrschte weitere zwanzig Jahre – bis zu seinem Tode.

Die Norweger blieben weiter in ihren Küstenorten unter sich, orientierten sich nach außen und konzentrierten sich auf den Handel. Aber unter irischem Einfluß waren sie längst Christen geworden, was die gegenseitige Befruchtung zwischen den beiden Zivilisationen sehr erleichterte. Ende des 11. und im 12. Jahrhundert stand die irische Kunst stark unter dem Einfluß der späten Wikingerstile, was für diese eine abschließende Blütezeit fern von Skandinavien bedeutete. Als Dublin 1170 den anglo-normannischen Eroberern in die Hände fiel, sprach man dort immer noch Norwegisch.

Weitere Wikingerangriffe auf England

In dem Jahrzehnt nach 830 kam es zu einem neuen großen Vorstoß der Wikinger gegen England. Eine dänische Flotte war 834 in Friesland eingefallen, hatte dessen blühendes Handelszentrum Dorestad am Rhein geplündert und 835 den Kanal überquert, als „die Heiden Sheppey verheerten", eine kleine Insel in der Themsemündung. Während der folgenden 15 Jahre gab es weitere Wikingerüberfälle auf England von Somerset und Dorset bis Lindsey und Northumbrien. Einige gingen wohl von den Norwegern in Irland aus, die meisten aber von Dänen, auch jenen, die Stützpunkte in Friesland errichtet hatten. Nach 850 begannen sie in England zu überwintern, zuerst auf der Insel Thanet; 865 wird über die erste Zahlung von *Danegeld* berichtet. Gegen ein Friedensversprechen zahlte die Bevölkerung von Kent den Dänen Geld und erntete Verrat als Dank, denn „unter der Tarnung jenes Friedens und Geldes machte sich das Heer bei Nacht ins Landesinnere auf und plünderte den gesamten Osten Kents aus".

Die *Angelsächsische Chronik* berichtet 865 über ein Ereignis, das einen Wendepunkt im Verhältnis der Wikinger zu England markiert. „In diesem Jahr kam ein großes Heidenheer nach England und bezog Winterquartiere in East Anglia; man versorgte sie mit Pferden und die Einwohner von East Anglia schlossen Frieden mit ihnen." Dieses „große Heer" suchte Siedlungsland, eine Hoffnung, die sich voll erfüllen sollte, obwohl man seinen Weg durch England im Einzelnen nicht rekonstruieren kann. 866 eroberte es York und inthronisierte einen angelsächsischen Marionettenkönig in Northumbrien. Nach 870 beherrschten die Wikinger den größten Teil Ostenglands von York bis London. 874 teilte sich das „Große Heer" und Halfdan teilte 876 „das Land der Northumbrier auf, und seine Gefolgschaft begann Ackerbau zu treiben und für den eigenen Unterhalt zu sorgen". Andere Truppenteile des „Großen Heeres" nahmen ebenfalls Land, so in Mercia 877 und in East Anglia 879 unter der Führung des Königs Guthrum. Guthrum hatte vorher versucht, in Wessex zu siedeln, war aber von König Alfred bei *Ethandun* (Edington) geschlagen worden. Als Sieger konnte Alfred den Invasoren seine Bedingungen aufzwingen, darunter die Taufe Guthrums und seiner Hauptgefolgsleute.

Fünf Jahre nach der Ansiedlung in East Anglia brach Guthrum die Vereinbarungen mit Alfred, aber nach einem erfolgreichen Feldzug zwang dieser Guthrum einen neuen Vertrag auf. Seine Bedingungen sind erhalten, der erste Absatz legt die Grenze zwischen Engländern und Dänen fest: „Die Themse aufwärts, dann den Lea aufwärts bis zur Quelle, dann in gerader Linie nach Bedford, die Ouse aufwärts bis zur Straße von Watling."

Während der letzten zwanzig Jahre seiner Herrschaft hatte Alfred Schwierigkeiten mit neuen Wikingerhorden, die auf beiden Seiten des Kanals plünderten. Nach einer schweren Niederlage gegen die Franken 891 setzten sie nach England über und versuchten Siedlungsland zu erobern. Sie stießen auf erfolgreichen Widerstand und teilten sich schließlich 896 in Gruppen auf; einige siedelten sich in Gebieten an, die bereits von Wikingern beherrscht wurden – in East Anglia und Northumbrien – andere setzten zurück über den Kanal, um weiter zu plündern.

Zur Jahrhundertwende gab es in England

Viele Metallarbeiten von den Britischen Inseln fand man in skandinavischen Gräbern des 9. Jahrhunderts. Diese stilisierte Menschenfigur, mit bunten Glas- und Emailarbeiten verziert, ist Teil einer irischen Bronzeschüssel, die man in einem Männergrab in Micklebostad im westlichen Norwegen fand.

Rechts: „Diese Schatulle gehört Ranvaig", stellt die Runeninschrift am Boden dieses kleinen irischen oder schottischen Reliquiars fest, das sich heute in Kopenhagen befindet. Wurde es gestohlen und dann als Schmuckkästchen benutzt oder erwarb es ein früher Konvertit als Reliquienschrein?

Oben: Dieser bronzevergoldete Beschlag, den man in Northumbrien im 8. Jahrhundert für den Einbanddeckel eines Buches hergestellt hatte, wurde von einem Wikinger geraubt und in einen Schmuckanhänger für eine Frau umgearbeitet.

Wikinger, die schon 50 Jahre dort lebten. Es hatte viel Unruhe und Zerstörung gegeben. Das Danelag, das Gebiet dänischer Siedlung und Herrschaft in Ostengland, umfaßte nun die Königreiche York und East Anglia und dazwischen das Gebiet um die befestigten Städte Derby, Leicester, Lincoln, Nottingham und Stamford (die Five Boroughs). Hier hatte die Kirche überlebt, aber zahlreiche Klöster waren aufgegeben und ihre Besitztümer nach Wikingerangriffen aufgeteilt worden. Lindisfarne, Wearmouth und Jarrow fanden im 9. Jahrhundert ein Ende, ebenso Withby in Yorkshire, das 867 geplündert wurde. Eine steinerne Gußform für Goldbarren, die man in der Abtei von Withby fand, kann zum Einschmelzen und Teilen der geraubten Schätze gedient haben. Alfred erinnerte sich in seinen Schriften an die Zeit, „bevor alles beraubt und niedergebrannt wurde", und bemerkte in seinem Testament: „Wir alle wurden von dem Heidenheer gequält." Alfred war jedoch der Anführer, der die Wikinger zurückgeschlagen hatte und dessen Politik zur Verteidigung seines Königreiches seine Nachfolger instand setzte, den Dingen eine andere Wendung zu geben und Mitte des 10. Jahrhunderts ein vereinigtes englisches Königreich zu errichten. Der letzte Wikingerkönig von York war Erik Blutaxt, der 954 während der Herrschaft von Alfreds Enkel Eadred vertrieben wurde.

Beute von den Britischen Inseln

Eine große Menge Metallarbeiten von den Britischen Inseln hat man in skandinavischen Gräbern des 9. Jahrhunderts, besonders in Norwegen, gefunden. Es läßt sich jedoch kaum bestimmen, was durch Plünderung und was auf andere, nicht gewaltsame Weise angeeignet wurde. Was man bisher für kirchliches Gut und daher für Beute gehalten hat, kann nach neueren Erkenntnissen ebensogut weltlich in Ursprung und Zweckbestimmung sein.

Das Frankenreich und Europa

Nicht Wikingerraubzüge scheinen die frühesten Kontakte zwischen Skandinavien und dem Kontinent gewesen zu sein, sondern Handelsbeziehungen. Die Friesen waren die traditionellen Händler der Nordsee, und sie besaßen wohl Handelsverbindungen nach Dänemark, ehe der Dänenkönig Godfred 810 nach Friesland an der niedrig gelegenen Südküste der Nordsee eindrang. Dieser erste Überfall war erfolgreich, doch bildete Friesland einen Teil des Karolingerreichs und wurde daher gut verteidigt. Ein weiterer Angriff wurde 820 abgewehrt, als (möglicherweise die gleichen) Wikingerschiffe auf der Seine auftauchten und vertrieben wurden. Mit der Vernichtung Dorestads 834 begannen die schwersten Wikingerangriffe auf das Fränkische Reich; danach wurde es jede Generation einmal heimgesucht. 841 war Rouen an der Seine das Opfer und 842 Quentowic gegenüber der Straße von Dover. 844 fuhren Winkingerschiffe die Garonne aufwärts und 845 wurde Paris von den Wikingern geplündert. Karl der Kahle zahlte den Wikingern 7000 Pfund Silber für ihren Abzug, das erste von dreizehn Danegeldern, deren Zahlung in Frankreich bis 926 belegt ist. Diese Zahlung brachte Ruhe für sechs Jahre. 845 wurde Hamburg geplündert. 862/63 gelangten die Wikinger den Rhein aufwärts nach Köln und 882 widmeten sie Trier ihre Aufmerksamkeit. Dies sind nur einige Bespiele aus dem Buch der Heimsuchungen, denen die nördlichen Küsten des Fränkischen Reiches im 9. Jahrhundert ausgesetzt waren.

Nach zeitgenössischen fränkischen Quellen betrugen die Beute und die Danegelder zusammen 310 kg Gold und 19.500 kg Silber, das hinterließ in Skandinavien seine Spuren, aber nicht in dem zu erwartenden Maße. Man hat nämlich in Skandinavien nur sehr wenige fränkische (oder angelsächsische) Münzen aus dem 9. Jahrhundert gefunden, der Grund wird sein, daß die meisten eingeschmolzen und zu Schmuck verarbeitet wurden. Der große Hort von Hon, den man im 9. Jahrhundert in Buskerud, Norwegen, verbarg, besteht aus 2,5 kg Goldgegenständen und einigen Glasperlen. Die fränkischen Münzen darunter hat man mit Ösen versehen, um sie als Anhänger zu verwenden. Das beste Stück der Sammlung ist zweifellos eine massive Kleeblattspange mit Laubornament, eine karolingische Handarbeit – in jeder Beziehung ein außerordentlich prächtiges Stück. Um das Bild der Wikingerbeute aus dem Westen zu vervollständigen, enthält der Schatz auch das einzige in Skandinavien entdeckte angelsächsische Goldobjekt, einen Fingerring. Auch hier ist es wieder schwer zu entscheiden, ob die fränkischen Wertstücke auf ehrliche oder unehrliche Weise nach Skandinavien gelangten. Verzweifelt hatte Karl der Kahle 864 den weiteren Verkauf von Pferden und Waffen an die Wikinger verboten.

Inzwischen hatten die Wikinger von der Westküste der britischen Inseln die südliche Atlantikküste Frankreichs heimgesucht. Vor Aquitanien waren bereits 799 Plünderer aufgetaucht. 835 wurde die Klosterinsel Noirmoutier an der Mündung der Loire, ein Zentrum des Salz- und Weinhandels, ausgeraubt. 843 gelangten die Wikinger über die Loire nach Nantes, um es anzugreifen, bevor sie sich ins Winterquartier nach Noirmoutier zurückzogen, das die Mönche wegen der vorangegangenen Angriffe verlassen hatten. Ein Mönch aus Noirmoutier faßte nach 860 die Ereignisse jener Jahre zusammen:

> „Die Zahl der Schiffe nimmt zu. Der endlose Strom der Wikinger hört nie auf zu wachsen. Überall sind die Christen Opfer von Massakern, Brandstiftungen und Plünderungen. Die Wikinger erobern alles, was am Wege liegt und niemand widersteht ihnen. Sie erobern Bordeaux, Périgueux, Limoges, Angoulême und Toulouse. Angers, Tours und Orléans werden vernichtet und eine Riesenflotte fährt die Seine aufwärts und das Unglück nimmt überall zu. Rouen liegt zerstört, geplündert und niedergebrannt da; Paris, Beauvais und Meaux sind erobert, die starken Befestigungen von Melun sind völlig zerstört, Chartres erobert, Evreux und Bayeux geplündert und jede Stadt belagert."

Aber nicht nur Städte und Klöster litten. Im Westen Frankreichs verfiel das Ackerland und die Bauernschaft wurde zerstreut. Als das Land um die Städte herum verwüstet wurde, hätte ein Ausharren hinter den Stadtmauern den Hungertod bedeutet. Die Folge war eine Entvölkerung von Stadt und Land. Bordeaux, das bis zum Anfang des 9. Jahrhunderts immer reicher geworden war, wurde Opfer einer in seiner Geschichte einmaligen Katastrophe und erreichte seinen Tiefpunkt in der Mitte jenes Jahrhunderts. Wie Bordeaux litt auch Aquitanien. Die Bevölkerung des Périgord wurde vertrieben und fand Zuflucht im Haut-Limousin. Aus dem Norden zogen die Flüchtlinge nach Burgund und andere suchten Zuflucht in den Ardennen und der Auvergne.

In der Mitte des 9. Jahrhunderts hatte Lothar, der Sohn Karls des Kahlen, die Insel Walcheren in Friesland den dänischen Brüdern Harald und Rorik überlassen. Er erkaufte sich ihren Schutz gegen andere Wikinger und seine eigenen Brüder. Dies war der erste Schritt einer Entwicklung, die dazu führte, daß der Wikingerhäuptling Rollo 911 die Normandie durch einen Vertrag erhielt. Rollo, selbst wahrscheinlich ein Norweger, führte eine dänische Streitmacht und hatte jahrelang in Frankreich geplündert, ehe Karl der Einfältige ihm die Normandie gegen das Versprechen überließ, sie zu verteidigen. Rollo huldigte dem König und wurde 912 getauft; die Normandie verteilte er unter seine Leute. Im 10. Jahrhundert lösten sich die Normannen von ihren skandinavischen Ursprüngen und gewöhnten sich an die französische Lebensweise. Nach einigen Generationen hatten sie ihre Sprache vergessen, doch die Erinnerung an sie lebt in der Normandie (wie im englischen Danelag) in den Ortsnamen fort.

Die Wikinger haben in Friesland und Frankreich kaum archäologische Spuren hinterlassen. Es gibt ein Männergrab in Antum bei Groningen in den Niederlanden und ein Frauengrab bei Pîtres an der Seine zwischen Rouen und Paris. Sonst fand man nur einige goldene Armreifen in Dorestad und einige Schwerter und Speerspitzen über den Kontinent verstreut, wenn man von einer kleinen Insel vor der bretonischen Küste, der Île de Groix, absieht. Hier entdeckte man unter einem Grabhügel die verbrannten Reste zweier Körper, die in der zweiten Hälfte des 10. Jahrhunderts in einem Schiff beerdigt worden waren. In der Mitte des Grabes befand sich ein großer Eisenkessel, umgeben von Waffen und Schmiedewerkzeug, es fanden sich Gold- und Silberfäden von reich verzierter Kleidung und ein goldener Fingerring. Die Grabbeigaben stellen eine Mischung skandinavischer und westeuropäischer Objekte dar, daher kann der Wikingerkapitän, der hier mit seinem Sklaven oder Gefolgsmann beerdigt wurde, nicht erst gerade aus seiner Heimat hierher gelangt sein, bevor er im Atlantik den Tod fand. Er muß eine Zeitlang im Westen tätig gewesen sein, vielleicht in der Normandie, in Irland oder im Gebiet der Loire. Die Insel, auf der sein Grab liegt, könnte ihm leicht einen Teil seines Lebens als „Piratennest" gedient haben; sie erscheint für diesen Zweck geeignet.

Spanien und das Mittelmeer

Andere Wikinger folgten der französischen Atlantikküste weiter nach Süden und erreichten eines der reichsten und prächtigsten europäischen Königreiche jener Zeit: das Reich der Mauren in Spanien. Möglicherweise sind schon zu Ende des 8. Jahrhunderts einige Wikinger nach Spanien gelangt; der erste nachweisbare Wikingerzug fand 844 statt, als Sevilla erobert und eine Woche lang besetzt wurde. Die Mauren machten mit den Wikingern kurzen Prozeß und fügten ihnen schwere Verluste zu; nur indem sie ihre Gefangenen freikauften, konnten die Überlebenden sich wieder sammeln und fliehen.

Im folgenden Jahr schickte das Maurische Königreich Spanien eine Gesandtschaft unter Al-Ghazal zum König der *majus* – dies war das maurische Wort für die Wikinger und bedeutete Feueranbeter oder Heiden. Wir wissen nicht genau, ob die Gesandtschaft nach Irland oder Dänemark gegangen ist und was sie erreichte, es ging aber wohl darum, den Handel mit Sklaven und Pelzen zu fördern.

Den berühmtesten Zug nach Spanien und darüber hinaus führten Björn und Hastein, die 859 die Loire mit 62 Schiffen verließen und nicht vor 862 zurückkehrten. Sie passierten die Straße von Gibraltar, plünderten Algeciras und stießen dann nach Nordafrika vor. Nach großen Erfolgen kehrten sie um, plünderten die Südküste

Der großartige Schatzfund, der bei Hon im südöstlichen Norwegen im Jahrzehnt nach 860 gegraben wurde, enthält 2,5 kg Gold, wenig Silber und einige Glasperlen. Der große dreiflügelige Beschlag (oben links) gehört zu den schönsten uns bekannten karolingischen Goldarbeiten. Einige der zu Anhängern umgearbeiteten Münzen stammen ebenfalls von den Franken, die übrigen sind römischer, byzantinischer, arabischer und angelsächsischer Herkunft.

Behelmte Wikingerkrieger mit ihren Hunden schmücken den großartigen Runenstein von Ledberg in Östergötland. Sie tragen Rundschilde, und der obere Krieger ist mit einem Schwert und einem Speer bewaffnet.

Spaniens und zogen weiter zu den Balearen. Sie bezogen Winterquartiere an einem für sie gewohnten Ort in der Camargue im Rhône-Delta; dies war zugleich ein Stützpunkt, von dem aus sie flußaufwärts plündern konnten, sie gelangten nordwärts bis Nîmes, Arles und Valence.

Schließlich wurden sie von den Franken abgewehrt und zogen nach Italien weiter. Sie plünderten Pisa und Luna, das sie, wie es heißt, fälschlich für Rom gehalten hatten; ihre weiteren Fahrten sind unbekannt, sie führten wahrscheinlich ins östliche Mittelmeer.

Bei ihrem Versuch auf der Rückkehr durch die Straße von Gibraltar zu fahren, wurden sie von der maurischen Flotte aufgehalten. Wer ihr entkam, plünderte weiter. In Navarra zogen sie ins Landesinnere, nahmen den Herzog gefangen und erpreßten ein Lösegeld von 90.000 *denarii.* Obwohl nur ein Drittel der ursprünglich ausgelaufenen Schiffe 862 wieder die Loire erreichte, hatten die Überlebenden doch unermeßliche Reichtümer erworben.

Die arabischen Quellen zu den Ereignissen in Spanien sind höchst unvollständig, aber bis zum nächsten – erfolglosen – Raubzug von 966 scheint ein Jahrhundert vergangen zu sein. Allerdings blieb die Iberische Halbinsel in der Zwischenzeit nicht unbeachtet, denn es hat wohl einigen Handel gegeben. Um 966 fielen 18 Städte des christlichen Königreiches Asturien in Nordspanien Angriffen der Wikinger anheim, darunter Santiago de Compostella.

Insgesamt sind Ausmaß und Bedeutung der Verbindungen der westlichen Wikinger zu Spanien schwer einzuschätzen, auf jeden Fall aber lag der westliche Mittelmeerraum außerhalb des regelmäßigen Tätigkeitsgebietes der Wikinger.

Wikingersöldner

Von der frühen Wikingerzeit an scheinen immer genügend Männer bereit gewesen zu sein, sich dorthin als Kämpfer zu verdingen, wo Nachfrage bestand. In Irland beteiligten sich Wikingertrupps als Söldner an den ständigen Auseinandersetzungen zwischen den zahlreichen Königreichen des Landes. In Friesland sicherte sich Lothar als Preis für die Insel Walcheren die Dienste Haralds und Roriks. Es heißt, in England hätten die Wikinger bei mehreren Gelegenheiten den Britonen des Südwestens in ihren Abwehrkämpfen gegen die Angelsachsen von Wessex geholfen. Wie wir noch sehen werden, gab es in der späten Wikingerzeit eine skandinavische Streitmacht, die England gegen andere Skandinavier verteidigte.

Aber das berühmteste Söldnerunternehmen stellte die Wäringer-Garde des Kaisers von Byzanz dar.

Schon bald nach ersten Kontakten zwischen den Wikingern und der kaiserlichen Hauptstadt sollen Wikinger in der kaiserlichen Leibwache gedient haben. Ein Vertrag von 911 zwischen den Rus, den Skandinaviern, die in Rußland ansässig oder tätig waren, und den Byzantinern enthält eine Klausel hinsichtlich derjenigen Rus, die in die kaiserliche Armee eintreten wollten. Die Byzantiner verwendeten den Begriff Wäringer für alle Skandinavier, und bis Ende des 10. Jahrhunderts schienen sie keine besondere Truppe innerhalb der Leibgarde gebildet zu haben. Im 11. Jahrhundert wurde die Garde wohl hauptsächlich von Skandinaviern gestellt, und ihr berühmtestes Mitglied war Harald Sigurdson, den man später den „Harten" nannte; von 1047 bis 1066 war er König von Norwegen. Gegen Ende des 11. Jahrhunderts änderte; von 1047 bis 1066 war er König von Norwegen. Er fiel später im Kampf um England.

Dieser Harald der Harte zeigt all die Eigenschaften der Skandinavier, die sie befähigten, in ganz Europa und über den Atlantik hinaus in die westliche Hemisphäre vorzudringen. Es war ihr militärisches Geschick und ihre Verwegenheit, ihre Bereitschaft, zu jeder Zeit ihr Leben zu riskieren, die sie dazu befähigten.

Gegen Ende des 11. Jahrhunderts änderte sich die Zusammensetzung der Garde jedoch um zahlreiche Angelsachsen, die England nach der normannischen Eroberung verlassen hatten.

Nach der Schlacht bei Hastings im Jahre 1066 flohen zahlreiche Engländer nach Byzanz und wurden in die Garde aufgenommen. Schließlich hörte man nur noch von Engländern in der Garde.

Rückkehr nach England

Eine zweite Wikingerzeit begann für England um 980: die *Angelsächsische Chronik* berichtet von Angriffen auf Southhampton, Thanet und Cheshire; im folgenden Jahr wurden die Küsten von Devon und Cornwall geplündert. 982 wurde Dorset angegriffen und London niedergebrannt. Dies waren die Vorboten einer neuen Flut von Wikingerangriffen, und sie gingen von Männern aus, denen es nicht um Land, sondern um Beute ging. Wieder fanden sie England schwach aber wohlhabend und deshalb konzentrierten sie ihre Aufmerksamkeit auf dieses Land. Die neue Plünderungswelle erreichte ihren Höhepunkt am Ende des 10. Jahrhunderts, und das erste neue Danegeld wurde 991 gezahlt.

Die Angriffe von 991 führte Olaf Tryggvason (der spätere König von Norwegen) an der Spitze einer Flotte von 93 Schiffen. Während dieses Kriegszuges kam es bei Maldon in Essex zur Schlacht gegen die Engländer. Ein angelsächsisches Gedicht gibt die Worte eines Wikingerboten so wieder:

„Kühne Seefahrer haben mich zu euch gesandt und mich beauftragt euch zu sagen, daß ihr schnell Schätze senden müßt, um Frieden zu erhalten; es wird besser für euch sein, euch mit Schätzen vom Angriff freizukaufen, statt euch mit so wilden Männern wie uns im Kampfe zu messen. Wir müssen einander nicht umbringen, wenn ihr reich genug seid. Für Gold sind wir zum Waffenstillstand mit euch bereit."

England erwies sich als wohlhabend genug, denn die ersten Danegelder betrugen 10.000 Pfund jährlich. Die Preise für den Frieden steigerten sich schnell: £16.000 (994), £24.000 (1002), £36.000 (1007), £48.000 (1012). Die Silberschätze Skandinaviens bilden einen erregenden Beweis für das ständige Schröpfen der Taschen der Engländer.

Das Danegeld von 994 wurde wieder an König Olaf gezahlt, der gemeinsam mit König Sven Gabelbart von Dänemark zurückgekehrt war. Olaf kümmerte sich danach mehr um die Angelegenheiten Norwegens, Sven führte nach dem gemeinsamen Unternehmen noch viele Feldzüge auf eigene Faust durch. Die bei der Aufteilung der Beute Zukurzgekommenen waren jedoch bereit, ihre Dienste den Engländern zu verkaufen. Thorkel der Lange trat mit 45 Schiffen 1012 in den Dienst König Ethelreds und half 1013, London vor Sven zu retten. Seine Truppen erhielten reichen Lohn für ihre Dienste.

1013 erreichte Sven den Fluß Humber und übernahm die Königswürde des Danelag („Ein glückliches Ereignis" – meinte der Chronist.) Sein Sohn Knut jedoch wurde 1016 nach dem Tode Ethelreds zum König von England gewählt. Er herrschte bis zu seinem Tod 1035 (S. 196); durch seinen Hof wurden wieder skandinavische Bräuche in England eingeführt. Der großartige Grabstein auf dem Friedhof von St. Paul in London muß zum Gedenken an einen seiner Gefolgsmänner errichtet worden sein; er weist die in der Wikingerkunst jener Zeit häufigsten Ornamente auf. Sogar nach der Wiederherstellung der englischen Monarchie durch Eduard den Bekenner beschäftigten die Engländer weiterhin skandinavische Söldner. Als diese Truppen 1051 aufgelöst wurden, endete der Strom englischen Silbers nach Skandinavien, obwohl die Könige von Norwegen und Dänemark weiterhin habgierige Blicke auf England warfen.

Nach dem Sieg über die Norweger bei Stamford Bridge, bei dem deren König Harald der Harte den Tod fand, mußte König Harold von England schleunigst nach Süden eilen, um einer zweiten Invasion entgegenzutreten – der des Herzogs Wilhelm von der Normandie – und er unterlag in der Schlacht bei Hastings. Diese Ereignisse von 1066 bedeuteten noch nicht den endgültigen Abschluß der Wikingerzeit in England. Ein Jahr darauf kam der Dänenkönig Sven Estridsson höchstselbst – und Wilhelm zahlte für dessen Rückzug. Schließlich plante 1085 Knut, der Sohn und Erbe Svens, eine riesige Invasion gegen England, doch blieb der Versuch erfolglos, die Flotte stach nie in See. Dies war der letzte ernsthafte Angriffsplan der Skandinavier gegen England; seitdem verteidigt dieses England sein insulares Dasein souverän seit mehr als neunhundert Jahren; die Wikingerzeit war vorüber.

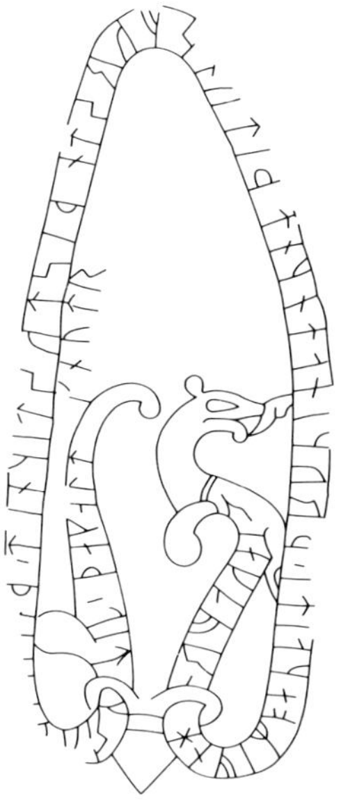

Einige schwedische Runensteine des 11. Jahrhunderts erwähnen England und Männer, die im Westen den Tod fanden. Der Stein von Yttergärde in Uppland wurde zum Gedenken an einen gewissen Ulf errichtet, der „drei Zahlungen von Geld in England empfing. Die erste zahlte Tosti, die zweite Thorkel, die dritte Knut."

Schiffe, Bootsbauer, Seeleute

Dreihundert Jahre lang waren die Wikinger die fortgeschrittensten Schiffsbauer und Seeleute der nördlichen Meere. Ihr Wirkungsbereich erstreckte sich von der Arktis zum Kaspischen Meer und über den Atlantik in die Neue Welt.

Die Quellen

Das Langschiff der Wikinger gilt als Symbol skandinavischen Könnens, es versinnbildlicht das Wikingerzeitalter und ist ein hervorragendes Beispiel historischen Schiffbaus.

Wie bauten die Wikinger solch schnelle und elegante Schiffe? Wie navigierten sie? Warum waren sie so erfolgreich und warum wurden sie schließlich von den schweren, langsamen Schiffen des Mittelalters verdrängt? Leider gibt es keine Bauanleitungen für Wikingerschiffe, die schnelle Antworten auf solche Fragen liefern, aber es gibt viele andere Anhaltspunkte, und wenn man sie sorgfältig zusammenfügt, ergeben sie ein erstaunlich vollständiges Bild der Schiffe und ihrer Erbauer.

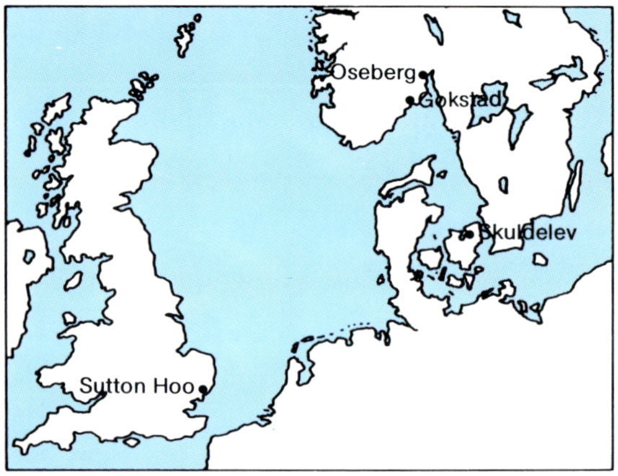

Zwei tausendjährige Schiffe, die man vor 80 bis 100 Jahren aus norwegischen Grabhügeln bei Oseberg und Gokstad am Westufer des Oslofjords ausgrub, hat man restauriert und in einem Gebäude von der Größe eines Doms in Bygdøy bei Oslo ausgestellt. Sie haben die geläufige Vorstellung vom Wikingerschiff geprägt. Aber diese beiden Schiffe des 9. und 10. Jahrhunderts waren sehr ungewöhnlich – sie stellten wohl so etwa wie norwegische Königsyachten dar. Obwohl wir durch sie vieles über gewisse Aspekte des Schiffbaus der Wikingerzeit erfah-

Die tausendjährigen norwegischen Schiffe aus den Grabhügeln von Oseberg und Gokstad prägen die landläufige Vorstellung von einem Wikinger-Schiff. Sie gehören zu unseren wichtigsten Erkenntnisquellen über die Schiffsbautechniken der Wikingerzeit.

Das Schiff von Gokstad aus dem 9. Jahrhundert während der Ausgrabung 1880. Es wurde im Museum für Wikingerschiffe in Bygdøy bei Oslo wiederaufgebaut. Es ist weniger verziert als das ältere Oseberg-Schiff, aber besser erhalten.

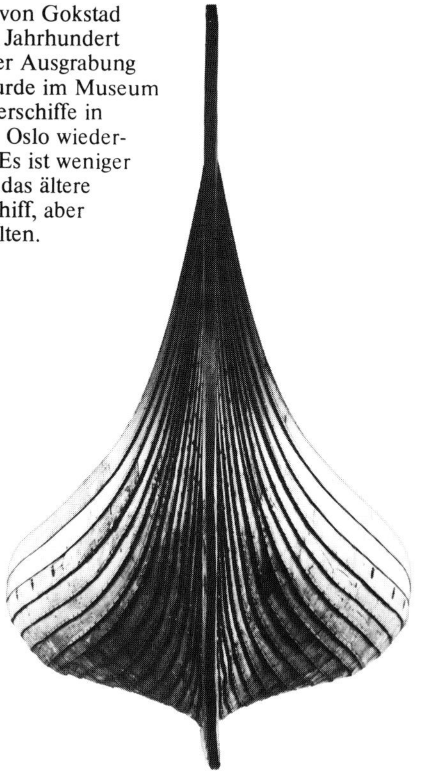

Die großartigen Schnitzereien an Bug und Heck des rekonstruierten Schiffs von Oseberg kann man ebenfalls im Museum für Wikingerschiffe in Bygdøy besichtigen.

ren, müssen wir für frühere und spätere Schiffe nach anderen Beispielen suchen; dies gilt auch für die Besonderheiten der Handelsschiffe der Wikinger und für die Einzelheiten der Segel und der Takelage.

Schiffe und Schiffsspuren in anderen Grabstätten Skandinaviens und Englands lieferten einige zusätzliche Informationen. Sagas, Seefahrerregeln, Gedichte und Reiseberichte (wie die des Königs Alfred) haben unser Bild ergänzt, das gleiche gilt von Holzschnitzereien, Steinbildern und dem Teppich von Bayeux aus dem 11. Jahrhundert. Die Deutung all dieser Belegstücke ist jedoch schwierig: Die Sagas etwa wurden erst im 12. Jahrhundert aufgeschrieben und enthalten vieles aus der Nach-Wikingerzeit. Dennoch kann man durch sorgfältige Interpretation viel über die Wikingerschiffe erfahren. In letzter Zeit hat die Ausgrabung gesunkener oder aufgegebener Schiffe unser Wissen stark erweitert. Die Untersuchungen von Ole Crumlin-Pedersen, dem Direktor des Museums für Wikingerschiffe in Roskilde in Dänemark, an den fünf Skuldelev-Schiffen, die man 1962 im Roskildefjord ausgrub, sowie an anderen dänischen Funden und die Arbeiten

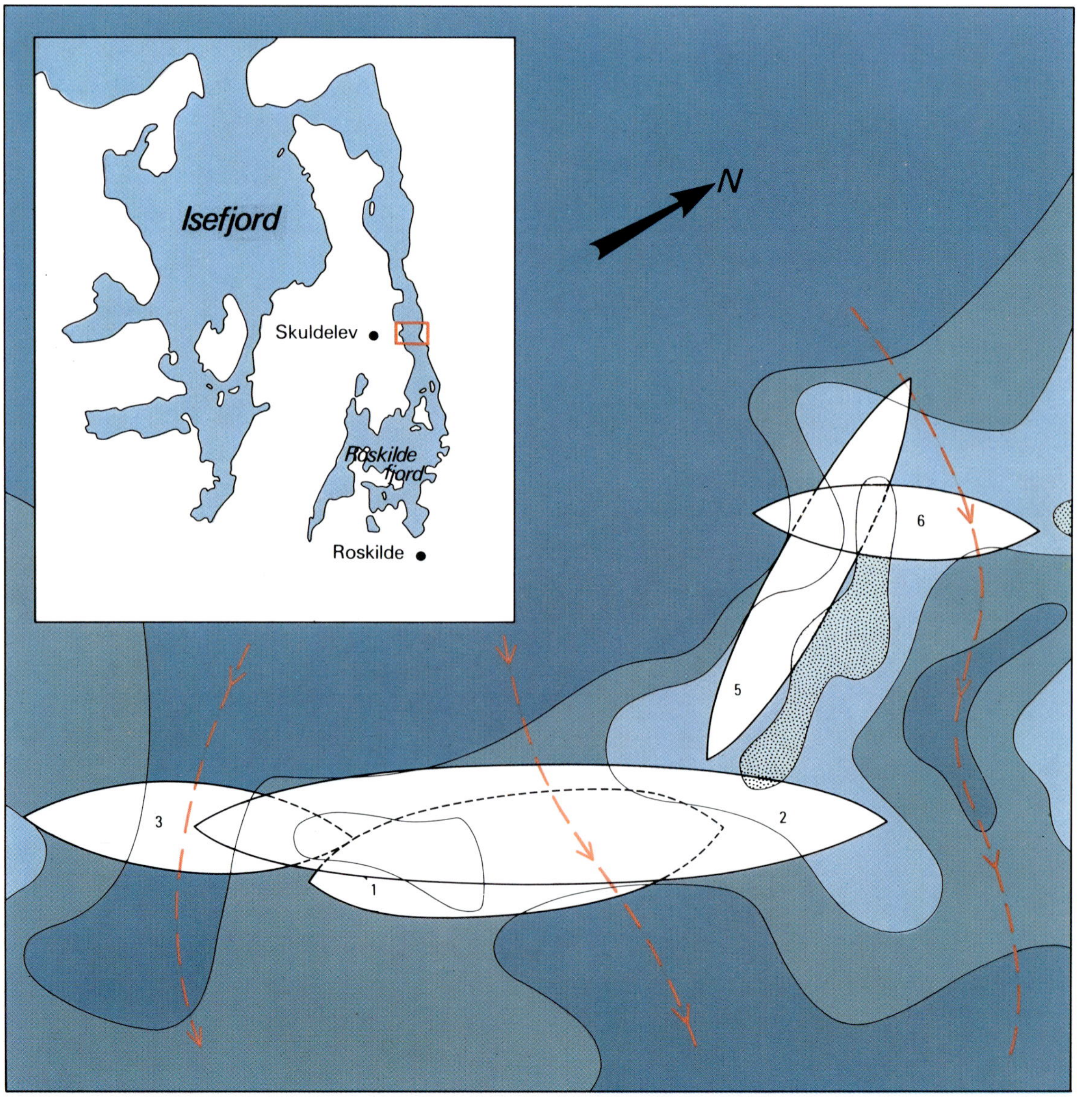

Anders als die Grabschiffe von Oseberg und Gokstad dienten die in Skuldelev in Dänemark ausgegrabenen Schiffe wirklich dem Verkehr. Man hatte sie absichtlich versenkt, um den flachen Fjord von Roskilde zu blockieren und so die dänische Königsstadt Roskilde vor einem Angriff vom Meer her zu schützen. Die Zeichnung *rechts* zeigt, wie man die fünf Schiffswracks quer in die Fahrrinne legte. Das größte Schiff, Skuldelev 2, war etwa 28 m lang.

von Arne Emil Christensen vom Wikingerschiffs-Museum in Oslo über neuere norwegische Funde haben dazu geführt, daß wir nun beginnen, die Unterschiede in der Bauweise und regionale Besonderheiten von Wikingerbooten und -schiffen zu verstehen. Typ und Alter eines entdeckten Schiffes wird man nun bald nach seiner technischen Entwicklungsstufe bestimmen können.

Das Studium der heutigen Bootsbautechniken, etwa im westlichen Norwegen, wo es eine 1000jährige Schiffsbautradition gibt, ist ebenfalls aufschlußreich, und in jüngerer Zeit gewinnt man auch Erkenntnisse durch den Nachbau alter Schiffe und ihr Verhalten auf See.

Diese Art der experimentellen Archäologie will feststellen, wie die alten Schiffe gerudert wurden, wie sie die Segel setzten, wie man sie steuerte, welche Höchstlasten sie befördern konnten und welche Eigenschaften sie bei unterschiedlicher Stärke von Seegang und Wind besaßen. Das National Maritime Museum in Greenwich baute und erprobte kürzlich eine Nachbildung eines kleinen Schiffs - eines *færing* oder Vierer-Ruderboots, wie man eines im Schiff von Gokstad fand. Dabei erfuhr man viel über Schiffsbaumethoden der Handwerker des 9. Jahrhunderts.

Ähnliche Erkenntnisse kann man erzielen, wenn man Bauzeichnungen auswertet oder Miniaturmodelle in einer speziellen Anlage testet, in der man die Geschwindigkeit und den Bewegungswiderstand des Boots untersuchen kann, oder man verwendet einen Windkanal.

Der Vorteil solcher Untersuchungen liegt darin, daß man Varianten alter Schiffe unter unterschiedlichen Bedingungen testen kann. Die Ergebnisse solcher Experimente können allerdings nicht exakter sein als die zugrundegelegten Daten; diese Tatsache und der Grad der Annäherung an die Wirklichkeit bestimmen ihren Wert bei der Einschätzung der Leistungsfähigkeit historischer Schiffe.

Die hier aufgezählten Methoden der Beweisführung sollten zeigen, was man über die wikingischen Boote und Schiffe weiß und was man nur mutmaßt.

Durch den Nachbau von Schiffen aus der Wikingerzeit gewinnen wir wertvolle Kenntnisse sowohl über die Verwendung von Holz und Werkzeug als auch über das Verhalten der Schiffe unter Rudern und Segeln. Die Nachbildung eines færing (eines Bootes mit vier Rudern) baute und testete man am National Maritime Museum in Greenwich. *Oben* wird einer der eichenen Schiffssteven des Boots mit einem Querbeil ausgehöhlt.
Unten: Das Boot auf der Helling, kurz vor seiner Fertigstellung.

Schiffe und Boote

Von dem königlichen Grabschiff, das man 1939 bei Sutton Hoo in England ausgrub, waren nur ein Abdruck im Sand und eiserne Nieten erhalten. Aber dieses Schiff mit seiner ausgeprägten Klinkerbauweise und der Gleichartigkeit von Bug und Heck kann als ein Vorläufer des Wikingerschiffs gelten.

Die Gelehrten streiten sich noch, ob der Expansionsdrang der Wikinger den Schiffsbau vorantrieb oder ob verbesserte Methoden des Schiffbaus den Grund für die Entdeckungen und die Ausbreitung der Wikinger lieferten.

Sicher ist jedoch, daß das Wikingerschiff nicht zu Anfang der Wikingerzeit erfunden wurde, sondern daß es eine Weiterentwicklung älterer Bootsformen darstellt. Nordeuropäische Funde aus der Zeit um 400 wie die Boote von Nydam und Kvalsund in Schleswig-Holstein und Norwegen zeigen, daß ältere Formen später von den Schiffsbauern der Wikingerzeit weiterentwickelt wurden. Wenn man es auch nicht in Skandinavien entdeckte, so kann man doch das in Sutton Hoo im englischen Suffolk gefundene Schiff für einen Vorläufer der Wikingerschiffe halten. Es handelt sich um ein großes offenes Schiff von 23 m Länge, daß um 625 für ein Königsbegräbnis verwendet wurde. Während der 1300 Jahre unter der Erde hat sich das Holz des Schiffes zersetzt, es hinterließ aber einen Abdruck im Sand, der seine Bauweise deutlich macht: Es handelt sich um ein in Klinkertechnik gebautes Boot mit einheitlicher Bug- und Heckform.

Wir kenn jetzt auch Schiffe aus dem 9. bis 11. Jahrhundert mit einer ähnlichen oder noch entwickelteren Bauweise: zum einen die Grabschiffe des 9. und 10. Jahrhunderts in Oseberg, Gokstad und Tune und zum anderen die Schiffe von Skuldelev, die wirklich der Seefahrt dienten und bei der Blockade der Bucht von Roskilde absichtlich versenkt worden sind.

Ole Crumlin-Pedersen schloß aus der Untersuchung der Schiffe von Skuldelev und anderer nordischer Schiffsüberreste, daß zwar jedes Schiff seine Besonderheiten aufwies, sie aber doch alle viele gemeinsame Züge besitzen. Die Grundform und ihre Bauweise sind auf den Seiten 44/45 skizziert und beschrieben. Im Laufe der Zeit ergaben sich natürlich Abweichungen, es gibt regionale Besonderheiten und technische Varianten. Z. B. änderte sich zwischen dem 9. und 11. Jahrhundert die Methode der Abstützung des Mastes; auch unterschied sich die Art der Zusammenfügung der Planken an der östlichen Ostsee, wo man Holznägel verwandte und die Nähte mit Moos abdichtete, von der an der westlichen Ostsee üblichen Methode, wo man meist mit Eisennägeln und Tierhaaren arbeitete. In der Schiffsgruppe von Skuldelev findet man genau diese Unterschiede wieder.

Die Schiffe 1 und 3 sind viel breiter im Verhältnis zu ihrer Länge als die Schiffe 2 und 5. Dies spiegelt die unterschiedliche Zweckbestimmung der Schiffe wieder – 1 und 3 waren Frachtschiffe, 2 und 5 Kriegsschiffe. Möglicherweise werden weitere Ausgrabungen zusätzliche Varianten zutage fördern oder erkennen lassen.

Die verschiedenen Arten des Schiffs- und Bootsbaus sind sehr stark von den Bootsbauern der jeweiligen Länder beeinflußt worden, in denen sich die Wikinger niederließen. Die archäologischen Beweise sind leider sehr rar, wenn man von den Funden wiederverwendeten Schiffsholzes im Dublin der Wikingerzeit und einigen schlecht erkennbaren Bootsgräbern in

Schottland absieht. Doch viele mit Schiffsbau und Seefahrt zusammenhängende Worte aus dem Altnordischen im Irischen, Französischen und in geringerem Maße auch im Englischen zeigen diesen Einfluß. Und aus der Nach-Wikingerzeit zeigen Darstellungen auf dem Teppich von Bayeux, auf irischen Denkmälern und auf englischen, irischen und französischen Stadtwappen eine Schiffsform mit unverkennbar norwegischen Grundzügen, das gleiche gilt für die Schiffsreste aus irischem Holz aus dem 13. Jahrhundert, die man in der Wood Quay-Grabung in Dublin fand. Daher scheint die Aussage gerechtfertigt, daß in der Wikingerzeit und eine beträchtliche Zeitspanne danach im nordwestlichen Europa der gebräuchlichste Schiffstyp aus dem Norden stammte: das Wikingerschiff in seinen verschiedenen Formen.

Dennoch waren für einige Arten der Schifffahrt andere Bootstypen brauchbarer. Im Landesinneren, auf Binnenseen und Fjorden benutzten die Wikinger Flöße aus Baumstämmen und Einbäume, wie es auch ihre Zeitgenossen in anderen europäischen Ländern taten. Boote aus Häuten und Rinde benutzte man in den östlichen und nördlichen Randgebieten der Wikingerländer, ganz sicher benutzte man Boote aus Häuten im keltischen Westen der Britischen Inseln in der Periode der Überfälle und Ansiedlungen der Wikinger. Darüber hinaus zeigt das Boot mit flachem Bug, das man 1966 in Egernsund an der Flensburger Förde in Süddänemark fand und das aus der Zeit um 1090 stammt, daß nicht alle Plankenboote der Wikingerzeit dem entsprechen, was wir uns unter einem „Wikingerschiff" vorstellen. Bei diesem Boot handelt es sich vermutlich um eine Fähre und deshalb wurde es am Ort gebaut. Weder seiner Form nach, noch hinsichtlich seiner Bauweise entspricht es dem nordischen Muster, seine Rolle als Inland-Fähre bestimmte Form und Bauweise. Ähnliche Fähren gab es auch anderswo in Europa, etwa am Rhein. In Gegenden, wo die Wikinger keinen Einfluß auf die Methoden des Schiffsbaus ausübten, gab es andere Arten von Plankenbooten wie die Vorläufer der mittelalterlichen Kogge und des Holk, die Schiffe mit großem Laderaum waren.

Oben: Die Skuldelev 1 war ein hochseetüchtiges Handelsschiff und stellt den Höhepunkt des Schiffsbaus in der Wikingerzeit dar. Ihre Überreste werden in Roskilde (Dänemark) ausgestellt, die fehlenden Teile wurden durch Metallteile angedeutet.

Diese späte Form eines Schiffs nordischen Typs auf dem Stadtsiegel von Winchelsea, England, aus dem 13. Jahrhundert beweist den nachhaltigen Einfluß der Schiffbaumeister der Wikinger auf jene Länder, in denen die Wikinger siedelten.

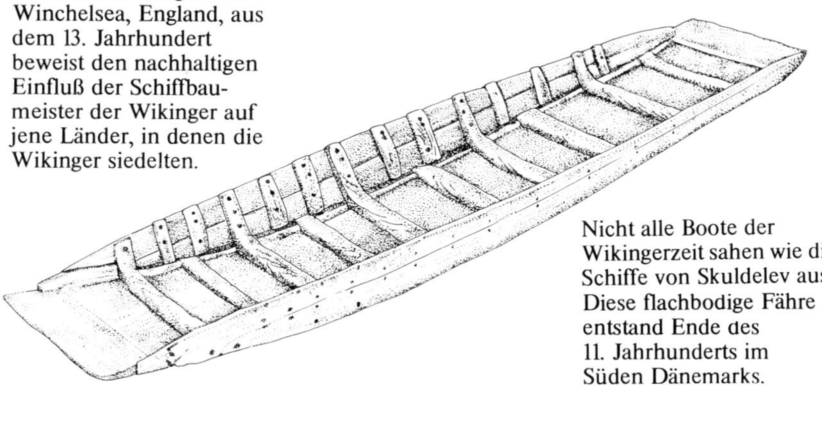

Nicht alle Boote der Wikingerzeit sahen wie die Schiffe von Skuldelev aus. Diese flachbodige Fähre entstand Ende des 11. Jahrhunderts im Süden Dänemarks.

Das Wikingerschiff: Technisch

Dieses Schaubild illustriert die Teile des Wikingerschiffs und erklärt die in diesem Kapitel benutzten Begriffe. Das Schnittmodell weist Einzelheiten auf, die sich nicht bei einem einzelnen, sondern bei vielen verschiedenen Schiffen fanden. Um die wichtigsten Grundzüge des Gerüstes zu zeigen, wurden viele der inneren Holzteile fortgelassen.

Form und Größe der Wikingerschiffe waren abhängig von ihrer Zweckbestimmung als Frachtschiff, Kriegsschiff oder königliche Yacht, und zusätzlich gab es Veränderungen während der 300 Jahre der Wikingerzeit, aber alle Schiffe hatten gewisse gemeinsame Charakteristika. Der Rumpf hatte zwei gleiche Enden, er besaß einen leicht gebogenen Kiel, der am Bug und Heck in einen gebogenen Vorder- bzw. Achtersteven überging. Die oberste Plankenreihe wies eine besondere Krümmung auf; sie war an den Enden höher als in der Mitte. Der Rumpf bestand aus geklinkerten, d.h. sich überlappenden Plankengängen, die am Kiel und den Steven wie an einem Rückgrat befestigt waren. Die inneren Stütz-

Dieser Plan des Schiffskörpers zeigt den charakteristischen Umriß des Wikingerschiffs mit gerundetem Boden und ausgebauchten Seiten. Der geringe Tiefgang aufgrund der dünnen Verschalung erlaubte es dem Schiff, nahe ans Ufer zu fahren, bevor es auf Grund setzte. Es konnte auf seichten Flüssen weit landeinwärts gelangen. Der tiefe Kiel und die steil angewinkelten unteren Planken verringerten die Abdrift, die der Wind verursachte.

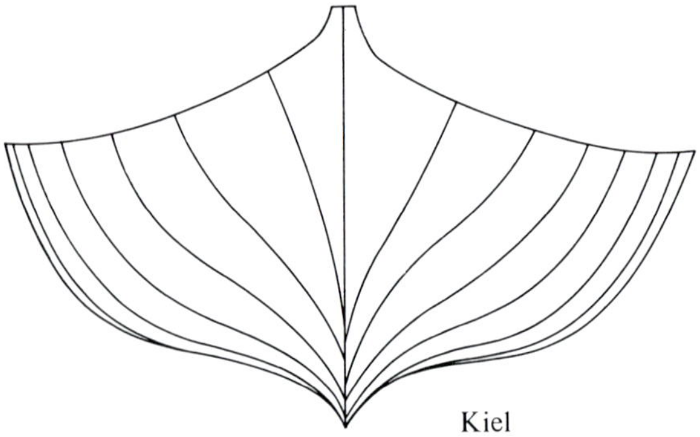

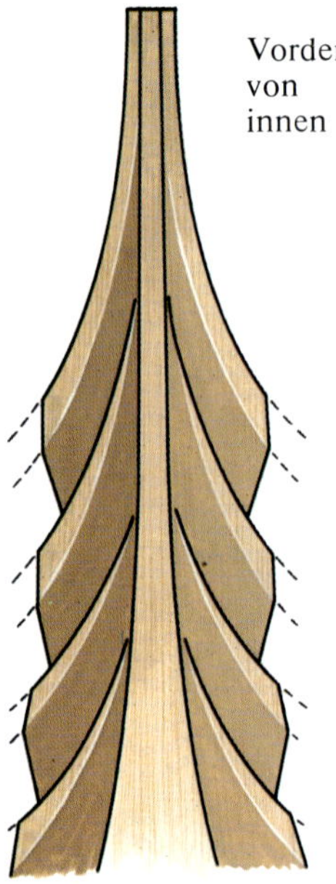

Die gebogenen Vorder- und Hintersteven waren je aus einem einzelnen Holzstück geschnitzt, sie waren so bearbeitet, daß sie wie sich überlappende Planken wirkten. Die wirklichen Planken waren etwas weiter von Bug und Heck entfernt an den Steven befestigt. Andere Steven der Wikingerzeit besaßen einfachere Formen. Der Stevenfuß war an der Kiellasche mit dem Kiel vernagelt.

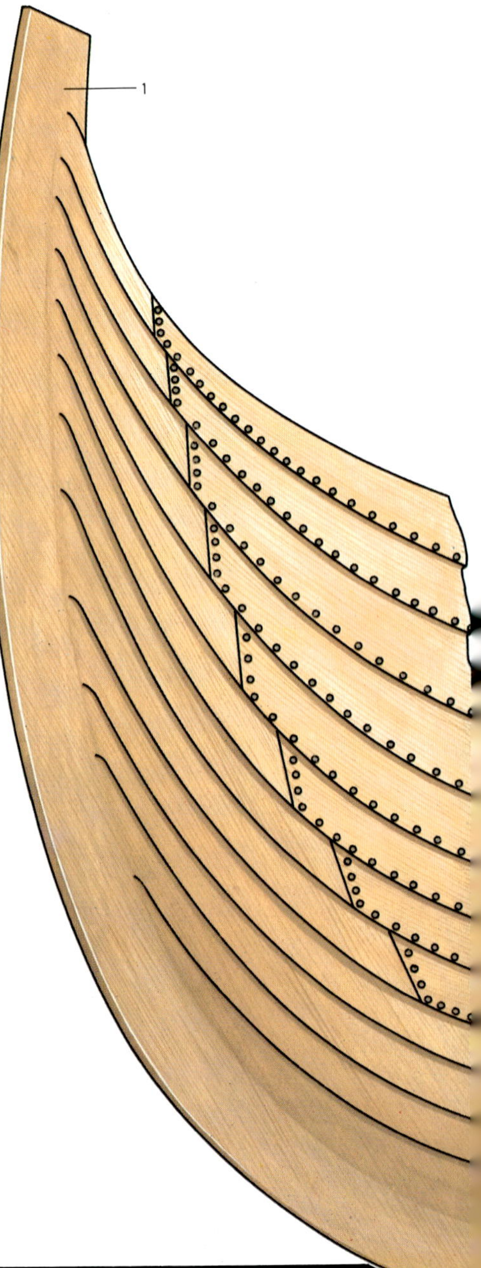

Ein Querschnitt (zum Bug hin gesehen) zeigt das innere Stützsystem von Spanten und Biten. Die dünnen Spanten wählte man einzeln so aus, daß sie zur Krümmung des Rumpfes paßten, desgleichen die Biteknie, welche Spanten und Planken miteinander verbander. In Kriegsschiffen konnte man die oberen Biten als Ruderbänke benutzen. Die Ruderer stützten ihre Füße auf die Bodenbretter in Höhe der unteren Biten. Bei Frachtschiffen konnte man Decksplanken in Höhe der oberen Biten an beiden Schiffsenden einbauen und eine weitere Reihe von Biten als Ruderbänke hinzufügen.

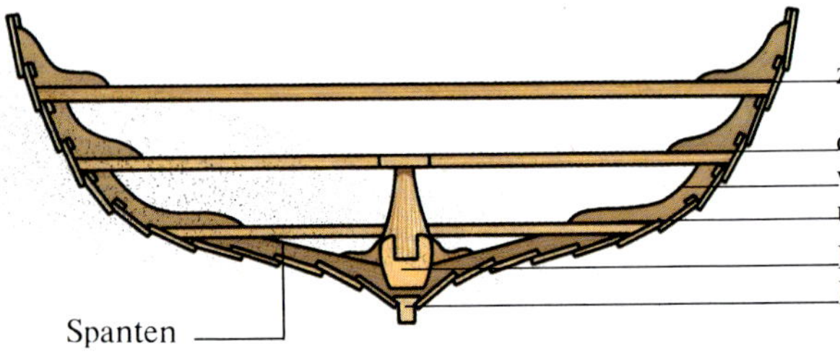

Begriffe

hölzer baute man erst ein, nachdem die Außenhaut fertiggestellt war. Die in gleichen Abständen angebrachten Spanten waren an den Planken, nicht aber am Kiel befestigt. Dies hatte die Flexibilität der gesamten Konstruktion zur Folge, und das System der Biten über jedem Spant konnte zur Aufnahme von Decksplanken oder Ruderbänken dienen.
Die sich überlappenden Planken waren mit Eisennägeln verbunden (a), deren Enden man über einer Unterlegscheibe (Nietplatte) platt hämmerte, um ihnen einen Halt zu verschaffen. Eine Wergabdichtung aus geteertem Tierhaar zwischen den Planken machte den Rumpf wasserdicht. Die Spanten band man entweder an Knaggen fest, die man an den Planken stehen ließ (b), oder befestigte sie mit Holznägeln, hölzernen Stiften, die man durch Planken und Bodenhölzer trieb (c) und durch einen Keil festhielt, den man in das nach innen gerichtete Ende jedes Stifts trieb.

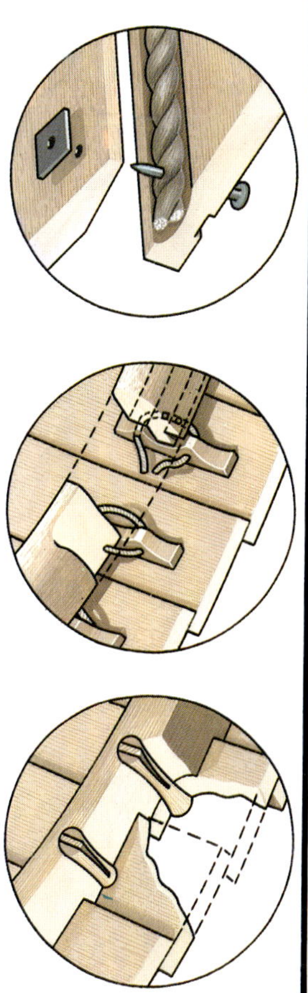

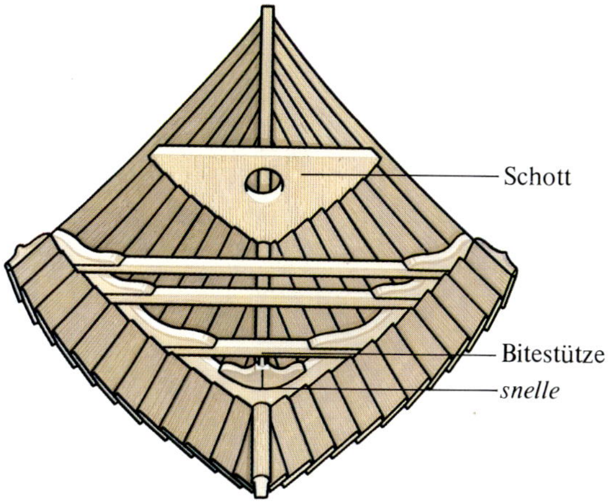

1 Vordersteven
2 obere Plankenreihe
3 horizontales Biteknie
4 Stringer
5 zusätzlicher Querbalken (Bite)
6 oberer Querbalken oder Mastfisch
7 vertikales Biteknie
8 Auflanger
9 unterer Querbalken (Bite)
10 Spant
11 Kiellasche
12 Kiel
13 Kielschwein
14 Kielschweinknie
15 Mastspur
16 Kielgang
17 *snelle*
18 Bitestütze
19 Schott
20 Ruder mit Pinne
21 Achtersteven
22 Riemenpforte

Die untere Kante jeder Planke überlappte außen die darunter gelegene. Einzelne Planken eines Gangs waren mit Ausnahme des Vorderstevens so verlascht, daß die Öffnung der Laschung nach achtern zeigte, um auf Fahrt das Eintreten von Wasser zu verringern.

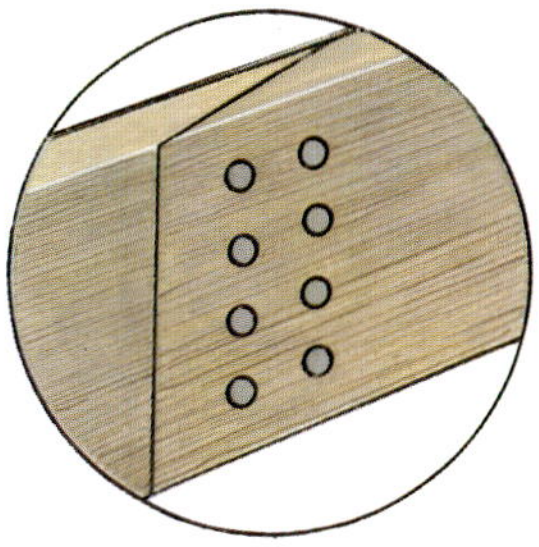

Riemenpforten gab es zu beiden Enden eines Handelsschiffs oder über die Gesamtlänge eines Kriegsschiffs. Kleine Boote besaßen vertikal auf der Reelingsplanke angebrachte Ruderdollen.

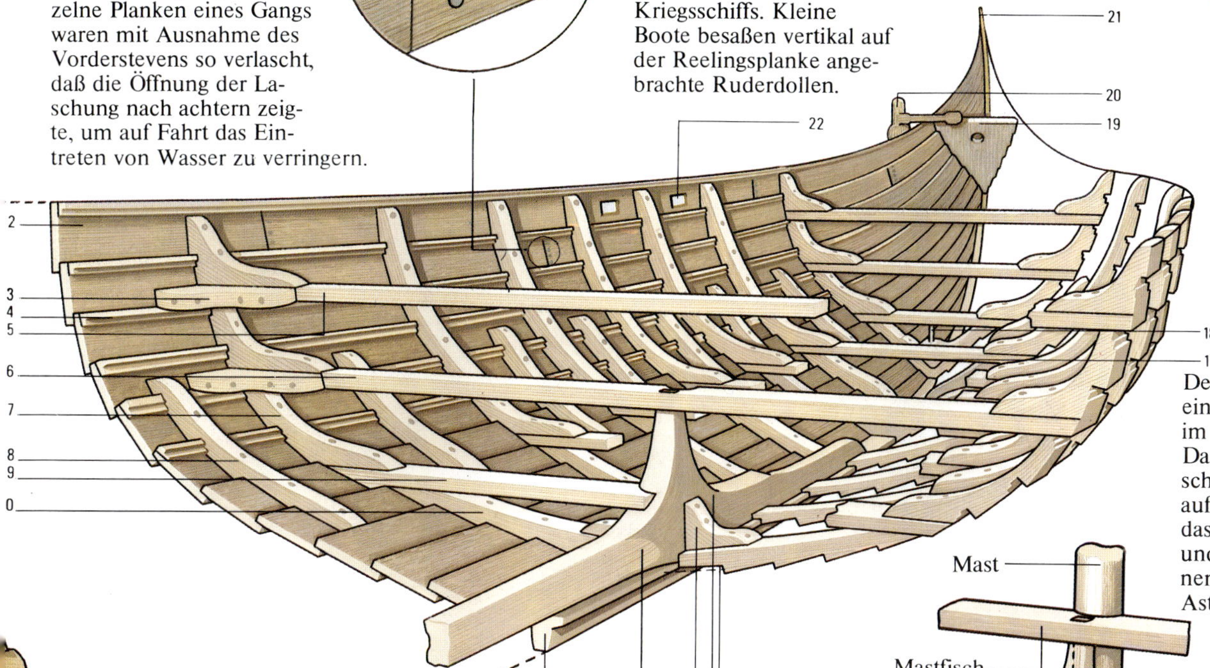

Der Mastbaum war in einem Loch, der Mastspur im Kielschwein verankert. Das Kielschwein, ein schweres Stück Holz, das auf dem Kiel lag, verteilte das Gewicht des Mastes und stützte ihn durch seinen senkrecht aufragenden Ast ab.

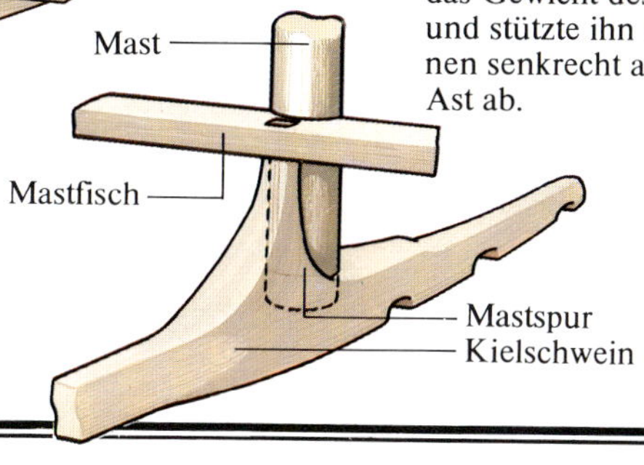

Schiffsgrößen und -formen

Die Boote und Schiffe der Wikinger kann man nach ihrer Größe unterscheiden. Die kleineren Boote, die schmal genug waren, damit jeder Insasse ein Ruderpaar bedienen konnte, hießen *x-æring* je nach Zahl der Ruder: ein *færing* hat vier Paar Ruder, ein *sexæring* sechs usw. Die größeren Schiffe, bei denen jeder Mann nur ein Einzelruder bediente, erhielten ihren Namen nach der Anzahl ihrer Ruderbänke. Neben diesen beiden Gruppen erwähnen die schriftlichen Quellen verschiedene weitere Schiffstypen, die wir aber nicht den archäologischen Funden zuordnen können. Gegenwärtig sollte man Typen nur nach ihrer Aufgabe unterscheiden: das Handelsschiff, das Kriegsschiff und vielleicht noch das Fischerboot mit ihren verschiedenen Eigenschaften. Schiffe wie die von Gokstad und Ose-

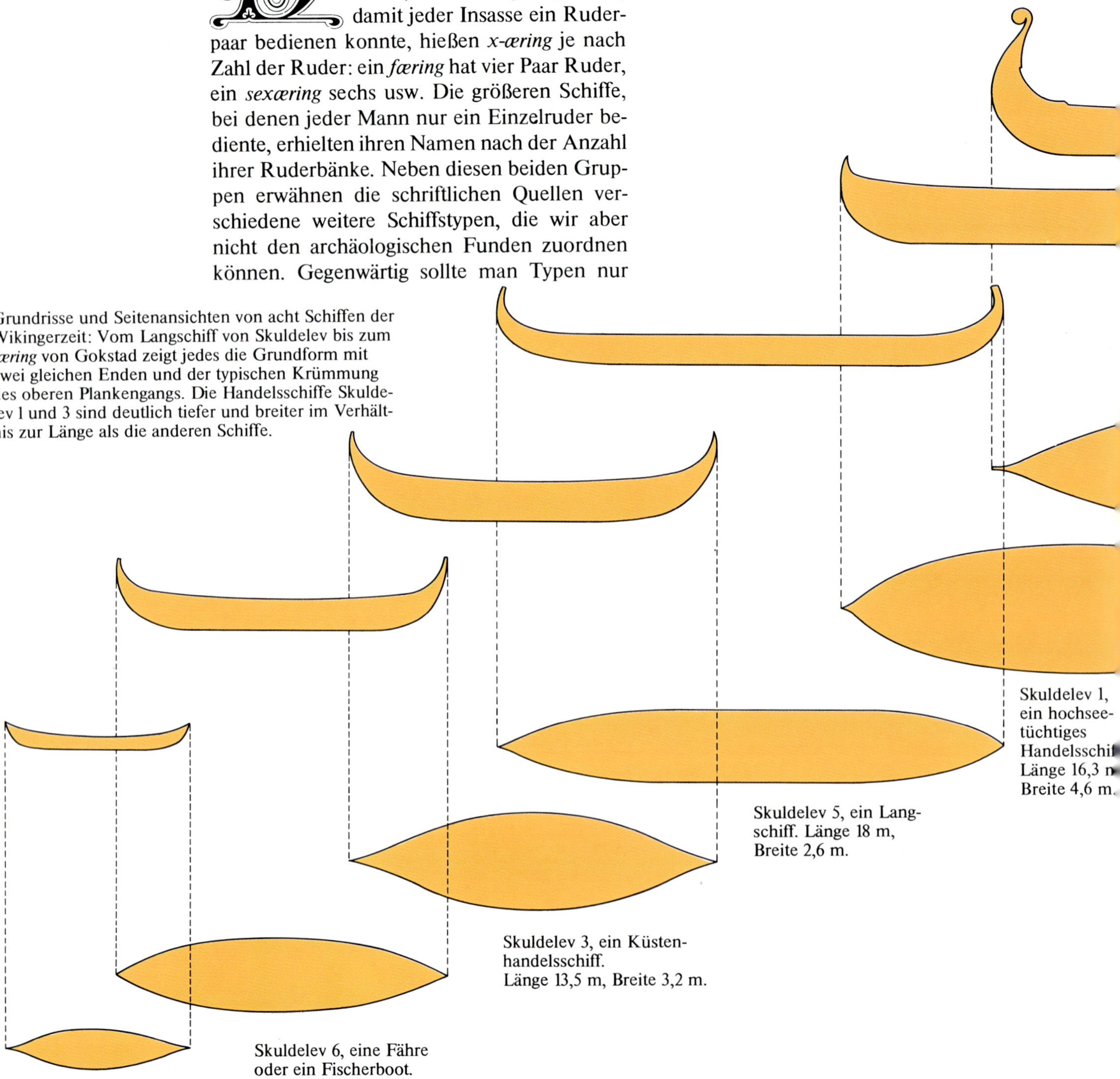

Grundrisse und Seitenansichten von acht Schiffen der Wikingerzeit: Vom Langschiff von Skuldelev bis zum *færing* von Gokstad zeigt jedes die Grundform mit zwei gleichen Enden und der typischen Krümmung des oberen Plankengangs. Die Handelsschiffe Skuldelev 1 und 3 sind deutlich tiefer und breiter im Verhältnis zur Länge als die anderen Schiffe.

Skuldelev 1, ein hochseetüchtiges Handelsschiff. Länge 16,3 m, Breite 4,6 m.

Skuldelev 5, ein Langschiff. Länge 18 m, Breite 2,6 m.

Skuldelev 3, ein Küstenhandelsschiff. Länge 13,5 m, Breite 3,2 m.

Skuldelev 6, eine Fähre oder ein Fischerboot. Länge 12 m, Breite 2,5 m.

Færing, ein kleines Beiboot mit vier Rudern aus dem Gokstad-Schiff. Länge 6,5 m, Breite 1,4 m.

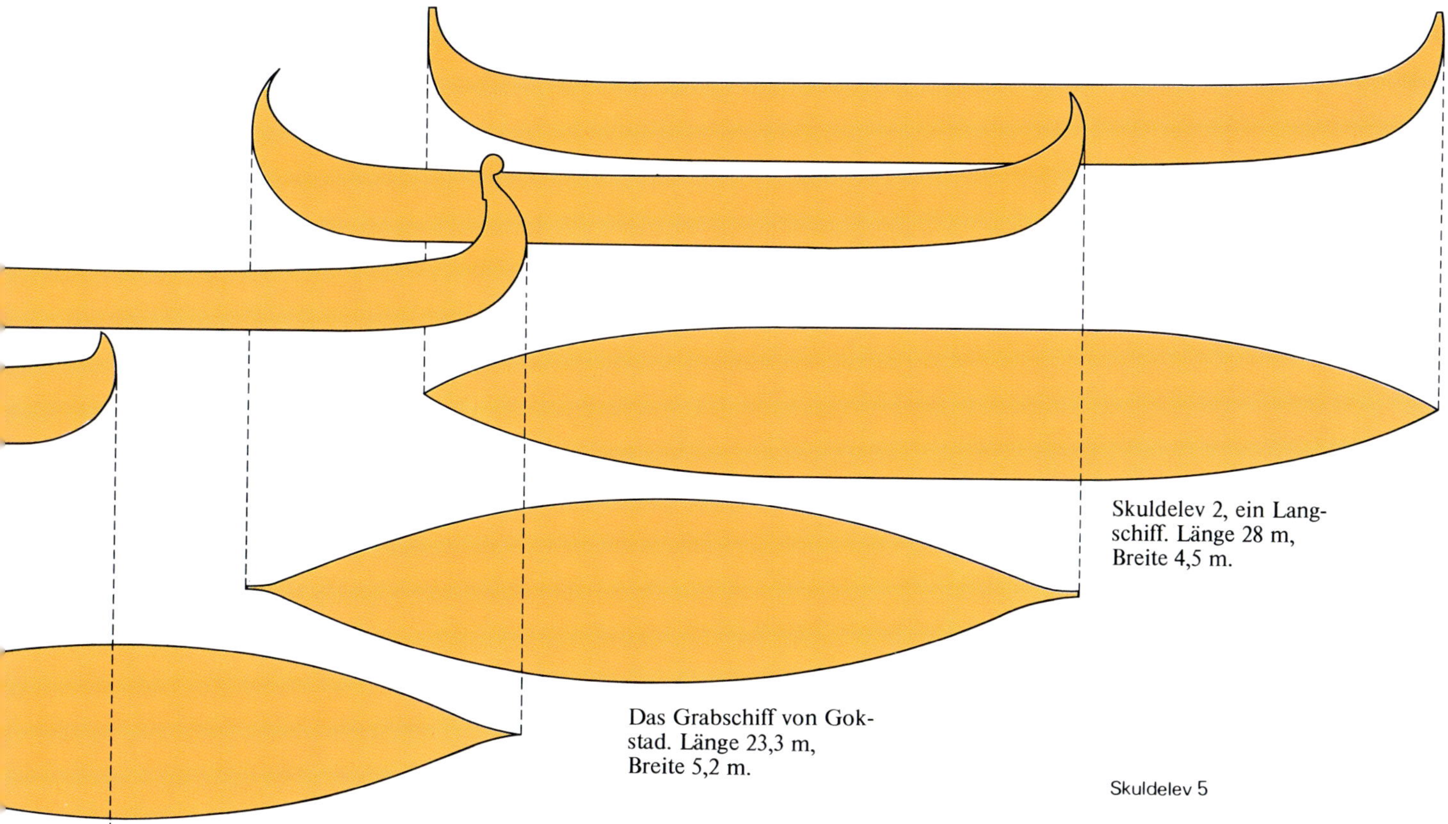

Skuldelev 2, ein Langschiff. Länge 28 m, Breite 4,5 m.

Das Grabschiff von Gokstad. Länge 23,3 m, Breite 5,2 m.

Das Grabschiff von Oseberg. Länge 21,6 m, Breite 5 m.

Skuldelev 5

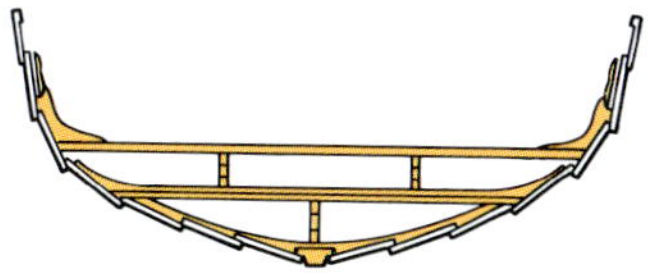

Skuldelev 1

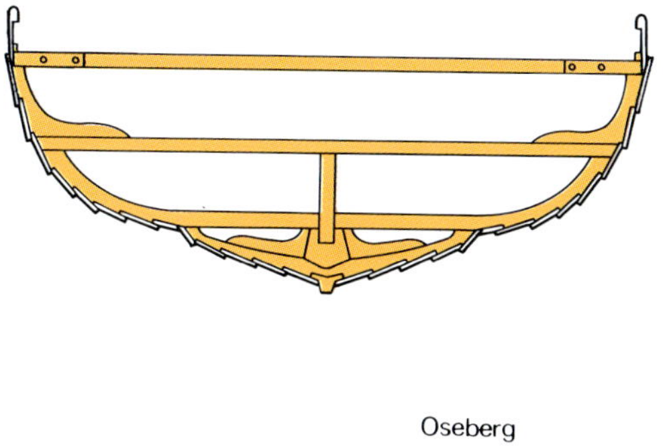

Querschnitte mittschiffs von vier Schiffen der Wikingerzeit zeigen sowohl die Ähnlichkeiten in der Form als auch die Entwicklung der inneren Konstruktion vom Oseberg-Schiff des frühen 9. Jahrhunderts zur 200 Jahre später gebauten Skuldelev 1.

Skuldelev 1 und 5 weisen ein entwickelteres System von Spanten und Biten auf, wie sie für die späten Wikingerschiffe typisch waren.

Gokstad

Oseberg

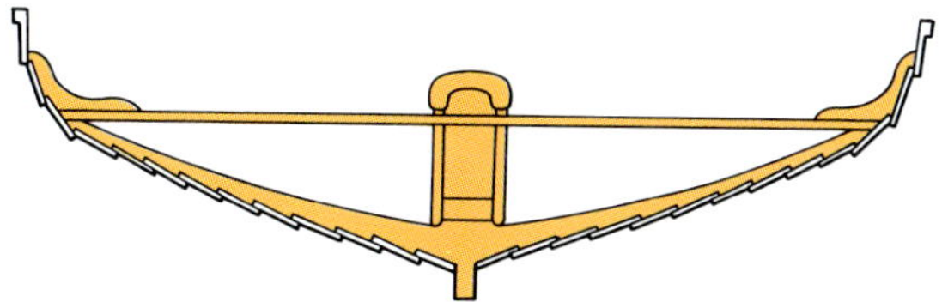

In Höhe der Biten wurde bei den frühen Schiffen der Mast durch einen schweren zentralen Holzstamm, den „Mastfisch", gestützt, später fiel dieser weg und der Mast wurde von einem oberen Querbalken gestützt.

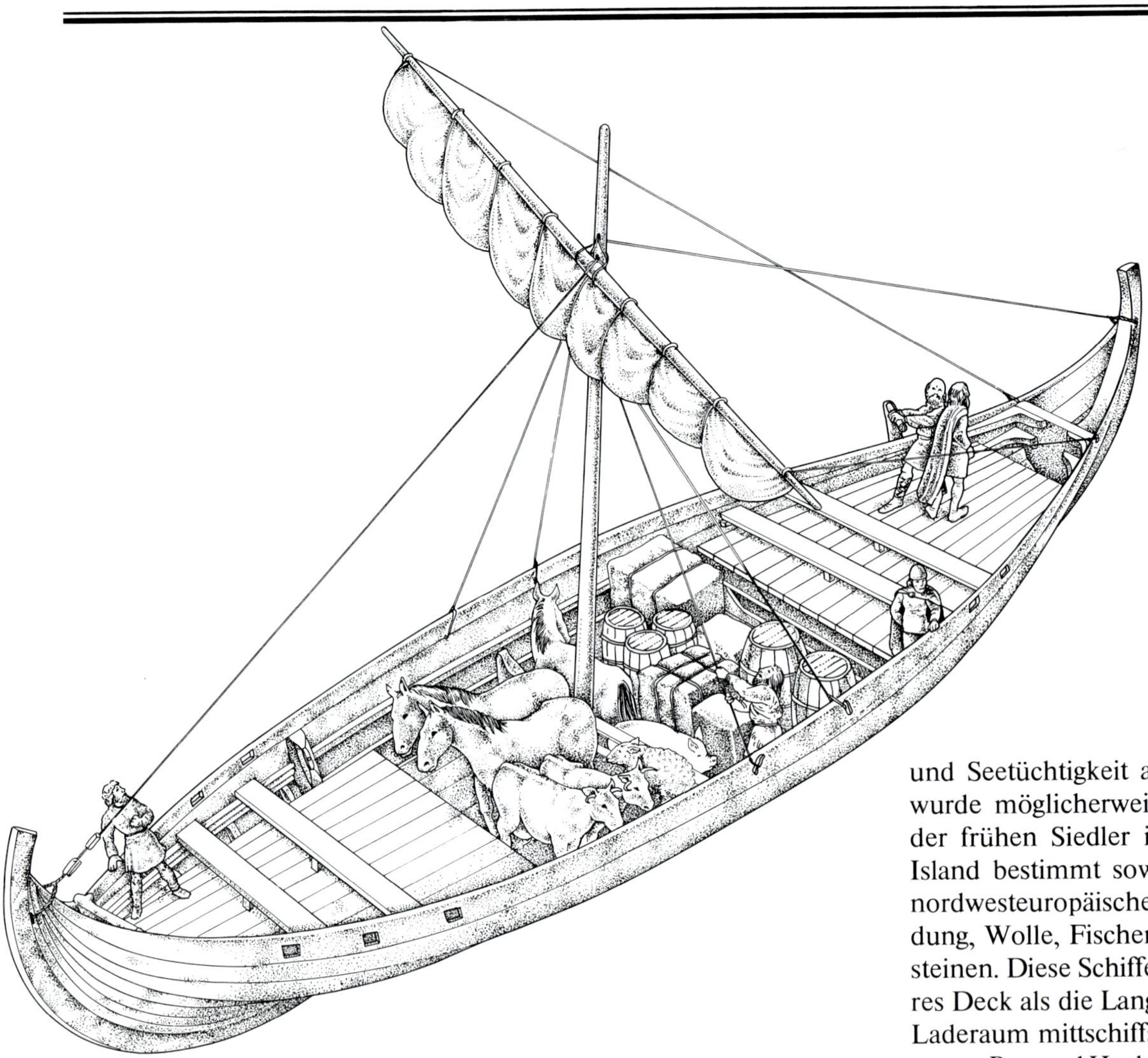

Die Handelsschiffe der Wikingerzeit waren betont auf Ladekapazität und Seetüchtigkeit ausgerichtet; Geschwindigkeit und Manövrierfähigkeit waren geringer als bei den Langschiffen. Sie besaßen relativ mehr Tiefgang und ein breiteres Deck und, wie diese Rekonstruktionszeichnung zeigt, besaßen sie mittschiffs einen offenen Laderaum; Decksplanken und Riemenpforten gab es nur an den beiden Enden.
Obwohl dies ein seetüchtiges Schiff für weite Fahrten war, gab es wenig Schutz für Ladung oder Mannschaft.
(Auf dieser Zeichnung sind die Ruderbänke fortgelassen.)

berg lassen sich schwer in dieses Schema einordnen. Sie waren entweder Schiffe für besondere Zwecke wie königliche Yachten oder Allzweckschiffe aus der Zeit vor der Spezialisierung nach Funktionen.

Räuber und Händler

Das Kriegsschiff oder Langschiff erkennt man an seiner verhältnismäßig schlanken Form, an dem über die gesamte Schiffslänge laufenden Deck, an der vollständigen Ausrüstung mit Rudern und seinem herausnehmbaren Mast. Die wichtigste Eigenschaft dieser Schiffe war ihre Schnelligkeit, sie waren teilweise vom Wind unabhängig, sie beförderten Menschen sowie Güter von geringem Volumen und hohem Wert wie Münzen und anderes Beutegut. Die Bauweise der Handelsschiffe der Wikingerzeit, bei denen es eher um Laderaum und Seetüchtigkeit als um Schnelligkeit ging, wurde möglicherweise durch die Bedürfnisse der frühen Siedler in Britannien, Irland und Island bestimmt sowie durch den Bedarf der nordwesteuropäischen Städte an Bauholz, Kleidung, Wolle, Fischen, Mühlsteinen und Wetzsteinen. Diese Schiffe verfügten über ein breiteres Deck als die Langschiffe, sie besaßen einen Laderaum mittschiffs, Decks und Ruderbänke nur an Bug und Heck und einen stärker befestigten Mast, den man nur selten herausnahm. Trotz ihrer Seetüchtigkeit waren sie doch noch offene Schiffe, deren Ladung mit Häuten geschützt wurde und in denen die Mannschaft und mögliche Passagiere den Elementen ausgesetzt waren. Bei Küstenreisen war es wohl möglich, auf den Strand zu setzen oder abends mit Hilfe des Beiboots an Land zu gehen, das achtern im Schlepptau war, sowie zu kochen und in Zelten zu schlafen. Aber bei Reisen nach Island und Grönland und gar bei Überquerungen der Nordsee war dies nicht möglich. Seeleute, Händler und Passagiere schliefen so gut es ging an Deck zwischen den Ruderbänken, bedeckt mit Fellen oder besonders warmen Pelzschlafsäcken für zwei Mann.

Man aß hauptsächlich getrockneten, eingepökelten, gesalzenen oder geräucherten Fisch und Fleisch mit ungesäuertem Brot. Man trank

Der Teppich von Bayeux zeigt die normannischen Invasoren beim Entladen der Pferde von ihren Schiffen nordischen Typs bei Pevensey, Sussex, am 28. September 1066. Es handelt sich hier möglicherweise um ein Frachtschiff, aber auf den Langschiffen (die man schon auf den Strand geschleppt hat) hat man vielleicht auch Pferde transportiert.

Wasser aus Hautsäcken und Bier oder Sauermilch aus Fässern. Einige dieser Vorräte (und auch andere Ladung) konnte man unter den Halbdecks unterbringen.

Die Handelsschiffe kamen hauptsächlich mit Hilfe ihres Rahsegels voran, sie benutzten ihre wenigen Ruder nur bei Flauten oder bei Landemanövern. Manchmal mußten sie auf günstige Winde warten, um eine Landspitze zu umsegeln, oder ehe sie eine lange Reise quer übers Meer begannen. Diese Schiffe benötigten nur eine relativ kleine Mannschaft: einen Rudergänger, einen Wächter, einen Wasserschöpfer und einige Leute, die mit dem Segel umgehen konnten: Das seefeste Skuldelev-1-Schiff hatte wahrscheinlich 12 Mann Besatzung, der 13 m lange Küstensegler Skuldelev 3 benötigte nur fünf oder sechs Mann.

Obwohl nur 3 m länger als das Küstenhandelsschiff, besaß das Skuldelev-1-Schiff einen Laderaum von 30 bis 35 m³ sowie weitere Lademöglichkeiten unter den Halbdecks, gegenüber den nur 10 m³ des Skuldelev-3-Bootes. Die Menge der Ladung war davon abhängig, wie dicht sie gepackt werden konnte, denn sperrige Ladung mit hohem Schwerpunkt konnte die Stabilität gefährden, während schwere Ladung auf kleinem Raum den Freibord gefährlich reduzieren konnte. Die Rekonstruktionszeichnung eines Frachtschiffs zeigt Pferde, Rinder und Schafe im Laderaum. Auf dem Teppich von Bayeux werden, vermutlich von einem Frachtschiff, da sind Pferde dargestellt, die gerade entladen werden, vermutlich von einem Frachtschiff, da es keine kontinuierliche Reihe von Ruderbänken aufweist wie die anderen dargestellten Schiffe. Aber auch die Langschiffe konnten Pferde befördern. Die *Imme Gram*, die Nachbildung eines dänischen Kriegsschiffs aus Ladby, beförderte 1970 bei Versuchsfahrten Pferde über See. Bei niedrigem Freibord konnten die Pferde in flachem Wasser an Bord klettern.

Als Kampfschiffe manövrierte man die Langschiffe so, daß sie zwar günstige Winde ausnutzen konnten, aber so unabhängig wie möglich von widrigen Winden und dem Wetter im allgemeinen waren. Ihre Hauptantriebsquelle war daher das Ruder; den Mast nahm man herunter, um den Windwiderstand zu verringern und die Stabilität zu verbessern. Bei langen Reisen mußte man die Bedienungsmannschaften regelmäßig auswechseln. Deshalb benötigte man zusätzliche Besatzungsmitglieder, damit jedes Ruder ständig bedient werden konnte. Die 28 m lange Skuldelev 2 hatte vermutlich 50 bis 60 Mannschaftsmitglieder; die Skuldelev 5 mit 12 Paar Rudern hatte wohl 26 bis 30 Mann.

Bearbeitung des Bauholzes

Holz für den Schiffsbau wählte man entsprechend der vorgesehenen Verwendung aus; Planken schnitt man aus gerade gewachsenen Bäumen, während Spanten und andere gekrümmte Teile der Faserrichtung krummer Stämme und Äste folgten.

Meist benutzte man Eiche, spaltete die Balken radial, um dünne Planken von keilförmigem Querschnitt zu erhalten, die sich ideal für die Klinkerbauweise eigneten. Kiefernplanken (wie man sie in Norwegen und vielleicht auch in Schweden benutzte) schnitt man dicht an der breitesten Stelle des Stammes.

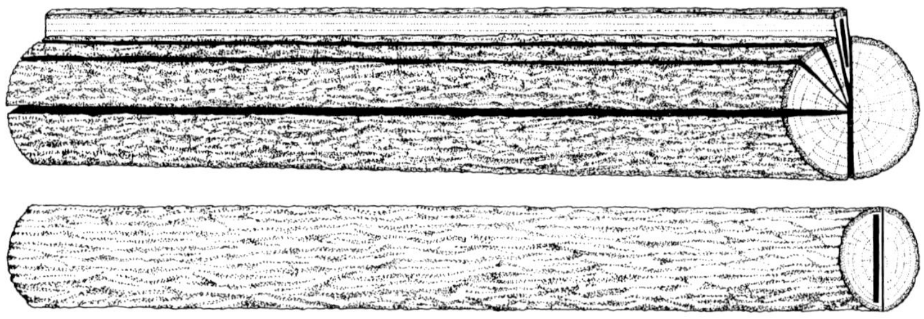

Wo immer es erhältlich war, bevorzugte man Eichenholz für den Bau von Wikingerschiffen und -booten, aber auch Esche, Buche, Erle, Birke, Linde und Weide wurden verwendet, vermutlich wegen ihrer besonderen Eigenschaften; die Kiefer verwendete man in Norwegen und möglicherweise auch in Schweden. Waldeichen wuchsen sehr hoch und gerade, und für Kiel und Planken wählte man nicht die kleinsten. Solche Eichen sind heute eine Seltenheit und ein durchgehendes Stück Eichenholz für den 18 m langen Kiel des Schiffes von Gokstad wäre schwer zu finden. Einzeln stehende Eichen, die sich frei nach außen entwickeln konnten, lieferten das Krummholz für die Spanten und andere gebogene Teile. Nachdem man den Baum mit der Axt gefällt hatte, schnitt man das Bauholz, ohne es vorher zu lagern, zu Planken und anderen Bauteilen zurecht. Wahrscheinlich benutzte man frisches Holz, weil es leichter zu bearbeiten war und weil man so die Schrumpfung und Splitterung beim Trocknen vermied. Die Gefahr der Trockenfäule – der Hauptgrund, warum man heute nur getrocknetes Holz verwendet – war bei den meist offenen und gut belüfteten Wikingerschiffen sehr gering.

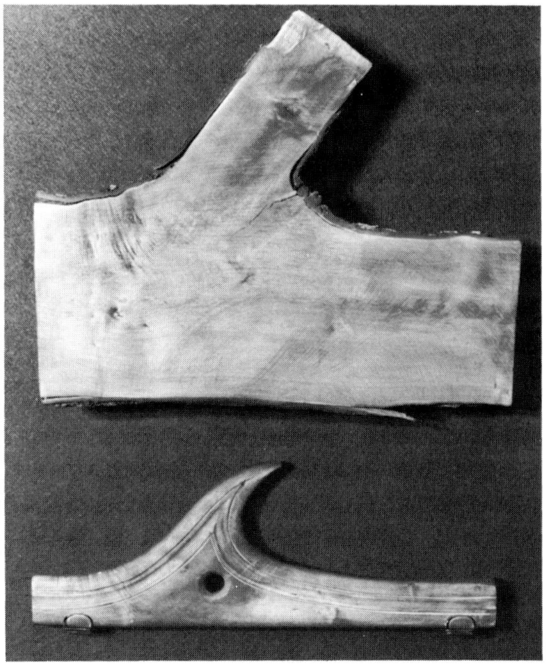

Kleinere gekrümmte Bauteile schnitt man ebenfalls aus Holzteilen mit natürlichen Verzweigungen, um möglichst große Stabilität zu erreichen. Diese moderne Nachbildung einer Ruderdolle entstand aus einem Stamm mit vorstehendem Ast und folgt der gekrümmten Maserung des Kniestücks.

Die Eichenstämme spaltete man radial, wobei man Buchenholzkeile oder mit einem Griff versehene Metallkeile benutzte. Die einzelnen Stämme halbierte man so lange, bis man keilförmige Planken von gleicher Größe und dreieckigem Querschnitt hergestellt hatte. Versuche haben ergeben, daß man aus einem Stamm von einem Meter Durchmesser 20 tadellose Planken von 30 cm Breite herstellen kann. Diese radial gespaltenen Planken oder Spaltbretter aus gesunden, geraden Stämmen besitzen einige Vorteile gegenüber modernen gesägten Brettern: Sie sind stärker, schrumpfen weniger, splittern und verziehen sich nicht so leicht. Sie sind auch sehr geeignet für die Klinkerbauweise, da ihre Dreieckform an einer Kante mehr Holz zum Abschrägen bot, dort wo sich die Planken überlappen. Dennoch ist die Schiffshaut äußerst dünn, die Bugplanken des Schiffes von Gokstad sind nur 25 mm dick, die des *færing* nur 15 mm.

Kiel, Kielschwein, Maste, Rahen und Decksbalken fertigte man aus gerade gewachsenen Stämmen und Steven, vielleicht auch manche Kiele, baute man aus natürlich gekrümmtem Holz. Noch stärker gebogene Hölzer benutzte man für Spanten und Kniestücke. Für Dollen und Kielschweine mit mastabstützendem Überhang benötigte man gegabelte Hölzer.

Weiteres Holz benötigte man für Holznägel und Keile, Ruder, Steuerruder, Klampen, Laufplanken und Schöpfeimer, für Mastscheiben, Persenningleisten, Pfosten, Stützbalken und die Helling, auf der man das Boot baute, sowie für Holzfender und zum Stapellauf. Ole Crumlin-Pedersen hat geschätzt, daß man für den Bau eines Langschiffes von 20 bis 25 m wahrscheinlich 50 bis 58 m^3 Eichenholz benötigte. Dies entspricht etwa elf Bäumen von einem Meter Durchmesser und fünf Meter Stammlänge und einem weiteren Baum von 15 bis 18 Meter Länge für den Kiel.

Krummes Holz, das man nicht sofort gebrauchte, lagerte man unter Wasser, damit es frisch und bearbeitbar blieb. In Schottland und Norwegen hat man teilweise bearbeitete Stämme gefunden, die man vermutlich auf diese Art gelagert hatte.

Andere Rohstoffe

Weitere notwendige Rohstoffe stellten Eisen für Anker und Nägel und die Scheiben, über die diese gehämmert wurden, dar; hinzu kam Wolle für die Segel und als Abdichtung zwischen den Planken, Walroß- oder Seehundleder, Hanf, Lindenbast und Weide für die Takelage, Kiefernteer zum Abdichten der Fugen und als Schutz gegen Fäulnis.

Szenen des Teppichs von Bayeux, die Normannen bei der Ausrüstung ihrer Invasionsflotte zeigen, geben einen guten Eindruck von der Arbeitsweise der wikingischen Schiffsbauer. Hier verwenden Wilhelms Männer verschiedene Arten von Äxten zum Fällen der Bäume, Abhauen der Äste und der Herrichtung von Planken aus den Stämmen.

Werkzeuge für den Schiffsbau

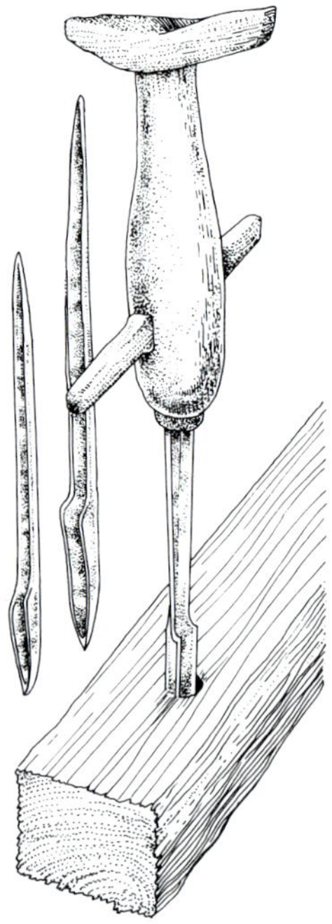

Bei Ausgrabungen fand man eine Vielfalt von Werkzeugen aus der Wikingerzeit zur Bearbeitung von Holz und Metall, von denen die meisten von Schiffsbauern benutzt worden sein dürften. Eine Auswahl ist hier abgebildet.

Oben: Ein T-förmiger hölzerner Brustbohrer (wie *rechts* auf dem Teppich von Bayeux zu sehen) diente zum Bohren von Löchern in Holz.

Werkzeuge zur Holzbearbeitung, die man in verschiedenen Gräbern der Wikingerzeit fand, zeigen die Vielfalt der verfügbaren Geräte. Sie wurden wohl meist von Boots- und Schiffsbauern benutzt, die auch einige Werkzeuge zur Metallbearbeitung für die Herstellung von tausenden von Nägeln und Unterlegscheiben besaßen. Untersucht man diese Werkzeuge sowie Darstellungen des Bootsbaus durch Künstler des frühen Mittelalters, etwa auf dem Teppich von Bayeux, sieht man sich weiter die Spuren der Werkzeuge an den Schiffen an, so gelangt man zu dem Schluß, daß die Axt das bei weitem wichtigste Werkzeug der Schiffsbauer der Wikingerzeit war. Unglaublicherweise glättete man sogar die Oberfläche der Eichenplanken mit Äxten; die Kiefernplanken der Funde von Skuldelev hatte man allerdings mit einem Ziehmesser geglättet, und zur Bearbeitung gewisser gewölbter Oberflächen muß man Krummbeile verwendet haben. Bei der Darstellung des Schiffbaus auf dem Teppich von Bayeux sind allein vier verschiedene Axttypen zu erkennen – für das Fällen von Bäumen, das Abschlagen von Zweigen, das Herstellen von Planken aus Stämmen und für die Endbearbeitung der verbauten Planken. Löcher bohrte man mit einem löffelförmigen Bohrer an der Spitze eines T-förmigen Griffs. Auch Messer, Meißel, Hohleisen, Hämmer und Schlegel wurden ständig benutzt.

Die Axt war das wichtigste Werkzeug des Schiffsbauers. Sie diente der Feinarbeit wie auch dem Zuschneiden von Bauholz. Hier verwendet man Äxte zur Endbearbeitung der Planken, während man im Hintergrund mit einem T-förmigen Bohrer Löcher bohrt. Der Mann links im Bild, der anscheinend den Lauf der Verplankung kontrolliert, ist möglicherweise der Schiffsbaumeister.

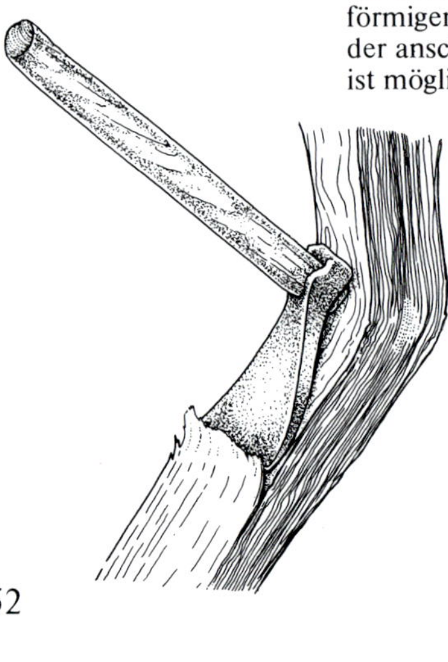

Ein Querbeil (nach der Axt das wichtigste Werkzeug zur Holzbearbeitung) zur Herrichtung gekrümmter Bauteile.

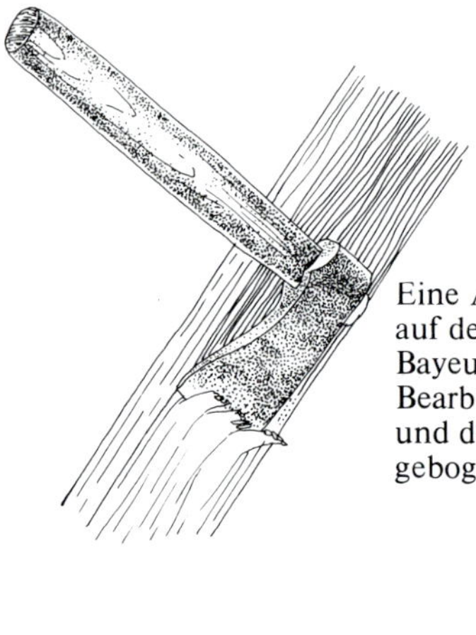

Eine Axt (wie sie auch auf dem Teppich von Bayeux zu sehen ist) zum Bearbeiten der Planken und der flachen Seiten gebogener Hölzer.

Hämmer und Zangen verwendete man beim Schmieden von Eisennägeln und Unterlegscheiben.

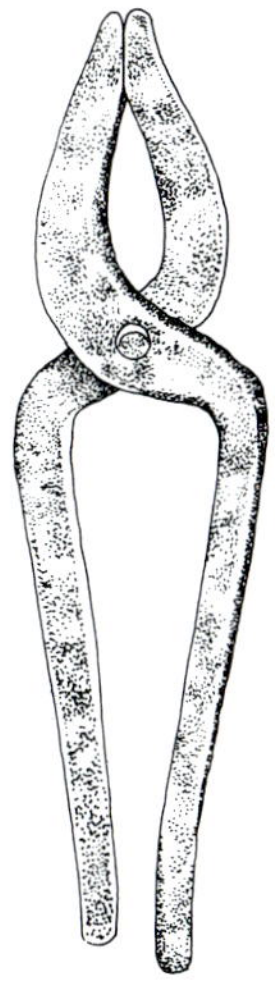

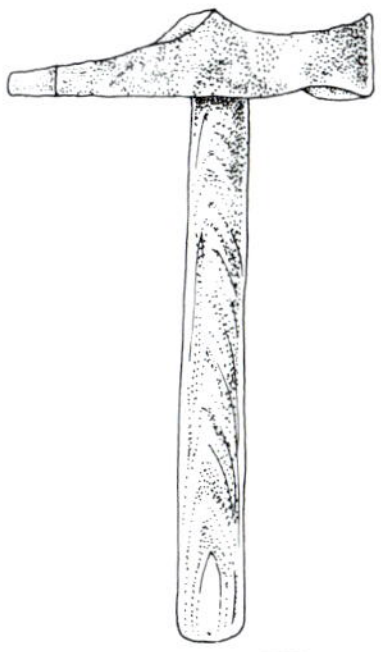

Mit einem Griff versehene Metallkeile benutzte man zusammen mit einem Hammer zum Spalten von Stämmen.

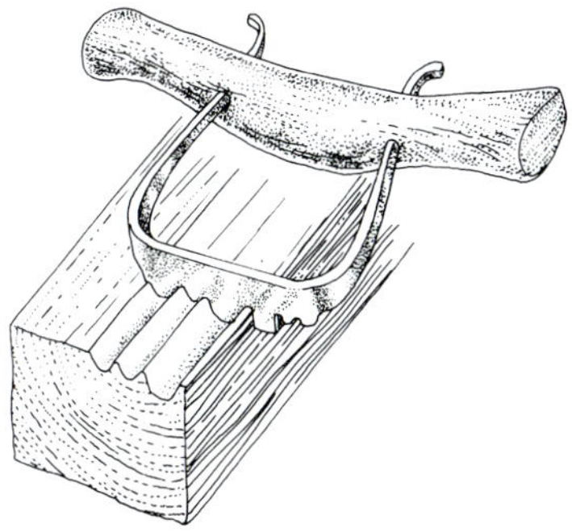

Ein Stichel zum Aushöhlen einer Rille etwa längs einer Planke zur Aufnahme der Wergabdichtung.

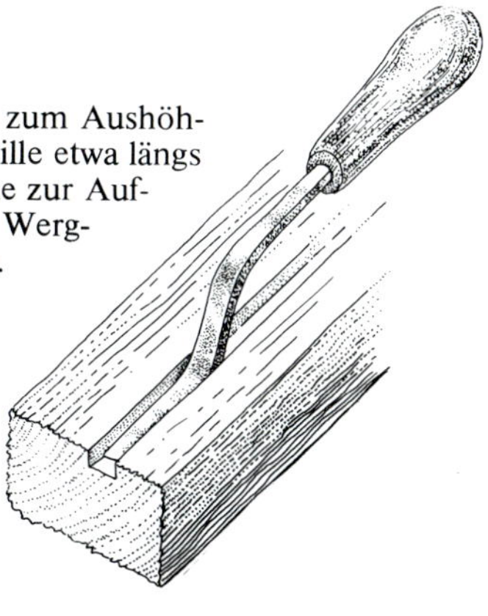

Formeisen zum Aushöhlen einer Rinne oder zur Anbringung von Schmucklinien entlang der Verplankung.

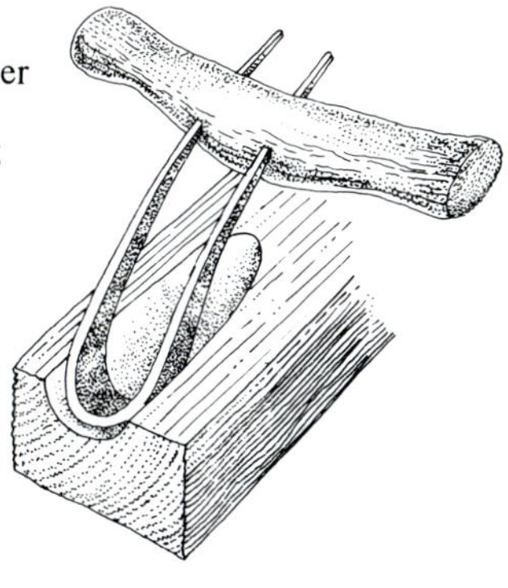

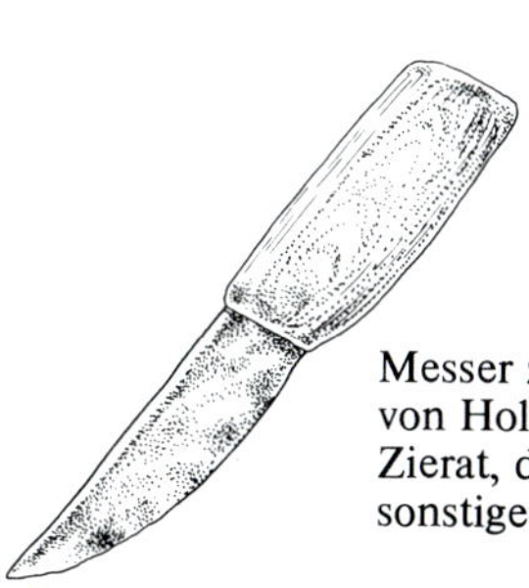

Messer zum Schneiden von Holznägeln und Zierat, das auch zu sonstigen Arbeiten diente.

Methoden des Schiffsbaus

Die erste Stufe des Baus eines Wikingerschiffs oder -boots bestand darin, daß man den vorbereiteten Kiel auf ein Gerüst legte und den Vorder- und Achtersteven (an den Kiellaschen) mit Eisennägeln und Holznägeln befestigte. Wenn so das Rückgrat des Schiffes gebaut und an beiden Enden fest abgestützt war, dann konnte man die unteren Plankengänge anbringen.

Die Sagas und andere Schriftquellen berichten uns von den verschiedenen Fähigkeiten, die der Bau eines mittelalterlichen skandinavischen Schiffs erforderte. Zum Bau kleiner Boote genügte sicherlich ein Mann. Aber bei Schiffen benötigte man Spezialhandwerker, unter der Leitung eines Schiffsbaumeisters waren Schreiner, Stevenmacher, Plankenschneider und gewöhnliche Arbeiter tätig.

Heutzutage ist es uns selbstverständlich, daß man Boote und Schiffe nach Zeichnungen und Plänen baut. Aber die Schiffsbaumeister der Wikingerzeit kannten solche Hilfsmittel nicht: Sie bauten nach Augenmaß und Fingerspitzengefühl, so wie es auch noch bis vor nicht allzu langer Zeit in Norwegen und auf den Shetlands üblich war. Das optimale Verhältnis von Länge, Breite und Tiefe bei Booten mit verschiedenen Aufgaben lernte man aus Erfahrungen. Man hat beispielsweise festgestellt, daß das Verhältnis von Länge zu Breite bei den Handelsschiffen der Wikinger 4 : 1 betrug, bei den Kriegsschiffen dagegen 7 : 1. Solche Regeln wurden mündlich überliefert. Arne Emil Christensen vermutete, daß man Mustermaße auf einer Bootselle eintrug, einer Art Meßstab, oder auf einem Boots-Nivellierinstrument, mit dem man die Winkel zwischen den Plankenreihen maß.

Innerhalb dieser Traditionen blieb Raum für individuelle Varianten, um besonderen Bedürfnissen nachzukommen oder die Verschiedenartigkeit von Rohmaterialien zu berücksichtigen. Alle Fahrzeuge hatten die gleichen Grundzüge, unterschieden sich aber in den Einzelheiten. Das Auge des einzelnen Schiffsbaumeisters bestimmte das Endergebnis.

Baustufen

Wikingerschiffe baute man nicht auf Werkplätzen oder in Schuppen sondern im Freien,

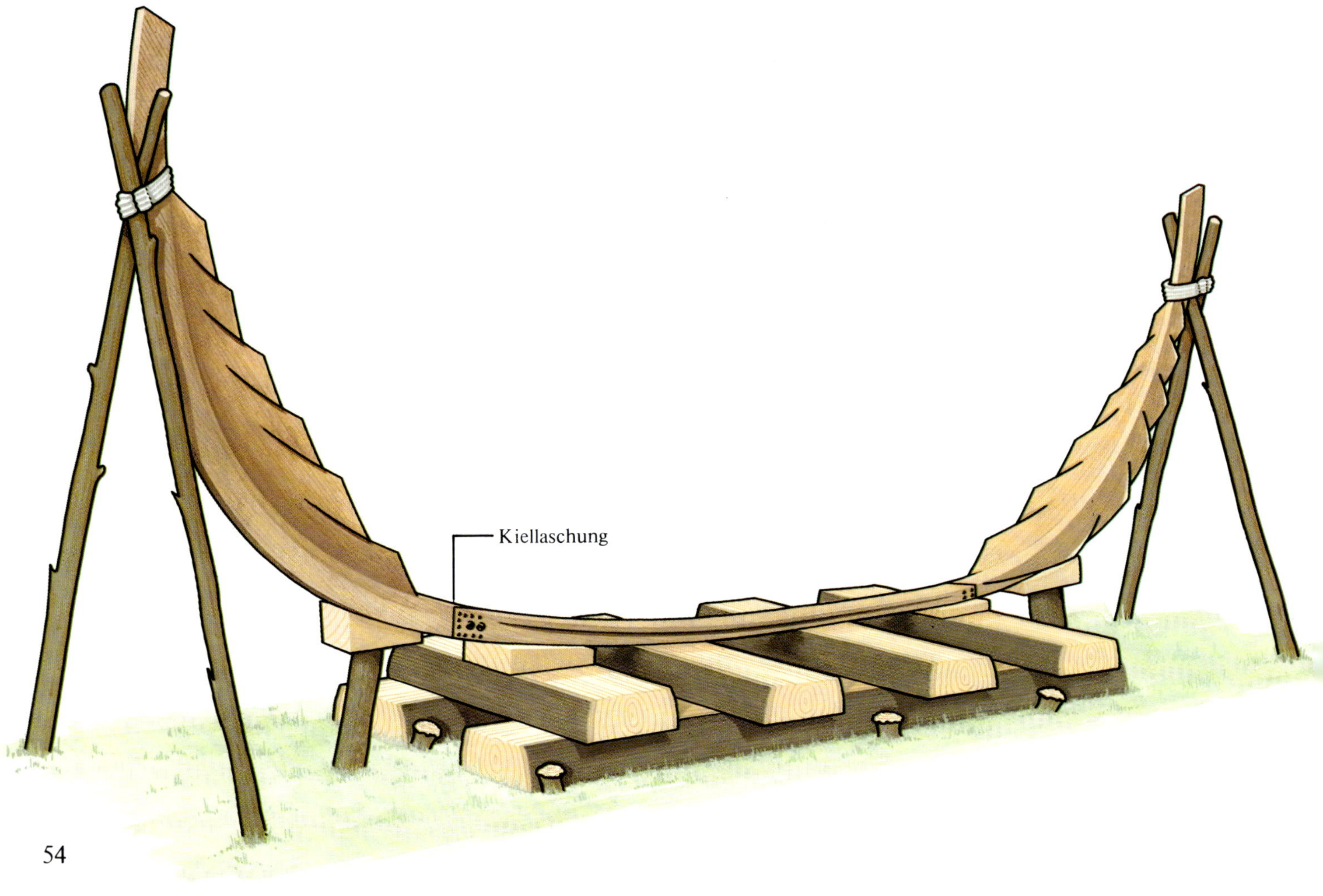

vielleicht unter einem einfachen Dach, möglichst nahe am Wasser. Man begann mit der Herstellung des Kiels, des Vorder- und Achterstevens und bereitete die feste gerade Grundfläche vor, auf der das Schiff gebaut werden sollte. Währenddessen zerlegten andere Männer die Stämme und stellten Planken her.

Der Rumpf des Schiffes wurde zusammengesetzt, indem man die Steven am Kiel befestigte. Die Kielbeplankung oder den ersten Plankengang (jede Schicht von Planken nennt man einen Gang) wurden dann an Kiel und Steven befestigt, dabei benutzte man Eisennägel, die man durch die beiden Holzstücke trieb und dann gegen eine Unterlegscheibe platt schlug (dies war die Methode im westlichen Ostseeraum), nur an den Schiffsenden benutzte man dabei eiserne Bolzen. Den zweiten Plankengang befestigte man dann überlappend am unteren Plankengang, nachdem man zuvor die Fugen mit geteertem Tierhaar abgedichtet hatte, um alle Unregelmäßigkeiten auszufüllen und den Schiffskörper wasserdicht zu machen. Im östlichen Ostseegebiet hingegen nahm man Moos als Dichtungsmaterial zwischen den Planken und befestigte diese mit Holznägeln oder -pflökken. Beim Bau der oberen Plankengänge bestimmten die Breite der verschiedenen Planken und die Winkel zwischen den verschiedenen aufeinanderfolgenden Gängen die Bootsform. Wenn der Meister die Form des entstehenden Rumpfs ständig beobachtete, konnte er die gewünschte Umrißform durch die Wahl der Breite der Planken des folgenden Ganges oder durch Veränderung des Befestigungswinkels erreichen. Den obersten Plankengang des Schiffsrumpfs – die Planke an oder nahe der Wasserlinie – machte man oft besonders stark, um diesem Teil eine besondere Längsstabilität zu geben.

Innere Stützhölzer brachte man erst an, nachdem der Rumpf fertig verschalt war: Bei den

Die ersten Plankengänge (jeweils aus mehreren Planken) befestigte man an Kiel und Steven mit Eisennägeln. An den beiden Enden, wo das Holz dick war, benutzte man Eisenbolzen. Die folgenden Gänge fügte man dann in Klinkerbauweise hinzu. Wieder benutzte man Eisennägel, die man über Nietplatten plattschlug (s. S. 45) und dichtete die Überlappungen mit Werg und Haar ab. Zeitweilig hielten Zwingen die Verplankung zusammen; den Winkel und die Lage jedes Gangs konnte man mit einer Art Nivellierinstrument, wie hier gezeigt, prüfen oder mit einer Bootselle wie auf der Abbildung, die den Abstand von einer Mittellinie maß.

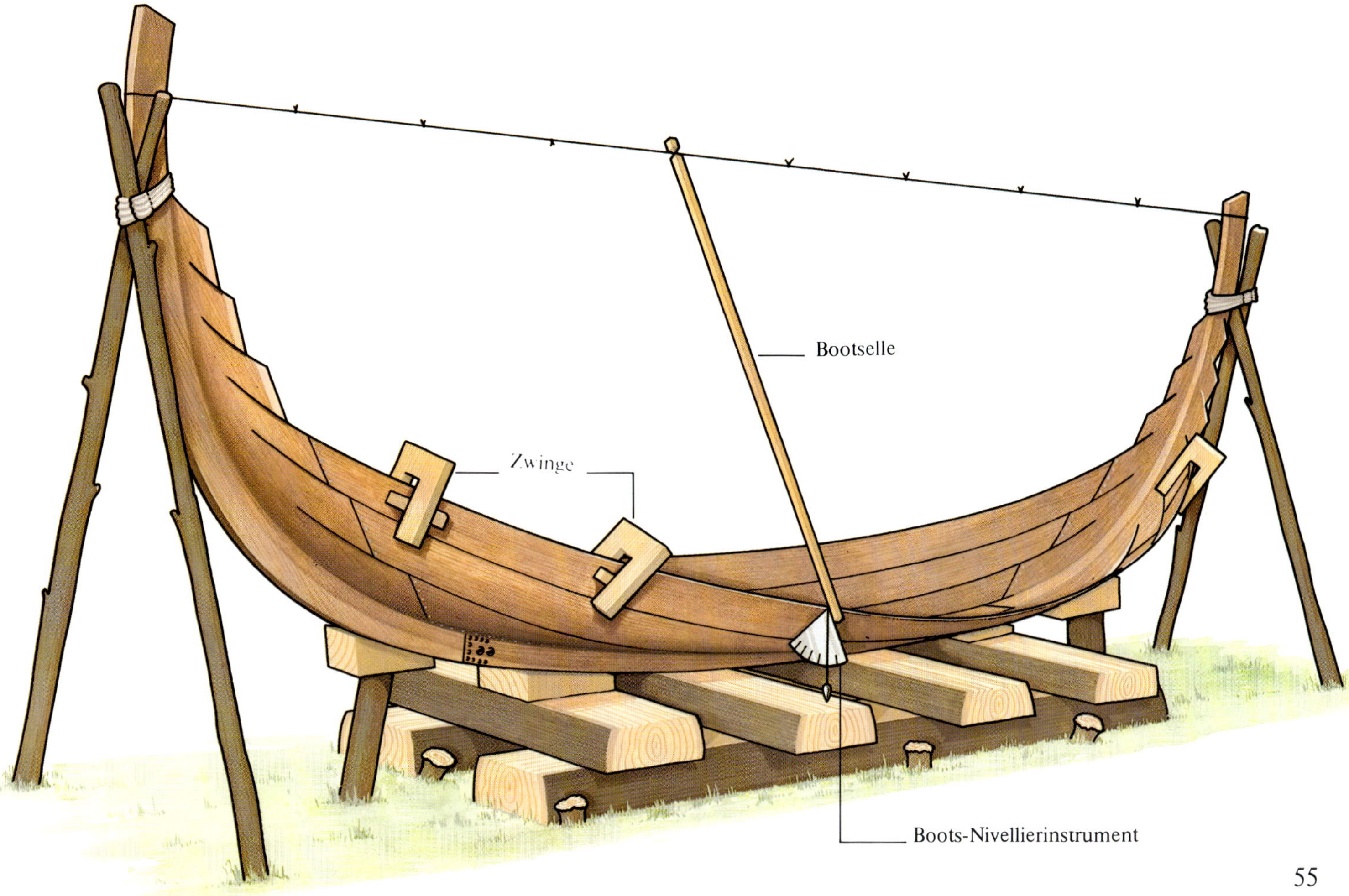

Schiffen von Oseberg und Gokstad geschah dies erst, nachdem zehn oder elf Plankengänge an jeder Seite befestigt worden waren; bei den Schiffen von Skuldelev nach drei bis sieben Plankengängen. Bei den Wikingerschiffen errichtete man also zuerst die Außenwände und wandte nicht die in neuerer Zeit übliche Methode an, bei der man die Planken am fertigen Skelett aus Spanten, Kiel, Steven und Heck befestigt, das den Umriß des Rumpfs bestimmt.

Bei den Schiffen von Oseberg und Gokstad zurrte man die gleichmäßig großen Bodenspanten an Knaggen fest, die aus dem Plankenholz herauswuchsen. Aber bei fast allen anderen Funden aus der Wikingerzeit sind diese Spanten mit hölzernen Nägeln und Pflöcken befestigt. Zum Nageln benötigte man weniger Material, Arbeit und Geschicklichkeit, der Nachteil liegt in der Vielzahl der Löcher in der Schiffshaut, die alle zur Ursache eines Lecks werden können. Die typischen dünnen Spanten gewinnt man aus Holzstücken, die der querlaufenden Krümmung des Rumpfes entsprechen. Man kerbte sie unten ein, damit sie dicht auf den Planken saßen und schnitt Löcher zum Abfließen des Bilgenwassers.

Schiffe mit Mast wurden mit einem Kielschwein ausgerüstet, das auf dem Kiel saß. Im östlichen Ostseeraum war dies querschiffs gelagert, bei den Wikingerschiffen nahm man gewöhnlich ein mächtiges Holz, das längs im Unterschiff saß. Seine Unterseite war so gekerbt, daß sie sich den Bodenspanten anpaßte, an denen es mit Kniehölzern, *Kielschwein-Knie* genannt, befestigt war, für welche man gern natürlich gekrümmte Hölzer verwandte. Aus dem Kielschwein wuchs ein senkrechter Ast als Stütze für den Mast nach oben, vor dem eine Vertiefung die *Mastspur* zur Aufnahme des Mastes ausgearbeitet war. Aufgabe des Kielschweins war die Verteilung des Gewichtes von Mast und Segel auf den Kiel, und je größer es

Die inneren Stützhölzer brachte man erst an, nachdem die Verplankung des Rumpfes fertig war, man befestigte sie an den Plankengängen und nicht am Kiel. Die schmalen Spanten wählte man so aus, daß sie der Biegung des Rumpfes angepaßt waren. Man kerbte sie unten so ein, daß sie den sich überlappenden Planken angepaßt waren. Wie auf Seite 45 gezeigt, band man sie entweder an Knaggen fest, die aus der Verplankung hervorragten, oder man befestigte sie mit Nägeln aus Holz oder Eisen.

war, desto wirksamer war es auch. Die Kielschweine der Skuldelev-Schiffe reichten fast über die Hälfte des Kieles, einige waren groß genug, um die Längsstabilität des Bootes zu erhöhen.

Schmale Querbalken, sogenannte *Biten*, wurden dann an den Enden der Bodenspanten befestigt, oft verstärkt durch ein Stützholz, *Snelle* genannt, zwischen Bodenspante und *Bite*. Vertikal gelagerte Kniehölzer an den Enden der *Biten* verbanden diese mit der Beplankung. Wenn möglich, verarbeitete man ein Holzstück mit natürlicher Krümmung zu einem Balken mit „angewachsenem" Knieholz, wodurch wiederum die Festigkeit der Konstruktion erhöht wurde.

Auf der Höhe der *Biten* stützte man bei den frühen Schiffen den Mast durch einen starken Balken, den *Mastfisch* oder *Mastpartner*; später verzichtete man darauf und stützte den Mast mit einem der oberen Querbalken ab.

Bei den Schiffen von Skuldelev verstärkte man die erhöhte Bordwand durch längslaufende Leisten, die sogenannten Stringer und zog gleichzeitig zusätzliche obere Querbalken ein, deren Enden auf den Stringern ruhten und mit vertikalen und horizontalen Kniestücken an der Bordwand befestigt waren. Wenn sich mittschiffs ein Frachtraum befand, ließ man dort die Querbalken weg, bis auf einen sehr kräftigen mastabstützenden Balken, der wiederum durch den senkrecht aufragenden Ast des Kielschweins gestützt wurde. Die oberen Querbalken konnten auch als Ruderbänke dienen, dabei stemmte der Ruderer die Füße auf die Bodenplanken in Höhe der unteren Querbalken. Bei dem großen Frachtschiff Skuldelev 1 gab es vorn und achtern je ein Halbdeck in Höhe dieser Querbalken, und es gab eine dritte Lage von Querbalken an beiden Schiffsenden, die man als Ruderbänke benutzen konnte. Kniehölzer an diesen Querbalken stützten weitere

Ein Kielschwein (zur Abstützung des Mastes) befestigte man auf dem Kiel und über den Spanten, an denen es mit Kniehölzern befestigt war. Dann legte man Querbalken über die Enden der Spanten. Diese verstrebte man in der Mitte durch einen Holzpflock, die sog. Bitestütze und befestigte sie mit Knien zu beiden Enden an den Plankengängen. Nun konnte die Verplankung fortgesetzt werden. Soweit notwendig, fügte man weitere Bretter, Knie und Stringer (horizontale Stützhölzer) hinzu.

Am Heck des Oseberg-schiffes findet sich das typische Ruder der Wikingerzeit; es ist mit einem Tau oder einem Riemen an der oberen Plankenreihe und weiter unten an einer Anschlagnabe befestigt.

Segel und Taue überdauern die Zeiten nicht, aber Münzen und Ritzzeichnungen geben uns eine Vorstellung von der Takelage der Wikingerzeit. Dieses Schiff auf einer in Haithabu geprägten Silbermünze zeigt ein breites Segel und eine Reihe von Schilden an der Reeling.

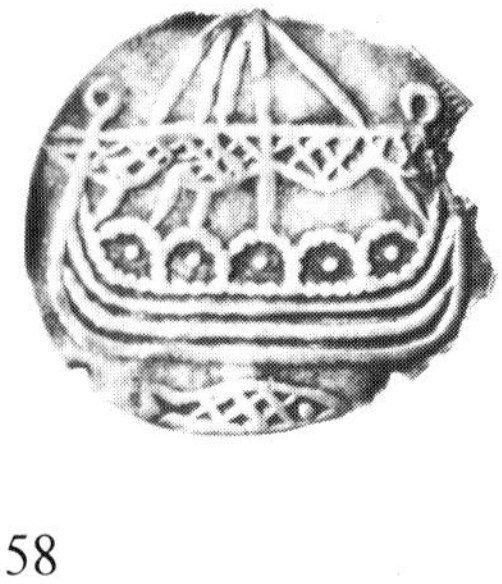

Plankengänge, die mit *Stringern* versehen waren, welche zwischen den Lagen der Querbalken für Verstärkung sorgten. Diese besondere Kombination von Querbalken und Kniestücken über jedem Bodenspant mit Längsstringern als Außenkantverstärkung, erhöhte wiederum die Stabilität des Schiffes über die gesamte Länge. Deshalb besaßen die Wikingerschiffe höchste Stärke und Elastizität trotz ihrer Leichtigkeit und Beweglichkeit.

Nach Fertigstellung des Rumpfes, vielleicht erst nach der Abdichtung und dem Stapellauf, wurde das Schiff ausgerüstet. Mann stellte den Mast auf und befestigte daran das Segel mit Hilfe einer Tauschlinge („Rack"), die mit Holzkugeln besetzt war, um ein Bekneifen des Taues beim Vorheißen oder Fieren des Segels zu verhindern. Die Mastspur war bei Frachtschiffen meist tiefer als auf Kriegsschiffen: Bei den ersteren konnte der Mast stärkerem Druck widerstehen und daher bei schlechterem Wetter verwendet werden. Die Ausgrabungsfunde an Masten, Takelage und Segeln sind unbedeutend: Maststümpfe und Bruchstücke von Segeln aus Oseberg und Gokstad, Klampen und gedrehte Weidenringe von Skuldelev 3, Eisenringe am Schiff von Ladby und passende Halterungen für den Fuß einer Spier in Gokstad und Skuldelev 1. Darstellungen von Segelschiffen auf Gotländischen Bildsteinen aus dem 7. Jahrhundert und später bis hin zu Ritzzeichnungen, Münzen und Siegeln des 13. Jahrhunderts liefern nützliche Informationen und auch die dokumentarischen Quellen helfen weiter. Aus all diesen Hinweisen kann man schließen, daß das stehende Gut sehr einfach war, es bestand aus einem Fockstag am Bug, Wanten, die am oberen Plankengang oder den Ruderbänken befestigt waren, Querbalken oder Kniestücken zu beiden Seiten des Mastes und einem Achterstag, das eventuell doppelt war und, über einen Block geführt, auch zum Vorheißen und Fieren von Rah und Segel dienen konnte.

Das laufende Gut zum Vorheißen und Fieren der Rah und zur Regulierung von Kopf und Fuß des Segels war ebenfalls äußerst einfach. Ausgrabungen lieferten hierzu kaum besondere Hinweise, da diese Taue an Bauteilen des Schiffs befestigt werden konnten und daher keine besonderen Beschläge benötigten. Möglicherweise gab es Brassen an jeder Rahnock und Schoten am Fuße des Segels, eine Bugleine zur jeweiligen Vorderkante des Segels, ergänzt durch eine *beitiáss*, einen Wendebaum zum Kreuzen. Es gibt keine erhaltenen Segel, aber man nimmt an, daß das unten nicht befestigte Segel des Schiffs von Gokstad rechteckig war, 7 m hoch und 11 m breit, während das Segel von Skuldelev 1 etwa doppelt so breit wie hoch war. Auf den Steinbildern von Gotland finden wir die gleichen Proportionen.

Es gab Ruder (Riemen) verschiedener Länge, je nach ihrer Position im Schiff. Als Ruderdrehpunkt befestigte man Dollen (aus gegabelten Holzstücken) an den oberen Plankengängen oder bei Schiffen mit größerer Freibordhöhe schnitt man runde oder rechteckige Ruderöffnungen durch eine der oberen Planken. Bei Kriegsschiffen gingen die Ruderluken über die ganze Schiffslänge, bei Handelsschiffen gab es sie nur in der Nähe der Schiffsenden.

Das Seitenruder besaß eine besondere Form, ähnlich einem breiten Ruder war es, mit einem Riemen oder Tau an den oberen Planken festgezurrt, steuerbords befestigt. Das handwerkliche Können der Schiffsbauer der Wikingerzeit wird deutlich an der Art, wie man den Seitenrudern einen Querschnitt ähnlich dem von Flugzeugflügeln gab: Dadurch wurde der Auftrieb oder Seitenschub, der auf das Ruder durch das fließende Wasser wirkte, zum Ausgleich für den Strömungs- oder Wasserwiderstand genutzt, der sonst dazu geführt hätte, das Schiff nach Steuerbord zu drehen.

Bei Kriegsschiffen befestigte man die Decksplanken in Höhe der unteren Querbalken und gelangte so zu einer vollständigen Abdeckung des Schiffs. Bei Frachtschiffen gab es ähnliche Decksplanken in der Schiffsmitte, wo man die Ladung unterbrachte, sowie Halbdecks vorn und hinten auf der Höhe der oberen Querbalken.

Besonders wichtige Schiffe trugen Schnitzereien als Zierde und einige besaßen abnehmbare Galionsfiguren, aber auch kleine Boote wiesen an der Verplankung eingekerbte Muster auf als Zeichen des Handwerkerstolzes über ein gut gebautes Schiff.

Leistung der Schiffe

Wir erhalten eine Vorstellung vom Leistungsvermögen dieser Schiffe, wenn wir uns vergegenwärtigen, daß die Wikinger ziemlich regelmäßige Verbindungen mit Island und Grönland unterhielten und daß sie zahllose Reisen ins Nordmeer, die Ostsee, die Nordsee, den Ostatlantik und das Mittelmeer unternahmen, wenn sie auch klugerweise ihre Fahrsaison auf die Zeit zwischen April und Anfang Oktober beschränkten. Mehr können wir erfahren aus den Erfahrungen, die bei neueren Versuchen mit Nachbildungen von Wikingerschiffen und Booten gemacht wurden.

Seetüchtigkeit

1893 segelte die *Viking*, ein norwegischer Nachbau des Gokstad-Schiffes unter dem Kommando von Kapitän Magnus Andersen in 28 Tagen von Bergen nach Neufundland. Diese Fahrt bewies die Seetüchtigkeit und zeigte die Fahreigenschaften dieses Schiffstyps. Andersen hob vor allem seine Elastizität aufgrund der besonderen Bauweise hervor; das Schiff überstand einige stürmische Tage und erwies sich als hinreichend wasserdicht.

Wikingerschiffe waren so entworfen, daß sie sich dem Meer „anschmiegten", „auf ihm ritten", anstatt sich durchzusetzen und dagegen anzukämpfen. Auf diese Weise waren sie vielleicht erfolgreicher als jede starre Konstruktion, denn mit dem Material und der Technik ihrer Zeit wäre eine starre Konstruktion zu schwerfällig geworden. Leckage an den Fugen und durch die Nietlöcher stellte jedoch ständig ein Problem dar, und dauernd mußte man Wasser ausschöpfen.

Die Reise der *Viking* bewies auch die Zuverlässigkeit der dünnen Schiffshaut. Dünne Planken erleichterten den Wikingerschiffen die Fahrt landeinwärts auf flachen Flüssen; manche konnte man sogar mit Menschenkraft zwischen zwei Flüssen über Land oder über eine Halbinsel befördern.

Steuereigenschaften

Magnus Andersen war ebenfalls vom Seitenruder sehr beeindruckt. Da es gut ausgewogen war, konnte man es selbst bei schwerer See gut gebrauchen. Die Seitenruder reichten bis unter den Kiel, aber bei flachem Wasser konnte man sie schnell anheben, indem man die oberen Befestigungen löste und das Seitenruder über den äußeren Knauf drehte.

Geschwindigkeit

Theoretisch erreicht ein langes Schiff mit geringer Wasserverdrängung eine hohe Geschwindigkeit und genau dies bestätigten die Versuche mit dem *færing* von Greenwich, einem Langschiffmodell; es erreichte beim Rudern die unerwartet hohe Geschwindigkeit von 7 Knoten, wahrscheinlich weil es auf dem Wasser „ritt", dahinglitt, ähnlich einem schnellen Motorboot. Theorie und Praxis zeigen also, daß das Langschiff der Wikinger unter Ruder und Segel eine hohe Geschwindigkeit erreichen konnte, wenn es eine erfahrene Crew hatte.

Unter Segeln

Das einfache stehende Gut der Wikingerschiffe

Eine Schiffsdarstellung aus dem späten 11. oder 12. Jahrhundert, die in eine Holzplanke geritzt war, die man in der Winetavern Street in Dublin fand, zeigt Wanten und Stags. Der Pfeil an der Mastspitze stellt möglicherweise eine Windfahne dar.

Die *Imme Gram*, ein Nachbau eines dänischen Kriegsschiffs aus Ladeby unter Segeln.

erlaubte das optimale Trimmen der Rah, besonders wenn die Wanten gut einstellbar waren. Der relativ kurze Mast führte zu größerer Stabilität und erforderte geringere Abstützung, während die lange Rah für eine große Segelfläche sorgte. Man hat errechnet, daß das Gokstad-Schiff tatsächlich gute Segeleigenschaften besaß. Bisher kann man nur schwer bestimmen, wie schnell und wie dicht am Wind ein Wikingerschiff segeln konnte, denn diese Leistungen hängen auch sehr stark vom Material, dem Schnitt der Segel, ihrem Zusammenpassen, ihrer Auftakelung am Rumpf und dem Können der Mannschaft ab. Die tiefen Kiele und die steile Neigung der unteren Plankengänge führten dazu, daß Wikingerschiffe relativ gut gegen den Wind kreuzen konnten; und der Gebrauch des *beitiáss*, des Baums, mit dessen Hilfe man die Vorderkante des Segels steif durchsetzen konnte, zeigt, daß die Wikinger sich so dicht wie möglich am Wind halten wollten.

Jüngere Versuche in Dänemark haben gezeigt, daß man mit dem Schiffsrumpf und dem Rigg der Wikinger quer zum Wind und sogar dagegen segeln kann, aber die genauen Daten sind noch nicht erhältlich.

Lotsen und Navigieren

Aufgrund von Erfahrungen kannten die Seeleute der Wikingerzeit Landmarken, nach denen sie sich in Küstengewässern orientieren konnten, selbst wenn sie an der Grenze der Sichtweite operierten, was bei auflandigem Wind ratsam war, da sie sonst leicht stranden konnten. Die Überquerung einer Meerenge wie des Englischen Kanals war ebenfalls relativ leicht; über noch größere Strecken konnte man ähnlich navigieren, nämlich wenn atmosphärische Verhältnisse herrschten, bei denen es die Brechung der Lichtstrahlen erlaubte, Gipfel und Vorgebirge bis zu 100 km weit zu erkennen.

Schwieriger war es, außer Sichtweite von Land zu fahren, denn die Wikinger besaßen keinen Kompaß und keine genaue Uhr. Dennoch führten sie zu Ende der Wikingerzeit lange Seefahrten in beiden Richtungen nach Island und Grönland durch, bei denen tagelang kein Land in Sicht kam. Sie konnten also auf Ozeanen navigieren, aber über die dabei angewandten Methoden können wir nur Vermutungen anstellen. Möglicherweise ähnelten sie denen der Araber jener Zeit, über die wir einige Quellenkenntnisse besitzen. Wenn man den Steuer-

kurs kannte und die Länge der Strecke schätzte, konnte man eine ungefähre Berechnung anstellen. In einer klaren Nacht konnte man den Kurs nach dem Polarstern bestimmen, und wir wissen, welche Bedeutung die Seeleute des frühen Mittelalters diesem zumaßen. Man konnte auch den Richtungswinkel zu einer gleichmäßigen Dünung berechnen oder zu einem vorherrschendem Wind: warmen, feuchten Wind aus Südwest, kalten, nassen Wind aus Nord-Ost; so konnte man nach der Art eines Windes grob dessen Richtung bestimmen. Diese Schätzungen konnte man zu gewissen Tageszeiten kontrollieren, wenn die Sonne sichtbar war. Mittags, wenn die Sonne im Zenit steht, in nördlichen Breiten um Mitternacht, wenn sie am tiefsten steht, kann man den Norden und Süden bestimmen, bei Sonnenaufgang und -untergang kann man, außer im hohen Norden, ungefähr Osten und Westen feststellen.

Aufgrund der Erfahrungen von Generationen kannte man die durchschnittliche Fahrtzeit zwischen zwei Orten. In den Sagas finden sich Darstellungen traditioneller Strecken und der jeweiligen Zahl an Reisetagen, und wir dürfen annehmen, daß es zuvor, zu Zeiten der Wikinger, ähnliche Berichte in mündlicher Form gab. Dabei mußte man die normale Geschwindigkeit zugrundelegen und mögliche Strömungen berücksichtigen. Die Abweichung von dieser theoretischen Geschwindigkeit konnte man für die jeweilige Reise nach der Leistungsfähigkeit des Schiffes und den gerade herrschenden Witterungs- und Seeverhältnissen schätzen.

Man konnte die Geschwindigkeit auch nach der Art der Bugwellen bestimmen oder indem man die Zahl der normalen Ruderschläge zählte, die man benötigte, um das Schiff an einem schwimmenden Gegenstand vorbei zu treiben, den man vom Bug über Bord geworfen hatte, oder man benutzte eine Sanduhr. Auf einer Tafel (ähnlich den entdeckten Spielbrettern der Wikinger), konnte man die geschätzten Richtungen und Geschwindigkeiten eintragen und die ungefähre Position des Schiffes bestimmen; doch die Anwendung dieser Methode ist nicht nachweisbar. Genauere Positionsschätzungen ermöglichten die Abdrift und die Wirkung von Strömungen.

Die Dauer des Tageslichts, der Höhenwinkel des Polarsterns und der Mittagssonne ändern sich, wenn man sich von einem bekannten Ort

Der geringe Tiefgang erlaubte es, Wikingerschiffe in Ufernähe auf Grund zu setzen. Daher resultiert der Erfolg der schnellen und unerwarteten Strandlandungen der plündernden Wikinger.

nach Norden oder Süden bewegt. Wenn man an Bord solche Veränderungen feststellt, dann bedeutet dies, daß sich das Schiff nördlich oder südlich einer bekannten „Breite" befindet. Die Höhe eines Himmelskörpers konnte man ungefähr mit Hilfe der Takelage schätzen. Man konnte auch den ungefähren Höhenstand der Sonne oder eines Sterns mit der ausgestreckten Hand messen (die Breite eines Fingers entspricht ca. 2°, die Spannweite des Handgelenks ca. 8°, die geballte Faust ca. 10°, die ausgestreckten Finger ca 19°), man konnte dazu auch einen Kerbstock verwenden. Die Bewegung des Schiffs verursachte zwar Ungenauigkeiten, die man aber durch mehrfaches Messen verringern konnte. Die Fähigkeit, größere Abweichungen vom bekannten „Breitengrad" des Heimathafens oder eines Ziels abzuschätzen, konnte zu einer Art „Breitensegeln" führen, wobei man sich an einer konstanten „Breite" orientierte, die durch die Höhe des Polarsterns oder der Sonne festzustellen war. Es gibt Andeutungen in den Sagas, daß die Wikinger diese Methode angewendet haben.

Das Navigieren durch Himmelsbeobachtungen setzte relativ klares Wetter voraus; einige bedeckte Tage führten unvermeidlich zu Orientierungsverlust, es sei denn, die Wikinger hätten – wie einige Fachleute behaupten – die Sonnensucheigenschaften des zweifach strahlenbrechenden Cordierits oder der isländischen Feldspatkristalle entdeckt. Welche Methoden auch angewendet wurden, die Wikinger hatten die Meeresnavigation zu einer hohen Kunst entwickelt, vielleicht mit Hilfe von uns nicht mehr bekannten technischen Fertigkeiten.

Die Annäherung an Land erleichterte die Navigation, erhöhte aber die Gefahr des Schiffbruchs. Bevor man eine Insel sieht, entdeckt man die Wolken über ihr und bei gutem Wetter kann man Eis durch seine Spiegelung am Himmel meilenweit feststellen. Die Annäherung an Land zeigt sich am Flug der Seevögel, am Brausen der Brandung, am mit Senkblei und Leine feststellbaren Flacherwerden des Wassers, ja sogar am Schafsgeruch. Mancherorts errichtete man Seezeichen und Baken als Navigationshilfen. Mit diesen Hilfen konnte der Kapitän oder Steuermann Land erkennen und entscheiden, welches der richtige Weg entlang der Küste war, um in die angestrebte Richtung zu fahren.

Landeplätze

Zumindest bis zum 11. Jahrhundert gab es zum Be- und Entladen keine Kais und Landungsbrücken. Piraten gingen natürlich lieber unbeobachtet an einem entlegenen Strand an Land, von dem aus sie ihre Angriffe unternehmen konnten. Aber der sichtbare Verschleiß des Kiels und die großen Reparaturen am Schiffsboden von Skuldelev 3 zeigen, daß man auch Handelsschiffe bei geeignetem Gefälle auf den Strand setzte, sei es an Flußufern, sei es an den Ufern von Meeresbuchten oder windgeschützten Küstenstellen. An schlammigen Stränden konnte man einfache Standplätze aus parallelen Stämmen benutzen; anderenfalls setzte man die Schiffe direkt auf den Sand oder Kies. Bei einem längeren Aufenthalt oder bei Gezeitenwechsel konnte man sie danach an Land ziehen. Wie wir auf dem Teppich von Bayeux sehen, konnten Schiffe auch vor einem Landeplatz ankern oder in flachem Wasser an Pfosten vertäut werden. Dann benutzte man kleinere Boote zum Be- und Entladen.

Die Schiffahrt der Wikinger war unabhängig von Kais und Landebrücken, denn man konnte selbst die Frachtschiffe auf den Strand setzen oder im flachen Wasser ankern und sie dann mit kleinen Booten oder mit Männern, die ans Ufer waten, be- und entladen.

Daß die Wikingerschiffe nicht geeignet waren, längsseits zum Ufer oder zu einem anderen Schiff manövriert zu werden, zeigt das Vorhandensein von Klampen an der Außenbordseite der Reeling von Skuldelev 3, sie wären dort vor Beschädigungen nicht sicher gewesen; ähnliche Überlegungen gelten für die äußere Schildplanke von Skuldelev 5 und dem Oseberg-Schiff. Auch die Dollen, die aus der Reelingsplanke des nachgebauten *færing* von Greenwich ragen, hätten an einem Landungssteg ein Risiko bedeutet, wo sie abbrechen oder an einem Vorsprung hängenbleiben konnten. Erst als nach der Wikingerzeit schwerere Schiffe, die man nicht einfach auf den Strand setzen konnte, entwickelt wurden, benötigte man Kais mit größerer Wassertiefe. Selbst dann aber benutzten Boote und kleinere Schiffe weiterhin Strände oder Flußufer als Landeplätze.

Die Leistungen der Wikinger

Viele der in den anderen Kapiteln beschriebenen Leistungen wären nicht möglich gewesen, ohne die Meisterschaft der Wikinger in Schiffbau, Seefahrt und Navigation. Etwa 300 Jahre lang waren sie die fortgeschrittensten Seeleute der nördlichen Meere. Ihre Schiffe kreuzten von der Arktis bis zum Kaspischen Meer und über den Atlantik in die Neue Welt: Einige befanden sich auf Raubzügen, aber viele trieben Handel oder reisten, um Neuland zu entdecken und zu kolonisieren.

Im Norden scheint das Wikingerschiff als wichtigstes Schiff im 12. Jahrhundert allmählich durch die größere und schwerfälligere Kogge ersetzt worden zu sein. Der Grund war hauptsächlich, daß die Kogge eine größere Ladung befördern konnte, sie war keineswegs ein seetüchtigeres Schiff. Obwohl Schiffe vom Typ des Wikingerschiffs im 14. Jahrhundert völlig von der Bildfläche verschwunden waren, lebte ihre Bauweise in den kleinen Booten vieler Länder weiter, mancherorts sogar bis heute. Zu ihrer Zeit waren die wikingischen Schiffe ohne Konkurrenz. Sie erfordertenn ihre eigene hochentwickelte Navigationskunst. Sie waren gehorsame Geräte in ihrem Element. Küstenbewohner, Matrosen und Seevolk konnten mit Recht diese Meisterwerke des Meeres verehren. Die ganze nordische Welt ist von dieser Seeherrlichkeit geprägt, die ihresgleichen nicht kennt.

Auf der Suche nach Neuland

Die Wikinger segelten über den Atlantik, um im Westen neues Land zu entdecken und zu kolonisieren. Erik der Rote entdeckte Grönland *(links)* nach 980 und nannte es „grünes Land", um mögliche Siedler anzulocken. Obwohl die Küstenlinie finster und abweisend aussieht, gibt es am Ende einiger Fjorde Weideland. Die frühen Niederlassungen blühten eine zeitlang, aber schließlich gab man die Kolonien im 14. und 15. Jahrhundert auf.

Die ersten Entdecker

SIEDLUNGSGEBIETE DER WIKINGER
Wir kennen die Packeis- und Treibeisgrenzen der Wikingerzeit nicht genau, aber da der Atlantische Ozean damals wärmer war, gab es südlich des Nordkaps wahrscheinlich kaum Treibeis. Unter den heutigen Eisverhältnissen wären die nördlichen Reisen der Wikinger schwierig gewesen.

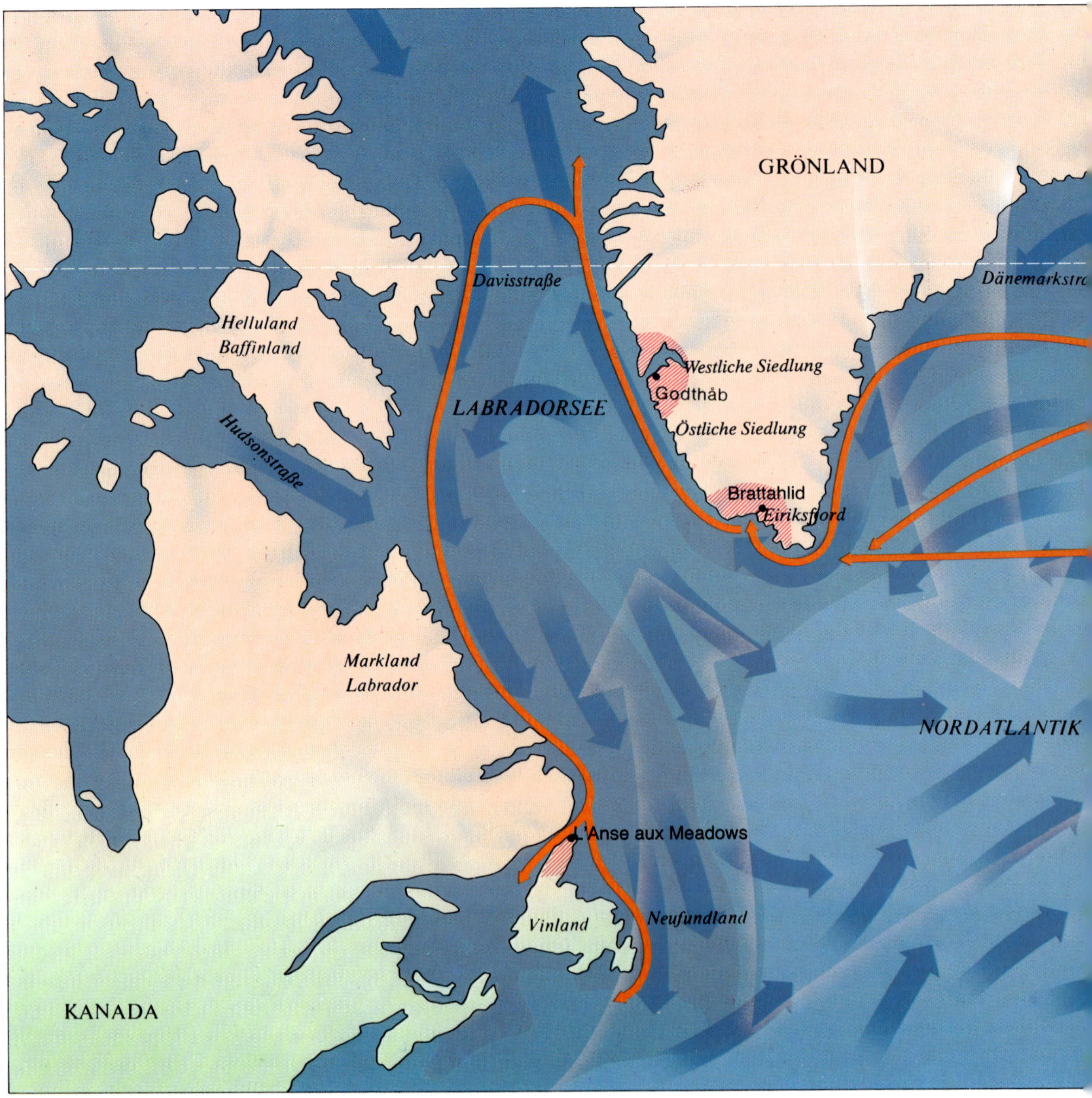

Unter den ersten Wikingerkriegern, die Ende des 8. Jahrhunderts übers Meer zogen, um die Britischen Inseln anzugreifen, müssen sich Männer befunden haben, die später als Siedler wiederkamen und Familien und Freunde mitbrachten. Diese ersten Landsucher zogen auf die Inseln nördlich und westlich von Schottland, wo ihnen die Landschaft bekannt vorkam und sie in gewohnter Weise durch Landwirtschaft, Jagd und Fischerei ihren Lebensunterhalt finden konnten. Andere Wikinger zogen später weiter südlich in die Gegenden um die Irische See. In Irland gab es nur wenige Möglichkeiten der Landnahme, obwohl stadtähnliche Ansiedlungen der Wikinger sich gut entwickeln konnten. Die Insel Man und der Nordwesten Englands jedoch boten genügend Raum für ländliche Siedlungen.

In den vorangegangenen Jahrzehnten hatten irische Mönche die Inseln des Nordatlantik entdeckt und dort die Einsamkeit gesucht. Nun folgten die unternehmungsfreudigen Wikinger-

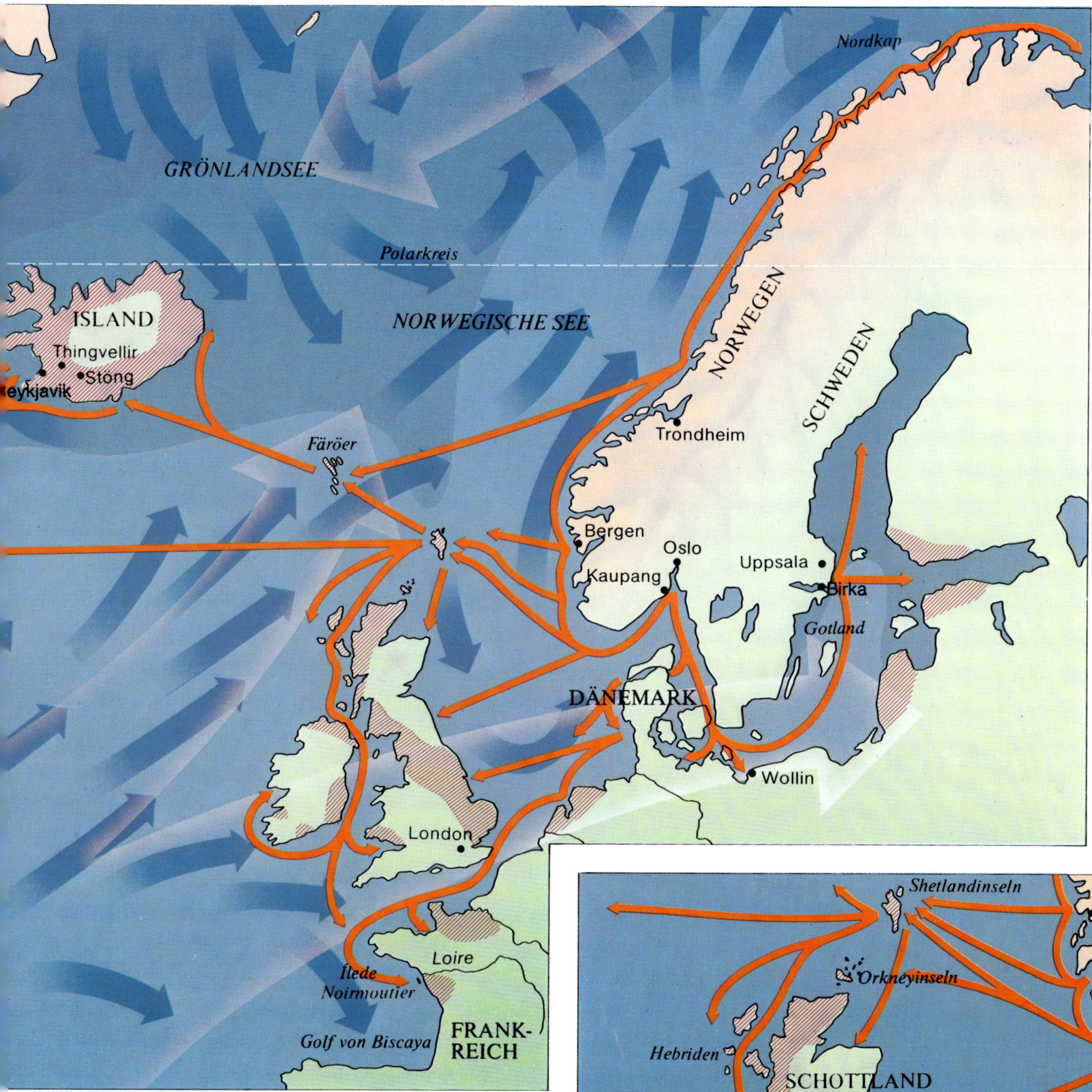

WESTLICHE NIEDERLASSUNG UND SEEWEGE DER WIKINGER
Auf der Suche nach fruchtbarem Siedlungsland weiter nach Westen vorstoßend, erblickten die Wikinger um 985 erstmals Amerika.

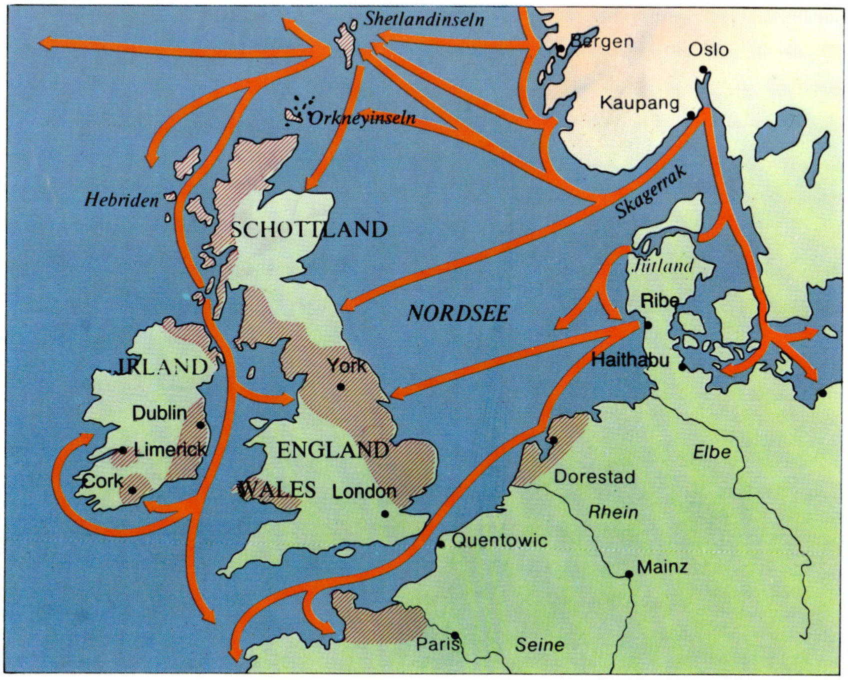

entdecker von ihren neuen Siedlungen auf den Britischen Inseln aus den Lederbooten der Mönche nach den Färöern und Island. Von dort segelten einige Furchtlose in Länder weiter, die noch kein Europäer betreten hatte: nach Grönland und dann nach Amerika.

Mittelalterliche Sagas und Chroniken

Die ersten Siedler waren unbekannte Männer und Frauen, denn von ihnen war keiner in der Lage, die Chronik ihrer Reisen und der Kämpfe zu schreiben, die der Gründung neuer Bauernsiedlungen vorangingen. Erst sehr viel später wurden die Ereignisse jener Jahrhunderte der Entdeckungen und der Landnahme in den isländischen Sagas und Chroniken des Mittelalters aufgeschrieben. Die *Orkneyinga Saga* (Die Saga der Orkneymänner), die *Færeyinga Saga* (Die Saga der Färöermänner), die *Eiriks Saga Rauda* (Die Saga Eriks des Roten) und die *Grœndinga Saga* (Die Saga der Grönländer) liefern dem Historiker und dem Literaturwissenschaftler viele Informationen. Als Geschichtsquellen muß man den Sagas aber mit Vorsicht begegnen, denn die Berichte über Ereignisse, die Jahrhunderte zuvor stattfanden, beruhen auf mündlichen Überlieferungen, die aus persönlichen, politischen und religiösen Motiven verfälscht worden sein konnten, bevor sie schließlich aufs Pergament gelangten. Für Island gibt es jedoch neben den verschiedenen *Íslendinga Sögur* (Sagas der Isländer) zwei im 12. Jahrhundert entstandene historische Werke, die die frühe Geschichte des Landes darzustellen beanspruchen: das *Íslendingabók* (Buch der Isländer) und das *Landnámabók* (Buch der Landnahme). Aber auch diese beruhen letztlich für die frühesten Ereignisse auf mündlichen Überlieferungen.

Ihren Homer aber fand die altisländische Literatur in dem großen Snorri Sturluson. Dieser Snorri Sturluson, eine der ungewöhnlichsten Erscheinungen seiner Zeit, war nicht nur einer der reichsten Grundbesitzer der Insel, nicht nur ein leidenschaftlicher Politiker (der nach zweimaliger Präsidentschaft von seinen Gegnern ermordet wurde), sondern auch die Zentralgestalt des isländischen Geisteslebens in der ersten Hälfte des 13. Jahrhunderts, dem er mit der Schule von Reykjaholt so etwas wie die erste Inseluniversität schenkte. Ihr verdanken wir die umfangreichen kostbaren Sammlungen altnordischer Prosa und Versepen, die bis dahin nur mündlich von Generation zu Generation weitergegeben wurden – die Sagas und die Skaldengesänge.

Der Stil der Sagas entspricht der Härte und monumentalen Nüchternheit der Pionierzeit. Er ist herb, einsilbig und männlich und verbindet äußerste Sachlichkeit mit kühlem Ausdruck. Die meisten Sagas liegen auch in deutscher Übersetzung vor, wobei allerdings vieles der ursprünglichen Härte verlorenging.

In Unst auf den Shetlands grasen heute Ponys vor den ausgegrabenen Überresten des Wikingergehöfts von Underhoull. Die Bucht im Hintergrund diente als Hafen. Normalerweise schleppte man das Boot auf den Strand, aber es gab auch ein Bootshaus zu seinem Schutz während der Wintermonate.

Orkneys und Shetlands

Wir können nicht genau sagen, wann die ersten Wikinger auf den Shetland- und Orkney-Inseln siedelten. Es geschah spätestens im 9. Jahrhundert, aber nicht mit Gewißheit früher, wie oft behauptet wird. Insbesondere Ortsnamenforscher haben gemeint, daß es bereits im 8. Jahrhundert größere Ansiedlungen auf den Nördlichen Inseln gegeben habe, aber die Archäologie hat diese Interpretation nicht bestätigt. Die Ergebnisse der Ausgrabungen von Wikingergräbern und -gehöften deuten darauf hin, daß die Besiedlung im 9. und 10. Jahrhundert stattfand. Neuerdings gibt es eine Auseinandersetzung um die Art und Weise, in der diese Siedlungstätigkeit in den Gebieten der *Pikten* und *Skoten*, die im Norden bzw. Westen Schottlands, lebten, vor sich ging. War es gewaltsame Erorberung oder friedliche Aufnahme? Wenn letzteres der Fall war, warum sind dann fast alle Ortsnamen auf den Nördlichen Inseln altnordischen Ursprungs? Zwei Erklärungen hierfür liegen nahe: Entweder fanden die Wikinger die Inseln leer vor oder sie rotteten die piktische Urbevölkerung aus. Aber keine dieser beiden allzu simplen Annahmen kann heute überzeugen.

Neueste Ausgrabungen haben in der Tat ergeben, daß die Norweger einige piktische Siedlungen erobert haben, so in Buckquoy auf der Hauptinsel der Orkneys. Buckquoy liegt der Gezeiteninsel Brough of Birsay gegenüber, wo es ein piktisches Kloster und eine Siedlung gab, deren Handwerker feinverzierte Gegenstände aus Metall herstellten. Die Mönche verließen das Kloster, an seine Stelle trat eine bedeutende norwegische Siedlung, die schließlich Sitz des größten Herzogs der Orkneys, Thorfinn des Mächtigen, wurde, der 1065 starb.

Schöne Beispiele vor-norwegischer Metallarbeiten von der Art, wie sie in Birsay hergestellt wurden, fand man 1950 in dem Silberschatz unter dem Boden einer kleinen Kirche auf der St. Ninian's Insel vor der Südwestküste Shetlands. Man hob eine mit einem Kreuz gekennzeichnete Platte und fand darunter die Reste einer Lärchenholzschachtel, gefüllt mit 28 Stükken aus Silber und (höchst überraschend) dem

Vor Ankunft der Wikinger war die Gezeiteninsel Brough of Birsay nordwestlich der Hauptinsel der Orkneys Sitz eines Klosters. Die Wikinger errichteten hier eine Niederlassung, die Sitz der Herzöge der Orkneys wurde. Schließlich bauten sie eine Norwegerkirche auf den Ruinen ihrer piktischen Vorgängerin.

Kieferknochen eines Tümmlers. Dieser hauptsächlich aus Gefäßen und eigenartigen, fast ringförmigen Spangen bestehende Piktenschatz war vermutlich um 800 versteckt worden, um ihn vor plündernden Wikingern zu schützen; das Schicksal seines Besitzers ist unbekannt. Der Schatz von St. Ninian ist ein beredtes Zeugnis des Wohlstands der piktischen Bewohner jener Inseln und ihrer Angst vor einem Wikingerangriff.

Auf der anderen Seite halten einige Historiker Buckquoy für einen Beweis der friedlichen Aneignung der einheimischen Kultur durch die Norweger, denn seine Häuser des 9. und 10. Jahrhunderts enthielten Töpferwaren, Knochennadeln und Kämme in piktischer Tradition. Aber wie kann es eine friedliche Durchdringung der Norweger und der Eingeborenen gegeben haben, wenn die Pikten ihre Schätze vergraben mußten und ihre Mönche flohen, wenn ihre Ortsnamen durch norwegische ersetzt wurden? Die Eroberung der Norweger muß umfassend gewesen sein, was nur bedeuten kann, daß das Land der Pikten durch Gewalt gewonnen wurde. Die Pikten wurden Sklaven, bearbeiteten das Land, bauten die Häuser, stellten Nadeln und Töpferwaren für die Herren aus dem Norden her.

Die Siedlung Jarlshof

Das bis heute deutlichste Bild eines von den ersten Wikingersiedlern errichteten Gehöfts finden wir auf der mehrere Zeitstufen umfassenden Ausgrabungsstätte Jarlshof an der Südspitze Shetlands. Die Siedlung liegt in einer geschützten Bucht hinter den Klippen von Kap Sumburgh. Als die Wikinger dort hinkamen und den Ort übernahmen, lebten dort schon seit Jahrhunderten Menschen. Der Name - er bedeutet „Herzogspalast" - ist romantischer Unsinn, den Sir Walter Scott in seinem Roman „Der Pirat" für die Ruinen aus späterer Zeit erfand, die immer noch die Stätte beherrschen. Das erste norwegische Wohngebäude war ein Haus mit bogenförmigen Längswänden aus Trockenmauerwerk und Torf, nur der Ostgiebel war aus Holz. Aufgeteilt war das Haus in zwei Räume: einen großen Wohnraum (Halle) und eine Küche oder Speisekammer. In der Mitte der Halle gab es die typische lange Feuerstelle mit Erdbänken zum Sitzen und Schlafen zu beiden Seiten. An Nebengebäuden waren ein Viehstall, eine Scheune und eine kleine Schmiede vorhanden sowie ein weiteres Gebäude, das vermutlich als Badehaus oder Sauna diente.

Die Siedler von Jarlshof waren hauptsächlich Bauern, aber mit der Zeit wurde die Fischerei immer wichtiger für sie, vermutlich um die wachsende Bevölkerung ernähren zu können. Die kleine Gemeinde wuchs und gedieh 400 Jahre lang, wenn notwendig, erweiterte man das ursprüngliche Gehöft immer wieder um neue Gebäude.

Baumaterial lieferten die kleinen steinernen Rundhütten und konischen Türme der eingeborenen piktischen Bevölkerung (die offenbar schnell von der Bildfläche verschwand). Die Kolonisten richteten sich nach heimischen Gewohnheiten ein und bauten eine anspruchsvolle Hofanlage. Die Wege zwischen den Häusern waren gepflastert, ebenso die Ackerwege.

Die nordischen Siedler, die hier zu Beginn des 9. Jahrhunderts an Land gingen, wurden von einer windgeschützten, fischreichen Bucht angezogen, deren flacher Sandstrand in ertragreiche Weiden und Äcker überging.

Die Fruchtfolge bestimmte der Wechsel von Wintersaat, Frühlingssaat und Brache, die traditionelle Dreifelderwirtschaft also, die wahrscheinlich schon in karolingischer Zeit auch im europäischen Norden Eingang fand.

Das Anbauprogramm verraten die meist verkohlten Reste oder Tonabdrücke, die bei Grabungen gefunden werden. Danach bildete der genügsame, kältegewohnte Roggen die Grundlage der Ernährung. Hafer wurde vor allem als hochwertiges Pferdefutter, die Gerste als gärfreudiger Grundstoff der häuslichen Metbereitung angebaut. Anlagen, deren „Infrastruktur" ein planvolles, fast möchte man sagen: betriebswirtschaftliches Denken verriet und keinen Zweifel daran ließ, daß diese wikingischen Siedler tüchtige Bauern waren, die sich - nüchtern und hart arbeitend - auch unter widrigen Bedingungen zu behaupten wußten.

Als ein Argument für die These von den friedlichen Wikingersiedlern wird die Tatsache angeführt, daß man auf solchen Ausgrabungsstätten keine Waffen fand. Aber Waffen sind Wertgegenstände, die nicht in Müllgruben landen, neben dem Haus verloren gehen oder in verlassenen Gebäuden liegengelassen werden. Sie behandelt man mit Sorgfalt, wie Ausgrabungen bewiesen haben. Dabei hat man erstmals ein Gehöft aus dem 9. Jahrhundert zusammen mit dem dazugehörigen Familiengrab gefunden, das Waffen enthielt.

Der Kopf eines alten Mannes auf eine Platte geritzt, möglicherweise ein Portrait, stellt ein ungewöhnliches Beispiel von Naturalismus in der wikingischen Kunst dar.

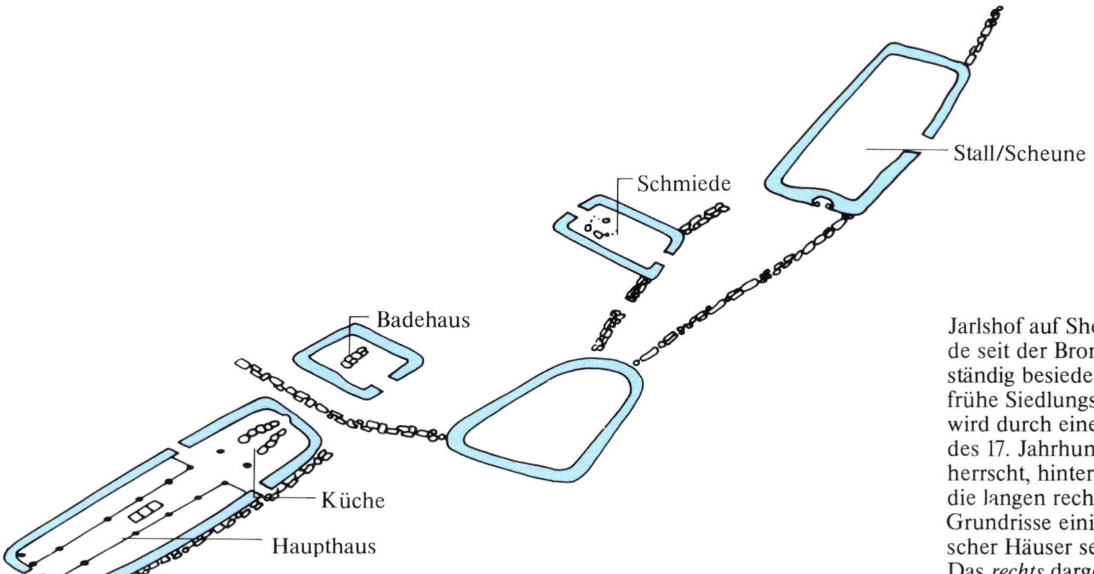

Jarlshof auf Shetland wurde seit der Bronzezeit ständig besiedelt. Der frühe Siedlungskomplex wird durch eine Ruine des 17. Jahrhunderts beherrscht, hinter der man die langen rechteckigen Grundrisse einiger norwegischer Häuser sehen kann. Das *rechts* dargestellte früheste Wikingergehöft war ein einfaches Gebäude mit zwei Räumen und einigen Nebengebäuden.

Die Hebriden

Im 9. Jahrhundert besiedelten die norwegischen Wikinger die Hebriden, jedoch nicht so intensiv wie die Nördlichen Inseln. *Oben:* Die fruchtbare, sandige Ebene der Atlantikküste von North Uist erwies sich als anziehend für die landsuchenden Wikinger. Hier in Udal liegen spätere Gebäude über der Wikingerniederlassung, die selbst wiederum zwischen den Ruinen von Häusern der Einheimischen errichtet wurde.

Auch auf den Hebriden hat man Gräber von Wikingerkriegern und ihren wohlhabenden Damen entdeckt, aber bisher hat man nur zwei Siedlungen ausgegraben, beide auf den Äußeren Inseln. Die wichtigere befindet sich auf Udal, einer sandigen Halbinsel, die aus der Atlantikküste von Nord-Uist hervorragt. Hier handelt es sich wiederum um die Eroberung einer blühenden Siedlung im 9. Jahrhundert. Die typischen rechteckigen Gebäude mit langen Herdstellen in der Mitte wurden zwischen Ruinen aus der vor-norwegischen Zeit errichtet. In diesem Augenblick der Geschichte jenes Ortes errichtete man an seinem höchstgelegenen Punkt eine kleine, aber stark befestigte Einfriedung. Man weiß heute nicht, ob diese von den Einheimischen gegen die Norweger oder von den norwegischen Siedlern zum Schutz vor den Gegenangriffen der Einheimischen (oder gar gegen andere Wikinger) errichtet wurde. Auf jeden Fall deutet dies nicht auf eine friedliche Durchdringung der Hebriden hin.

Die Art der norwegischen Ansiedlung auf den Hebriden ist uns noch nicht ganz bekannt, aber sie scheint in verschiedenen Gebieten von unterschiedlicher Intensität gewesen zu sein, entsprechend muß es verschiedene Grade der Koexistenz gegeben haben. Auf Skye z. B. finden sich nur im Nordteil der Insel norwegische Siedlungsnamen. Das gleiche gilt für das schottische Festland, wo es verstreute Siedlungen besonders im Norden und die Ostküste hinab bis zum Dornoch Firth gab.

Das Christentum auf den schottischen Inseln

Die Bekehrung dieser heidnischen Siedler in einem christlichen Land erfolgte in einem langsamen Prozeß, der von persönlichen Entscheidungen abhing. Aber im 10. Jahrhundert wurden die heidnischen Bestattungsformen langsam aufgegeben. Die Orkneys wurden 955 gewaltsam christianisiert, als Olaf Tryggvason, bevor er den norwegischen Thron bestieg, Herzog Sigurd den Starken zur Taufe zwang und ihn beauftragte, dafür zu sorgen, daß die Inseln seinem Beispiel folgten. Andererseits waren die Skandinavier keine religiös kämpferischen Heiden, und viele Wikinger scheinen fremde Heiligtümer respektiert zu haben. Die Siedler von Birsay errichteten keine Gebäude auf dem Grund der piktischen Kirche und deren Friedhof; als sie dann im 11. Jahrhundert ihre eigene Kirche errichteten, konnten sie dies auf den Ruinen der alten tun. Diese Kirche, von der es noch Überreste gibt, war wahrscheinlich das von Herzog Thorfinn dem Mächtigen errichtete Münster von Christchurch. Es war der Vorläufer der St.-Magnus-Kathedrale von Kirkwall, deren Bau 1137 begonnen wurde, als die Orkneys noch ein mächtiges norwegisches Herzogtum waren.

Der Niedergang der norwegischen Macht

Seite dem 12. Jahrhundert nahm die Macht der Norweger in Schottland allmählich ab. Nach der Niederlage der Norweger bei Largs 1263 fielen die Hebriden an die Schottische Krone. 1468–1469 bildeten die Orkneys und die Shetlands einen Teil der Mitgift bei der Heirat der dänischen Prinzessin Margareta mit König James III. von Schottland (Norwegen und Dänemark waren damals vereinigt). Aber dieser Wechsel konnte das Wikingererbe der nördlichen Inseln nicht auslöschen, norwegische Dialekte wurden hier bis in 19. Jahrhundert gesprochen.

Die Insel Man

Von der Inselkette der Hebriden führte der Weg nach Süden zur Insel Man. An diese Verbindung erinnert der Titel des Bischofs von Sodor und Man (Sodor kommt von *Sudreyjar*, d.h. südliche Inseln, wie die Norweger die Hebriden nannten). Wikingergräber wie das eines in seinem Boot bestatteten Kriegers in Balladoole deuten darauf hin, daß die ersten Niederlassungen auf der Insel in der zweiten Hälfte des 9. Jahrhunderts erfolgten, zur gleichen Zeit wie in Irland, nach 50 und mehr Jahren des Plünderns in dieser Gegend. Seltsamerweise findet sich unter den etwa 40 Grabstätten der Insel Man kein Frauengrab, abgesehen von dem einer jungen Sklavin, die man in Ballateare offensichtlich an der Seite ihres Herrn geopfert hat. Wahrscheinlich haben nur sehr wenige skandinavische Frauen an der Besiedlung von Man teilgenommen. Die Insel wurde wohl nicht auf die gleiche Weise besiedelt wie Schottland; sie wurde wahrscheinlich von Wikingerkriegern besetzt, die dann einheimische Frauen heirateten. Hinweise in dieser Richtung liefern nicht nur die schnelle Annahme des Christentums sondern auch die Tatsache, daß sich einheimische keltische Namen in Runen gemeißelt auf den Steinplatten und -kreuzen aus dem 10. Jahrhundert finden, die reich mit skandinavischen Ornamenten und mythologischen Szenen geschmückt sind.

Unter den Wikingersiedlungen auf Man gibt es kleine befestigte Gehöfte auf Vorgebirgen, eine besondere Art der Befestigung auf dieser Insel zu jener Zeit, die mit ihrer exponierten Lage in der Irischen See zusammenhängt. Weniger fremdartig ist die Bauweise der großen Halle von Braaid mit ihren bogenförmigen Seitenwänden, die anstelle der Rundhäuser der vorangegangenen einheimischen Siedlungsperiode errichtet wurde. Auf Man lebt die Wikingertradition im unabhängigen Status der Insel unter der britischen Krone weiter, mit einem eigenen Parlament, dem Tynwald. Der Name stammt vom norwegischen *Dingvöllr* (Versammlungsplatz - wie im heutigen Ortsnamen Thingvellir auf Island). Diese Versammlung, ursprünglich hieß sie Thing, tritt jährlich im Freien am 5. Juli, dem alten Mittsommertag, auf dem künstlichen Hügel Tynwald Hill im Südwesten der Insel zusammen, um die im Laufe des letzten Jahres verabschiedeten Gesetze bekanntzugeben. 1979 beging die Insel Man die Tausendjahrfeier des Tynwald, aber es ist nicht sicher, wann das erste Wikingerparlament zusammentrat. Die Insel Man blieb bis 1266 in skandinavischem Besitz, dann stellte sein letzter König sich unter die Vorherrschaft von König Alexander III. von Schottland. Heute besitzt Königin Elizabeth II. die Stellung eines „Lord of Man" über dieses unabhängige Land mit seiner einzigartigen Verbindung zur britischen Krone.

Oben: Einen der ersten Wikingerkrieger, der auf der Insel Man siedelte, begrub man in seinem Boot, das durch Steine angedeutet wird, in einer Ecke des frühen christlichen Friedhofs von Balladoole.
Unten: Auf dem Braid im Zentrum der Insel ersetzte man ein rundes Haus aus der Vor-Wikingerzeit durch rechteckige norwegische Gebäude und solche mit bogenförmigen Seitenwänden (Vordergrund). Leider machte man bei der Ausgrabung dieser Siedlung nur wenige Funde.

Irland, Wales und England

Dieses einzigartige Kreuz aus dem frühen 10. Jahrhundert stellt das größte noch vorhandene Werk der Bildhauerei in England aus der Zeit vor der Normannischen Eroberung dar. Es ist mit Flechtband-Ornamenten geschmückt (darunter einem Kettenmuster des Borre-Stils) sowie Szenen aus dem Leben Christi und der nordisch-heidnischen Mythologie. Die Bildhauerei der irischen Klöster beeinflußte seine Form.

Im 19. Jahrhundert fand man einen kleinen Wikingerfriedhof auf der Insel Rathlin vor der Nordostküste Irlands. Er zeigte an, daß hier eine norwegische Siedlung auf ihre Entdeckung wartet. Ähnliche Stätten dürften längs der nördlichen, östlichen und südlichen Küsten Irlands verstreut liegen, aber es können nur wenige sein und sie müssen weit auseinanderliegen, denn die einzigen Konzentrationen skandinavischer Siedlungen liegen um die neuen Wikingerstädte von Dublin und Waterford. Verglichen mit dem Reichtum und der Macht der skandinavischen Städte in Irland, vor allem Dublins, waren diese Siedlungen sowieso bedeutungslos (vgl. S. 100).

Als die Iren 902 die Norweger aus Dublin vertrieben, suchten einige Wikinger vergeblich in Nordwales nach Land und waren schließlich gezwungen, nach England weiterzuziehen. Silberschätze in Anglesey und Bangor weisen auf die Anwesenheit der Wikinger in jenen Gegenden hin und auf die Entwicklung des Handelswegs von Dublin nach Chester. Am Ende der Wikingerzeit trat Bristol an die Stelle von Chester als wichtigster Platz für den irisch-norwegischen Handel mit dem angelsächsischen England. Viele skandinavische Ortsnamen an der Küste von Südwales zeugen von der Bedeutung dieses Seewegs. Der Grund für die Verbreitung dieser Namen muß in der Errichtung kleiner Marktflecken und Siedlungen liegen, obwohl es dafür keine archäologischen Belege gibt. Es kann sein, daß die Beteiligten Siedler der zweiten oder dritten Generation etwa aus Irland waren, die ihre skandinavischen Bräuche schon abgelegt hatten. In diesem Fall dürfte es schwierig sein, archäologische Spuren der Haralds, Hakons u.a. nachzuweisen, die den Orten um Milford Haven ihre Namen gaben. Eine Untersuchung der Blutgruppenhäufigkeiten unter der einheimischen Bevölkerung von Pembrokshire zeigte größere Ähnlichkeiten mit Skandinavien als mit angrenzenden Teilen von Wales.

Die Ansiedlung von Wikingern aus Irland im Nordwesten Englands hatte ebenfalls zu Anfang des 10. Jahrhunderts begonnen. Hinweise darauf in der Geschichtsschreibung werden durch einige Wikingergräber in Cumbria und Lancashire gestützt. Das aufregendste Zeugnis der Ereignisse jener Jahre liefert der große Silberschatz von Cuerdale, den man in einer Bleitruhe in einer Untiefe des Flusses Ribble entdeckte. Sein Inhalt, etwa 40 kg Silbergegenstände und Münzen, stellt den größten Wikingerschatz im Westen dar, er wird nur von einigen Silberschätzen übertroffen, die man an den Handelswegen des arabischen Silbers zur Ostsee fand. Unter den etwa 4000 Münzen des Schatzes von Cuerdale befinden sich auch solche aus Arabien und vom Kontinent, aber der Hauptanteil ist angelsächsisch und stammt aus dem Wikingerkönigreich York. Unter den vielen zerstörten Silberobjekten befinden sich Armreife und Spangen von eindeutig irisch-wikingischer Art.

Das große Kreuz bei Gosforth spricht ebenfalls für die irischen Ursprünge und Verbindungen der Siedler von Cumbria. Die Form des Kreuzes selbst und seine christlichen Darstellungen sind von den Hochkreuzen der irischen Klöster inspiriert, jedoch mit skandinavischen Ornamenten und mythologischen Darstellungen vermischt. Diese irischen Elemente unterscheiden es ganz stark von den anglo-skandinavischen Bildhauerwerken Yorkshires, die zu den wichtigsten archäologischen Spuren der dänischen „großen Armee" zählen, die das Wikingerkönigreich York schuf.

Die meisten skandinavischen Gehöfte in England dürften unter ihren modernen Nachfolgern liegen, aber einige lagen auch auf wenig fruchtbarem Land, dessen Nutzung später aufgegeben wurde, hier dürfen wir noch auf einige Entdeckungen hoffen. Es gibt jedoch schwierige Deutungsprobleme, wie sich an den Ausgrabungen von Ribblehead im äußersten Westen Yorkshires zeigen läßt. Hier fand man eine Halle mit bogenförmigen Seitenwänden und Außengebäude, darunter eine Küche, auf einem eingefriedeten Platz, von dem strahlenförmig die Steinwälle um die Felder ausgingen, die sich über ein Kalksteinplateau erstreckten. Keiner der gefundenen Gegenstände deutet auf skandinavische Ursprünge hin, aber es fanden sich drei kleine Bronzemünzen aus York mit Hinweisen auf die Besetzung der Stadt am Ende des 9. Jahrhunderts. Die Gebäude können ebenso gut von Skandinaviern wie von Angelsachsen stammen. Dies können wir heute noch nicht feststellen, solange nicht einige Gehöfte der Wikingerzeit skandinavischen und angelsächsischen Ursprungs in Nordengland entdeckt und ausgegraben werden. Bis dahin bleibt offen, ob Ribblehead eine Ansiedlung einiger der ersten Wikinger war, die von Westen nach England eindrangen, oder ein westlicher Vorposten der dänischen Siedler, die von Osten kamen, nachdem ihr Führer Halfdan 876 Grund und Boden Northumbriens unter seine Gefolgsleute verteilt hatte.

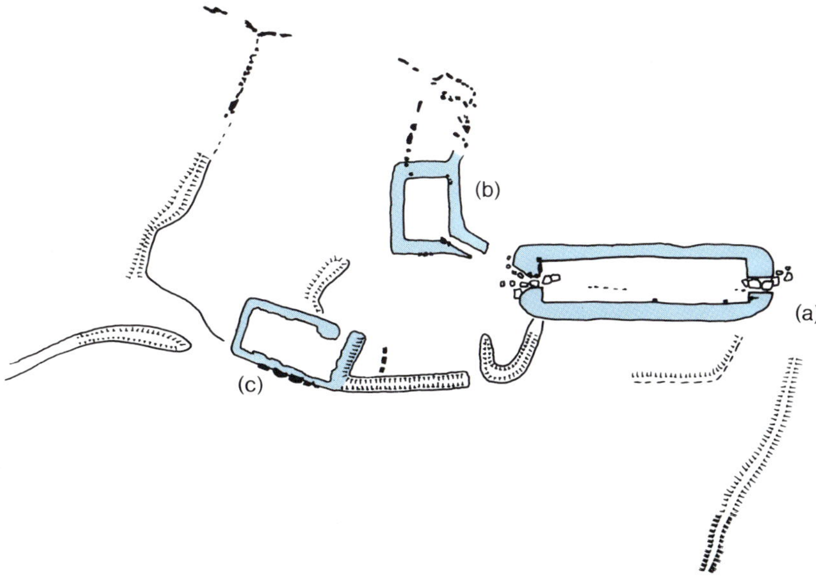

Ausgrabungen in Ribblehead *(ganz oben)* auf dem verwitterten Kalkstein der Gauber High Pasture in Yorkshire führten zur Entdeckung eines Gehöfts, das von frühen Wikingersiedlern im Norden Englands oder von einheimischen Angelsachsen gebaut sein kann.
Die um das Gehöft gruppierten Gebäude *(oben)* bestehen aus einem Wohnhaus mit bogenförmigen Seitenwänden (a), einer Küche (b) und einer Werkstatt oder Schmiede (c).

Die Färöer

Wikinger, die von Norwegen nach Westen reisten haben möglicherweise zuerst irrtümlich die Färöer erreicht, weil sie die Shetlands nördlich verpaßten. Wahrscheinlicher ist aber, daß sie in Britannien oder Irland von deren Existenz erfahren hatten. Auf diesen verstreuten Inseln, die sich in der Mitte zwischen den Shetlands und Island steil aus den Atlantik erheben, lebten bereits vor dem 9. Jahrhundert irische Einsiedler. 825 beschrieb der in Frankreich lebende irische Mönch Dicuil einige Inseln, die „zwei Tage und Nächte nördlich der nördlichsten Britischen Inseln" liegen. Er behauptet, irische Mönche hätten dort „seit etwa 100 Jahren" gelebt. Aber „nun gibt es dort wegen der norwegischen Piraten keine Einsiedler mehr, dafür unzählbare Schafe und viele Arten von Seevögeln". Für die Norweger bedeuteten die *Færeyjar* oder Schafinseln unbewohntes Land und Weideflächen für Siedler.

Wie schon zuvor auf den Orkneys und Shetlands mußten die Siedler auf diesen baumlosen Inseln mit Torf und Steinen bauen. In *Kvívik* hat man ein frühes norwegisches Gehöft ausgegraben, bei dem der Wohnraum neben dem kombinierten Stall- und Scheunengebäude lag. Dieses besaß auf beiden Seiten einer Wasserrinne Stallplätze für etwa ein Dutzend Rinder. Neben der Viehzucht mit Schafen und ein paar Rindern, haben sich die Bewohner durch Fischerei, Vogeljagd und Walfang ernährt – letzteres, indem sie die jeden August in ihren Fjorden auftauchenden Scharen von Grindwalen an die Küste trieben und dort töteten.

Die Färöerinseln steigen so steil aus dem Ozean auf, daß Siedlungen wie *Kvívik (ganz links)* sich immer auf den wenigen ebenen Grund am Fuße der Berge beschränken mußten. Das bei *Kvívik* gefundene norwegische Gehöft *(rechts)* lag so nah beim Ufer, das ein Teil vom Meer fortgespült wurde. Es besteht aus zwei Torfgebäuden: einem Gebäude mit bogenförmiger Seitenwandung und einer langen Feuerstelle in der Mitte sowie einem Gebäude, das als Stall und Scheune diente.

Island

Die norwegischen Siedler auf den Färöern waren wirkliche Kolonisten, aber für andere bedeuteten diese Inseln nur ein Sprungbrett auf dem Wege nach Island. Dicuil wußte auch von der Existenz Islands, er beschreibt das ständige Tageslicht zur Mittsommerzeit und das „gefrorene Meer" einen Segeltag weiter nördlich. Die frühen isländischen Geschichtsschreiber erwähnen, daß es dort irische Eremiten gab, ehe die ersten Norweger ankamen, aber das *Íslendingabók* berichtet: „Sie zogen fort, weil sie nicht bereit waren, gemeinsam mit den Heiden hier zu leben." Drei Männer sollen jeder für sich Island entdeckt und ihm einen Namen gegeben haben. Den Namen *Ísland* (Eisland), den ein gewisser Floki erfand, trägt die Insel seitdem. Floki wählte diesen Namen wegen der Härte des ersten Winters, den er dort erlebte, und wegen des Treibeises, das er im Norden sah. Verschiedenen Berichten zufolge gab es um 860 dort einige Entdeckungsreisen, sie gingen der 60 Jahre währenden Hauptperiode der Landnahme zwischen 870 und 930 voraus.

Das *Landnámabók* überliefert die Namen der etwa 400 Männer, von denen es heißt, sie seien die ersten Siedler gewesen; bei etwa einem Drittel von ihnen lassen sich Verbindungen mit Britannien und Irland nachweisen – einige kamen mit keltischen Frauen, andere mit keltischen Sklaven. Wiederum hat man die Blutgruppenhäufigkeiten untersucht und die Ergebnisse bestätigen, daß es keltisches Blut unter der skandinavischen Bevölkerung Islands gibt.

Die Geburt einer Nation

Die isländischen Geschichtsschreiber des Mittelalters glauben, daß es vor allem einen Grund gab, daß norwegische Wikinger in Island siedelten: die Tyrannei des Königs Harald. Dies ist sicher eine nachträgliche Übertreibung, aber die Isländer waren besonders stolz auf die Gründung ihrer unabhängigen Republik, selbst wenn sie sich schließlich zwischen 1262 und 1264 König Hakon von Norwegen unterwerfen mußten. Island kann sich der ältesten (jedoch wiedergegründeten) Nationalversammlung in Europa rühmen. Diese allgemeine Versammlung, das Althing, trat jeden Sommer in Thingvellir – einer großartigen, von Lavaklippen eingerahmten Ebene 30 km östlich von Reykjavik zusammen. Als Zeitpunkt des ersten Zusammentreffens und damit der Staatsgründung gilt das Jahr 930. Im Jahre 1000 wurde hier verkündet, daß das Land jetzt christlich geworden sei. Schon unter den allerersten Siedlern hatte es Christen gegeben (so einen gewissen Ketil den Dummen, der seinen Spitznamen aus diesem Grunde erhalten hatte!), aber bei diesem entscheidenden Treffen des Althing gab es immer noch eine starke heidnische Fraktion. Man schloß den Kompromiß, daß jeder im Lande getauft werden sollte, die Heiden aber weiter privat ihre Religion ausüben durften, was allerdings bald danach aufgehoben wurde.

Feuer und Eis gestalteten Islands Landschaft. Lava formte die große Ebene im Südwesten Islands, wo die jährliche Nationalversammlung unter freiem Himmel, der Althing, stattfand. Thingvellir, die Parlamentsebene, war für alle Siedler zu erreichen, doch mußten einige vierzehn Tage und länger zu Pferd dorthin reisen.

Diesen T-förmigen Kopf eines Krummstabes, geschmückt mit zwei Tieren des Urnes-Stils, fand man in Thingvellir, wo Island im Jahre 1000 zum christlichen Land erklärt wurde. Der Krummstab ist einige Generationen jünger.

Isländische Gehöfte

Einer der ersten Siedler war ein gewisser Ingolf Arnarson, der sich in Reykjavik, der rauchigen Bucht, niederließ, deren Namen auf die Heißwasserquellen zurückzuführen ist, die heute das Heizungssystem der Hauptstadt speisen. Solche Männer bauten ähnliche Gehöfte wie in Jarlshof und Kvívík, bestehend aus einer langen Halle und ein oder zwei Nebenräumen an den Enden. Ein Beispiel hat man in Hofstadir im Norden Islands ausgegraben; es besitzt die außerordentliche Länge von 40 m. Es besteht einfach aus einer großen Wohnhalle und einem einzigen kleinen Raum an einem Ende. Es handelt sich vielleicht um den Hof eines Häuptlings, den man für heidnische Riten benutzte, denn *hof* heißt Kulthaus; und dafür benötigte man wohl zusätzlichen Raum.

Dieser Grundtyp des Hallenhauses wurde während der Wikingerzeit in Island weiterentwickelt und verändert, man teilte ihn in verschiedene Räume auf und errichtete zusätzliche größere Räume im hinteren Gebäudeteil. Solche Veränderungen stellten wohl Reaktionen dar, auf das Wetter und den Mangel an brauchbarem Bauholz und Bausteinen auf dieser Vulkaninsel. Das Ergebnis war ein kompakteres Gebäude, in dem man bequem die unterschiedlichsten Arbeiten erledigen konnte. Diesem entwickelteren Typ des Gehöfts entsprechen die Funde der Ausgrabungen im südisländischen Tal von Thjórsárdalur, das um 1104 beim Ausbruch des Vulkans Hekla von Asche verschüttet wurde. Das einstmals fruchtbare Tal – zur Wikingerzeit gab es hier bis zu 20 Gehöfte – ähnelt noch heute einer Wüstenlandschaft.

Das Gehöft von Stöng

Die besonders gut erhaltenen Überreste eines dieser Gehöfte, die 1939 von der vulkanischen Ascheschicht befreit wurden und nun durch ein Dach geschützt sind, findet man im Mittelpunkt dieses Tales auf einer kleinen Anhöhe über einem Fluß. In Stöng fand man nur wenige Gegenstände, denn die Bewohner scheinen Zeit gehabt zu haben, zum Zeitpunkt des Vulkanausbruchs ihr Gehöft zu räumen. Aber der Grundriß und viele Einzelheiten sind erhalten. Sie dienten als Grundlage für die Rekonstruktion eines vollständigen Gehöfts mit den ursprünglichen Baumethoden. Es besitzt massive Torfmauern auf Steinfundamenten, die Wohnräume wurden innen mit Holz verkleidet, und um dieses vor Feuchtigkeit zu schützen, blieb es ohne Berührung mit den Außenwänden.

Die etwas über 12 m lange Haupthalle von Stöng beginnt im Anschluß an eine Vorhalle, die man durch die einzige Außentür betritt. In einer Ecke dieser Vorhalle befand sich ein rechteckiges Gebilde, das vielleicht die Bettkammer des Eigentümers oder seiner Frau war, vielleicht aber auch nur ein Lagerraum. Auf beiden Seiten

Das Gehöft von Stöng gehörte zu denjenigen, die beim Ausbruch des Berges Hekla um 1104 von Vulkanasche verschüttet wurden. Das war das Ende für die Gebäude und für die Fruchtbarkeit des ganzen Tales. *Unten rechts:* Kürzlich hat man eine vollständige Rekonstruktion in der Originalbauweise mit Torfwänden auf Steinfundamenten errichtet.

der mit Steinen eingefaßten langen Feuerstelle der Halle lagen die Schlafbänke; aus der Halle gelangte man in ein kleineres Wohnzimmer von 8 m Länge mit einer Feuerstelle in der Mitte und schmaleren Bänken, die nur zum Sitzen geeignet waren; in diesem Raum pflegte man Wolle zu spinnen. Einer der beiden Räume an der Rückseite des Gebäudes diente als Molkerei, in seinen Boden waren drei große Bottiche eingelassen. Der andere hintere Raum war von der Vorhalle aus zu betreten, er besaß Abzugsgräben an beiden Seiten; vermutlich lag hier die Toilette.

Östlich des Hauses liegt der Stall mit Rinderboxen aus vertikalen Steinplatten zu beiden Seiten eines gepflasterten Ganges, der die Reinigung erleichterte. In der Nähe stand ein Gebäude, das vermutlich als Scheune diente. Weiter weg lag die Schmiede mit einer eingelassenen Feuerstelle, einem Steinamboß, einem Becken zum Abkühlen des heißen Eisens und einem kleinen Mühlstein, der vermutlich zum Vermahlen von vulkanischer Asche zu rotem Farbstoff diente. Außerdem fanden sich viele Reste des von dem isländischen Schmieden verwendeten Raseneisenerzes. Gehöfte wie das von Stöng waren sicher typisch für das Island der späten Wikingerzeit.

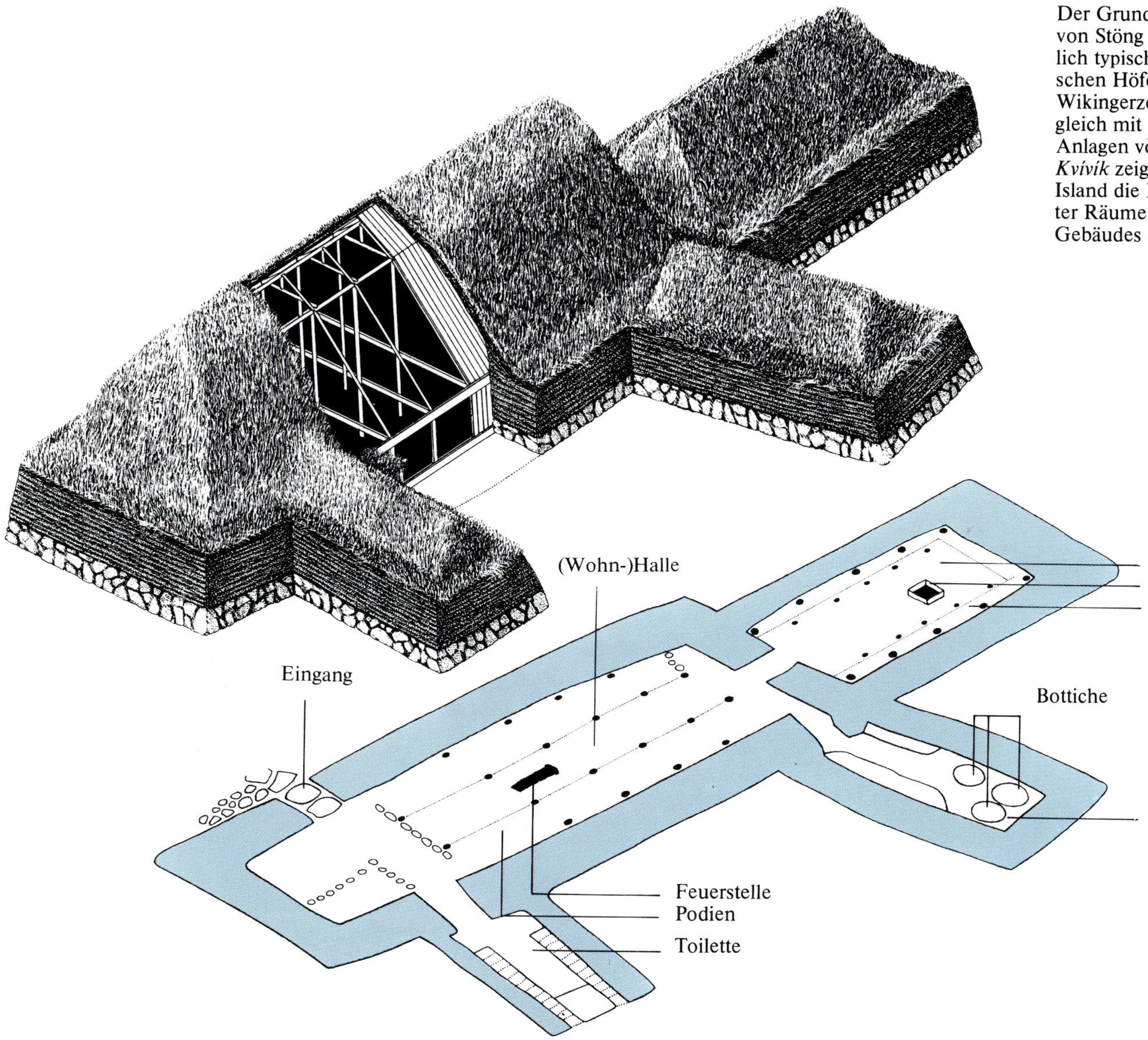

Der Grundriß des Gehöfts von Stöng war wahrscheinlich typisch für die isländischen Höfe der späten Wikingerzeit. Ein Vergleich mit den älteren Anlagen von Jarlshof und *Kvívík* zeigt, wie sich in Island die Idee abgetrennter Räume innerhalb eines Gebäudes entwickelte.

Grönland und Vinland

Blutfehden und Stürme waren die ersten Glieder einer Kette von zufälligen Ereignissen, die zur norwegischen Ansiedlung auf Grönland und zur Entdeckung Nordamerikas durch die Wikinger führten. Die Hauptfigur dieser aufregenden Abenteuergeschichte ist Erik der Rote – „rot" wegen seines Haares und Bartes aber wohl auch wegen seines streitsüchtigen Charakters –, er stammt aus Jæren, der fruchtbaren Gegend im Südwesten Norwegens. „Einige Tötungen", so behauptet die mittelalterliche Saga von seinen Entdeckungsreisen, waren die Ursache der schnellen Abreise des Jünglings Erik und seines Vaters nach der norwegischen Kolonie auf Island um 980. Doch Island sollte sich für ihn nicht als friedlicher erweisen als Norwegen und weitere Tötungen hatten seine Verbannung von der Insel zur Folge. Mit einen Gefolgsleuten floh Erik wieder per Schiff, diesmal auf der Suche nach einem Land im westlichen Ozean, das ein Mann namens Gunnbjorn vor etwa sechzig Jahren entdeckt hatte, als er auf der Fahrt von Norwegen nach Island weit vom Kurs abkam – ein namenloses Land, das seitdem niemand mehr besucht hatte.

Drei Jahre blieb Erik in der Fremde, dann kehrte er nach Island zurück und erzählte von *Grœnland*, dem Grünen Land. Er hatte bewußt diesen Namen gewählt, weil er anziehender auf Siedler wirkte als Eisland, denn er stellte vernünftigerweise fest: „Die Leute werden lieber dorthin gehen, wenn das Land einen anziehenden Namen hat." Aber der Name ist nicht völlig unzutreffend, wenn man an die inneren Buchten der großen Fjorde oder die Täler im Landesinneren denkt und dabei die nassen windigen Küsten und das von dickem Eis bedeckte Landesinnere vergißt.

Viele in Island waren bereit, auf Eriks Propaganda zu hören und ihm in ein Kolonisierungsabenteuer zu folgen. In jenem Sommer (etwa um das Jahr 985) sollen etwa 25 Schiffe nach Grönland in See gestochen sein. Aber die Reise ins Unbekannte barg ungeheure Gefahren, es heißt, daß nur 14 der 25 Schiffe das Ziel erreicht haben – einige mußten zurückkehren, während andere spurlos verschwanden.

Die östlichen und westlichen Siedlungen

Erik selbst überlebte und kehrte an den Fjord zurück, wo er sich selbst ein Haus gebaut hatte. Er „nahm Eiriksfjord nach dem Recht der Ansiedlung und lebte zu Brattahlid". Bauern konnten in Grönland nur in zwei 700 km auseinanderliegenden Gebieten um die Bucht von Julianehab und Godthab-Fjord leben, die später die Östlichen und Westlichen Siedlungen hießen (– wir würden sie heute richtiger als „Südliche und Nördliche Siedlungen" bezeichnen). Nur an diesen Buchten gab es Weideland für die Viehzüchter, die Rinder, Pferde, Schafe, Ziegen und einige Schweine mitgebracht hatten. Heute ist der Eiriksfjord von Oktober bis Mai zugefroren, aber obwohl das Klima damals milder war, war es ein hartes Leben.

In Grönland gab es auch keine Bäume, aber die Siedler hatten schon in Island gelernt, Gehöfte aus Torf und Steinen zu bauen und sie mit Treibholz auszufüttern und zu bedecken. Sie mußten in weiten Abständen siedeln, um das Grasland optimal zu nutzen für die Tiere, von denen ihr Lebensunterhalt abhing, und um genügend Heu zum Überwintern des Viehs zu sammeln. Heute bilden ihre Häuser, Ställe und Scheunen grasige Erdhügel zwischen grünem Grasland am Fuße der Berge. Weiter nördlich die Westküste aufwärts gab es reiche Jagd- und Fischgründe, und Strände, an denen man Treibholz sammeln konnte. Jagd und Fischerei waren wichtig, denn Rentiere, Hasen und Jagdvögel ergänzten den Speiseplan der Wikinger, und vor allem aßen sie Seehunde und Fische.

Julianehab und Godthab waren randständige Siedlungen für Leute, die in der traditionellen skandinavischen Wirtschaftsweise aufgewachsen waren, denn sie hingen zur Erfüllung vieler gewohnter Bedürfnisse vom Handel ab – im Gegensatz zu den sich selbst versorgenden Eskimos, mit denen sie später zusammenstießen und die schließlich ihren Platz übernahmen. Holz, Eisen und Getreide wurden immer benötigt, ganz abgesehen von Luxusgütern. Diese eingeführten Güter tauschte man gegen Pelze, Seehundhäute, Fellseile, Walroß- und Narwalstoßzähne, Wollstoffe und manchmal auch gegen wilde Grönlandfalken und sogar Polarbären. Vom 10. bis zum 12. Jahrhundert

Battahlid, der Ort, wo Erik des Roten Hof lag, befand sich im Herzen der östlichen Siedlung auf Grönland mit Blick über den Eriksfjord. Eriks Sohn Leif stach von hier aus in See, um als erster Skandinavier seinen Fuß auf nordamerikanischen Boden zu setzen.

blühten die Siedlungen (so daß uns fast 300 verfallene Gehöfte bekannt sind). Alles entwickelte sich gut, solange keine Veränderungen eintraten. Aber dann begannen das Nachlassen des Handels, die Verschlechterung des Klimas und Epidemien ihren Preis zu fordern, gleichzeitig zogen die Eskimos nach Süden, den Seehunden folgend, von denen ihr Überleben abhing. Mitte des 14. Jahrhunderts gab man die Westliche Siedlung auf; die Östliche Siedlung kämpfte noch weitere 150 Jahre.

Wenden wir uns aber Bjarni Herjolfsson zu, dem Mann, der vor Columbus Amerika entdeckte.

Der Weg nach der Neuen Welt

So wie Zufälle zur Entdeckung Grönlands geführt hatten, so spielten sie auch weiter eine Rolle. Als Bjarni Herjolfsson flaches, bewaldetes Land im Westen entdeckte, konnte es nicht Grönland sein, wohin er von Island aus aufgebrochen war. Er folgte seinen Eltern, die im selben Jahr mit Erik dem Roten losgesegelt waren, um sich dort anzusiedeln, aber im Nebel und bei Nordwind verlor er den Kurs. So wurde Bjarni um 985 vermutlich der erste Norweger, der Amerika sah – ja wahrscheinlich war er sogar der erste Europäer dort. Es sei denn, man nimmt an, daß St. Brendan oder ein anderer

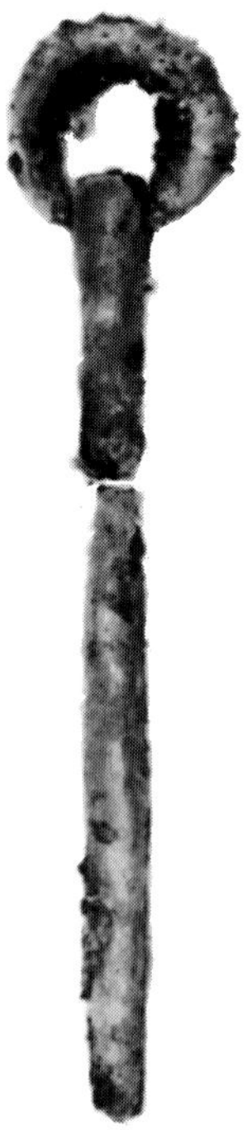

Diese bronzene Ringnadel, die man in L'Anse aux Meadows im Norden Neufundlands ausgrub, gehört zu einem Typ, der aus den norwegischen Fundstätten rund um den Atlantik bekannt ist.

Diese amerikanisch-indianische Speerspitze fand man auf der norwegischen Siedlung Sandnes in der Westlichen Niederlassung auf Grönland.

irischer Mönch es in einem Lederboot erreichte (und heimkehrte, um davon zu berichten). Aber Bjarni betrat nie die neue Küste, denn er war kein Entdeckungsreisender, sondern hatte eine Fracht nach Grönland zu befördern, das er schließlich auch erreichte.

Leif der Glückliche, Eriks Sohn, sollte als erster seinen Fuß auf den Boden der Neuen Welt setzen. Angeregt von Bjarnis Bericht folgte er dessen Spur in umgekehrter Richtung. Zuerst segelte er nach Helluland, dem Land der Platten Felsen, einem öden bergischen Gletschergebiet, bei dem es sich um den Südteil von Baffin Island handelte, südlich von Markland, dem Waldland – dies sicher die Küste von Labrador. Nachdem er zwei weitere Tage lang nach Südwesten gesegelt war, kam Leif nach Vinland, wie er es nannte, es handelte sich wahrscheinlich um Berry oder Vine Land, eine Insel nördlich vom Festland und durch ein Vorgebirge geschützt.

Hier errichtete Leif Erikson sein Winterlager und kehrte mit seinen Leuten im folgenden Frühling nach Grönland zurück. Durch seine Erzählungen angeregt, entschied sich sein Bruder Thorwald, dem gleichen Weg zu folgen.

Thorwalds Expedition entdeckte eine schöne, waldreiche Küste und begegnete auf der Rückreise als erste den Bewohnern Amerikas. In einer blutigen Auseinanderseitzung fand Thorwald durch einen Pfeil den Tod – vielleicht durch die gleiche Art von Pfeilspitze aus Labradorquarz, wie man sie 1930 bei Ausgrabungen in Sandnes in der Westlichen Siedlung Grönlands fand. Es fanden weitere Expeditionen statt, von denen die bekannteste die des Thorfinn Karlsefni ist, der versuchte, eine ständige Kolonie in Vinland zu gründen. Aber nach drei Wintern und ständigen Störungen durch die einheimischen Indianer kehrte seine Gruppe nach Grönland zurück.

Vinland

Vinland mit seinen frostfreien Wintern, wildwachsenden Weintrauben und Weizen wiederzufinden, war und ist das Ziel vieler Forscher – am Schreibtisch und im Boot. Denn obwohl Vinland bei Neufundland beginnen muß, ist es eine andere und bis heute nicht beantwortete Frage, wie weit die norwegischen Entdecker nach Süden gelangten. Wie könnten wir das feststellen? Als Beweise reichen die späteren isländischen Sagas oder die umstrittene Vinland-Karte oder der kürzlich bekannt gewordene, vereinzelte Fund einer norwegischen Münze in der Blue Hill Bay im Staate Maine nicht aus.

In den fünfziger Jahren unternahm der Norweger Helge Ingstad Entdeckungsreisen auf den Spuren seiner Vorfahren nach den grasreichen Gebieten des nördlichen Neufundland. Hier an der Epaves Bay, in die sich windungsreich der Black Duck Brook ergießt, gruben er und seine Frau L'Anse aux Meadows aus und entdeckten dort die ersten eindeutig von Norwegern aus Grönland hinterlassenen Ruinen. In mehreren Jahren grub man drei aus Torf erbaute Anwesen aus, jedes mit einem eigenen Haus; man fand auch eine einzeln gelegene Schmiede und mehrere Bootsschuppen. Materialanalysen stützen die Annahme, daß die Gebäude in der Wikingerzeit errichtet und bewohnt wurden. Aber der eindeutige Beweis, daß sie von Norwegern benutzt wurden, ergibt sich aus der Kombination mehrerer Faktoren. Den wichtigsten bildet eine bronzene Ringnadel, wie man sie auch in Norwegergräbern auf den Britischen Inseln, den Färöern und Island fand, dazu kommt ein Spinnwirtel vom gleichen Typ, wie man ihn aus den grönländischen Siedlungen kennt. Jedoch bleibt unklar, ob es sich um eine ständige Niederlassung handelte, denn keine Spuren deuten auf Viehhaltung durch die Bewohner hin und eine Pollenanalyse ergab nicht den Beweis, daß man damals dort Ackerbau trieb.

Möglicherweise stammen die verschiedenen Gebäudegruppen von aufeinander folgenden Expeditionen.

Die Vinland-Karte

Die Bedeutung der Entdeckungen Ingstads wurde zunächst überschattet durch die Aufregung im Zusammenhang mit der Veröffentlichung der Vinland-Karte im Oktober 1965. Es handelt sich um eine Weltkarte, die mit Tinte und Feder auf ein dünnes Pergament gezeichnet ist. Im

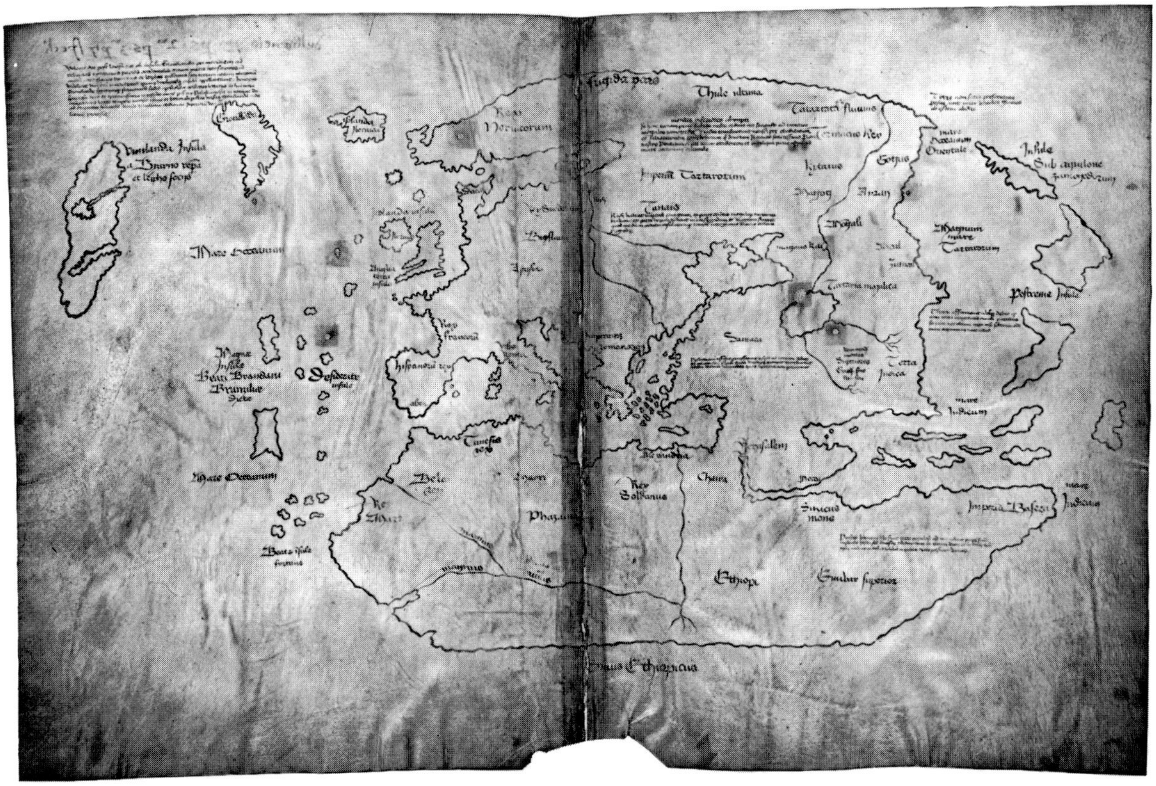

Die mit Feder und Tinte gezeichnete Vinland-Karte soll angeblich aus dem 15. Jahrhundert stammen. U.a. berichtet sie von der Entdeckung Grönlands durch Bjarni und Leif. Verschiedene Eigenarten, darunter die Art der verwendeten Tinte, legen aber den Schluß nahe, daß es sich um eine Fälschung des 20. Jahrhunderts handelt.

nordwestlichen Atlantik ist westlich von Grönland Land eingezeichnet, das als „Insel Vinland, gemeinsam entdeckt von Bjarni und Leif" bezeichnet wird. Die Karte wurde damals etwa auf 1440 datiert, aber sofort bezweifelte man ihre Echtheit aus verschiedenen Gründen, darunter der Tatsache, daß sie verschiedene Einzelheiten enthält, die nicht dem Erkenntnisstand der europäischen Kartographie des Mittelalters entsprechen. So ist Grönland eindeutig als Insel eingezeichnet; das legt nahe, daß die Karte erst nach 1890 entstanden sein dürfte. Schließlich hat man die Tinte untersucht und festgestellt, daß sie einen Farbstoff enthält, den es erst seit 1917 gibt. Aus diesen Gründen scheint die Karte eine Fälschung aus unserem Jahrhundert zu sein; aber einige glauben immer noch, daß sich Beweise für ihre Echtheit finden werden. Wie dem auch sei, die Bedeutung dieser Karte hinsichtlich der Entdeckung Amerikas durch Norweger ist in der Presse stark übertrieben worden, denn sie enthält keine Fakten über die Wikingerzeit, die nicht schon vorher aus schriftlichen Quellen bekannt waren.

Das Ende der Niederlassungen

Den Norwegern gelang es, sich etwa 500 Jahre lang in einem winzigen Teil der riesigen Insel Grönland zu halten. Aber zu diesem Zweck mußte man ständig Handelsreisen durchführen, um die Kolonien zu versorgen. Schließlich erwies sich dieser Außenposten im Westen als zu weit abseits gelegen, der Handel wurde immer geringer und hörte schließlich ganz auf. Die Siedlungen in Nordamerika lagen noch weiter ab, denn dort hin wurden nie regelmäßige Verbindungen geschaffen, um Kolonien zu unterstützen. Wer dort siedelte mußte sich auf lokale Ressourcen stützen – oder auf eigene Faust nach Grönland zurückkehren – und dort hing er wie die Grönländer von Nachschub aus Island und Norwegen ab. Es überrascht daher nicht, daß wir kaum Spuren ständiger Wikingerniederlassungen in Amerika kennen, denn es kann nur ganz wenige gegeben haben. Immerhin hat die norwegisch-isländische Grönland-Kolonie noch die zweite Entdeckung Amerikas durch Columbus erlebt und wenigstens einen gewissen Wohlstand erreicht.

5808:3

Händler

Silber stellte für die Wikinger das begehrteste Gut dar. Skandinavische Händler reisten mit Pelzen und Sklaven über die großen russischen Flüsse, um mit arabischen Silbermünzen heimzukommen. Andere Wikinger trieben Handel oder plünderten in Westeuropa, um Münzen oder Gegenstände aus Silber und Gold zu erhalten. Aus Gründen der Sicherheit vergruben die Wikinger ihre Schätze in Horten, von denen so mancher von seinem Besitzer nicht wiedergefunden wurde.

Handel und Städte

Die Vorstellung vom Wikinger als Händler statt als räuberischer Krieger scheint zunächst etwas seltsam, doch gerade auf diesem Gebiet erbrachten die Wikinger erstaunliche und dauerhafte Leistungen. Durch Piraterie konnte man kaum solch ein regelmäßiges Einkommen erzielen wie etwa durch die Versorgung der Araber mit Sklaven im Austausch gegen Silber.

Erste kleine Handelszentren waren in Skandinavien schon vor dem 9. Jahrhundert entstanden, aber mit dem großen Wachstum des Handels während der Wikingerzeit entstanden größere Städte. Viele waren königliche Gründungen wie Haithabu in Dänemark und Bergen in Norwegen, denn die skandinavischen Könige waren natürlich bemüht, den Handel zu kontrollieren, da die Besteuerung der Händler eine bedeutende Einnahmequelle des Staates war.

Der Handel im Ostseeraum wurde durch die Gründung schwedischer Niederlassungen an

Wikingerhändler
Die auf den großen russischen Flüssen reisenden Wikingerhändler drangen weit nach Osten vor. Hier fanden sie Anschluß an die internationalen Karawanenstraßen und trafen fremde Händler mit Gütern aus so fernen Ländern wie China und Persien. Andere Wikingerkaufleute trieben im Westen Handel mit England und dem Fränkischen Reich.

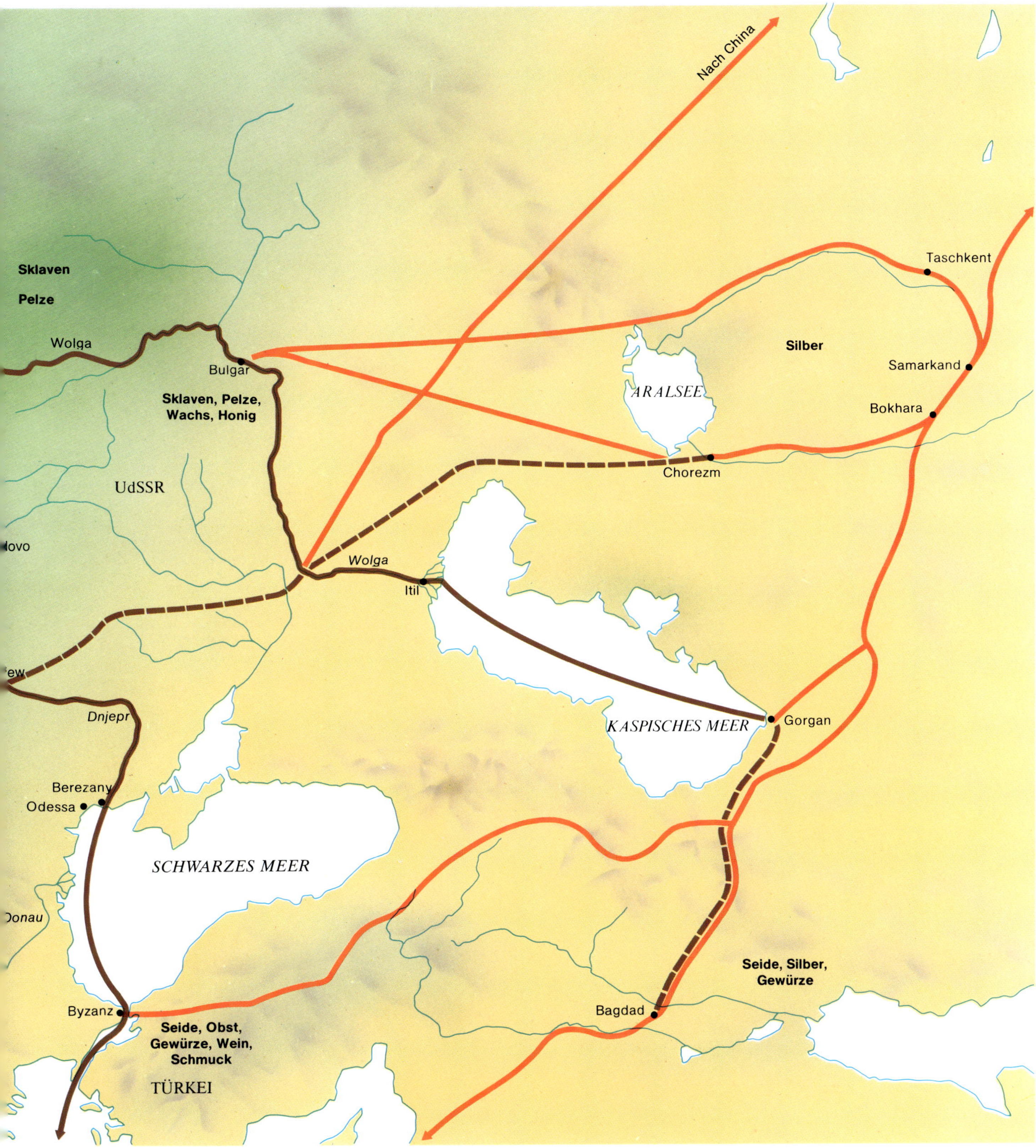
Nach China
Taschkent
Sklaven
Pelze
Wolga
Bulgar
Silber
Samarkand
ARALSEE
Sklaven, Pelze,
Wachs, Honig
Bokhara
Chorezm
UdSSR
Wolga
Itil
Dnjepr
Gorgan
KASPISCHES MEER
Berezany
Odessa
SCHWARZES MEER
Seide, Silber,
Gewürze
Byzanz
Seide, Obst,
Gewürze, Wein,
Schmuck
Bagdad
TÜRKEI

der Ostküste der Ostsee gefördert, etwa in Grobin im Westen Litauens, das den Handel nach Osten auf der Weichsel beherrschte, oder in Wollin an der Odermündung – das Adam von Bremen 1070 als die größte Stadt Europas bezeichnete (damals stand es allerdings noch unter slawischer Herrschaft). Der Handelsverkehr war in Skandinavien und dem Ostseeraum sehr intensiv, aber die große Errungenschaft der Wikingerzeit bestand im regelmäßigen Fernhandel, denn Ende des 10. Jahrhunderts hatten Wikingerkaufleute ein Netz von Handelswegen geschaffen, das von Island bis zum Kaspischen Meer reichte.

Links: Diese Gläser, die man in Birka fand, waren Luxusgegenstände für die Reichen, die man aus dem Rheinland einführte. *Oben:* Ein arabisches Glas und eine glasierte Tasse aus Persien gelangten als Reisemitbringsel nach Schweden. *Unten:* Dieser Bronzegriff mit Emaileinlagen, den man in Helgö fand, stammt aus Irland. Es kann sich um die geraubte Spitze eines Krummstabs handeln.

Den Kaufleuten ging es vor allem um Silber aus dem Osten. Dagegen tauschten sie Pelze, Honig, Wachs, Waffen und Sklaven. Unter den übrigen die Jahrhunderte überdauernden Einfuhrgütern nach Skandinavien waren die exotischsten wohl die Andenken und Kuriositäten aus der Ferne: ein Buddha, ein farbiges arabisches Glas, eine glasierte Tasse aus dem Iran und ein Kohlenbecken in Form einer Moschee – all diese Stücke fand man in Schweden. Auch mit Seide trieb man Handel; man fand sie in den Gräbern reicher Leute. Sie kam vor allem aus dem Byzantinischen Reich, aber einige Stücke stammen auch aus China. Handelsgüter aus Westeuropa waren weniger luxuriös – Tuche aus Friesland, schwarzer Basalt aus der Eifel für Mühlsteine – aber es gab auch Luxuswaren wie Fässer mit Wein vom Rhein sowie Keramikkrüge und Trinkgläser dazu.

Haithabu

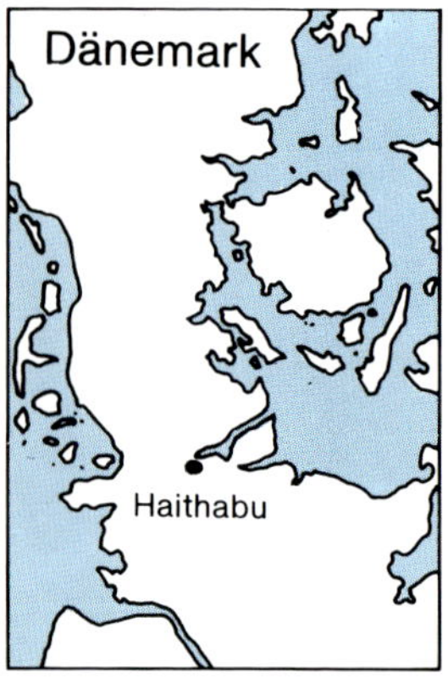

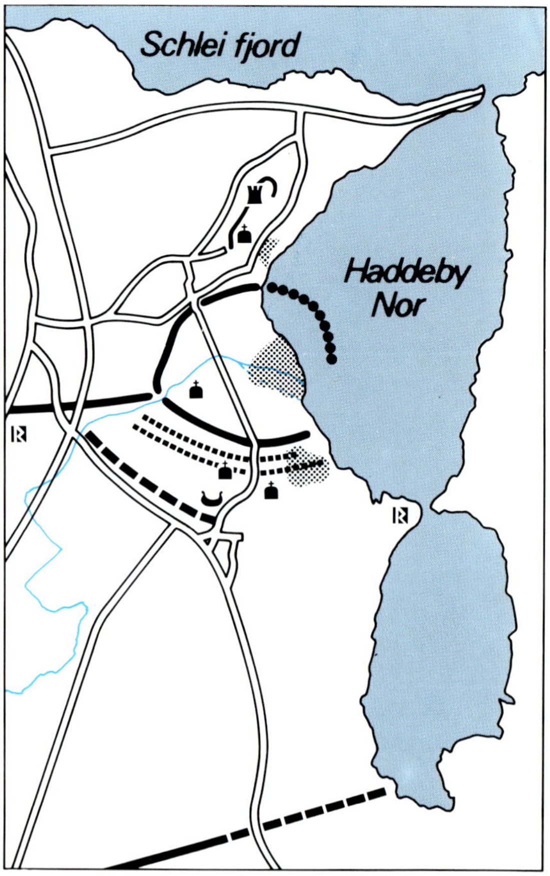

Haithabu verdankt seinen Aufstieg seiner Schlüsselposition am Fuße Jütlands. Diese Karte zeigt den Wall, die frühen Siedlungsgebiete und den heutigen Verlauf des Baches. Eine gestrichelte Linie markiert den Bachlauf während der Wikingerzeit.

Schleswig ist eine große Stadt am Rande des Weltmeers.” Dies schrieb At-Tartushi, ein arabischer Händler aus dem Kalifat von Cordoba nach einem Besuch in Haithabu um 950; denn die Stadt, die die Dänen „Haithaby” nannten, hieß bei ihren südlichen Nachbarn, den Sachsen, „Sleswic”. Zu Recht nannte es der weitgereiste At-Tartushi eine große Stadt.

Als At-Tartushi dort war, gab es jedoch noch nicht jenes Wahrzeichen, das Haithabu selbst heute noch zu einer beeindruckenden Stätte macht: den riesigen, halbkreisförmigen Schutzwall. Man nimmt an, daß er Ende des 10. Jahrhunderts erbaut wurde, danach soll er bei verschiedenen Gelegenheiten repariert und wieder aufgebaut worden sein, bevor die Stadt Mitte des 11. Jahrhunderts aufgegeben wurde. Dieser Wall setzt sich als kurvenförmige Palisade im Wasser des Haddebyer Noores fort, jener schmalen Bucht, die gleichermaßen als geschützter Hafen wie als Zugang zur Schlei und damit zur Ostsee diente. Der Schutzwall war mit dem Danewerk verbunden, jenem System großer Erdwälle, das die dänische Grenze schützte.

Haithabu verdankte seinen Erfolg als Handelsstadt, Mittelpunkt des Handwerks und Hafen seiner Grenzlage am Fuße der Halbinsel Jütland, die ihm die Kontrolle über die wichtigsten Handelswege von Westeuropa zur Ostsee sicherte. Der *Heerweg*, die Verlängerung der großen transeuropäischen Landwege nach Norden, kreuzte in der Nähe von Haithabu das Danewerk. Wichtiger war jedoch der Verkehr von der Nordsee zur Ostsee, der die gefährliche Seereise rund um Jütland vermied und die kürzeste Strecke über Land hinter dem Schutz des Danewerks und damit durch Haithabu nahm. Hollingstedt, knapp 20 km westlich von Haithabu am Treeneufer gelegen, war der wichtigste Entladehafen für Güter, die aus Westeuropa und von noch weiter her kamen.

Aus den Fränkischen Reichsannalen erfahren wir zum Jahre 804, daß Godfred von Dänemark, nachdem er die slawische Stadt Rerik (Rostock?) zerstört hatte, die dortigen Händler nach Haithabu verbrachte: Eine kluge politische Tat, denn die Stadt wuchs und gedieh und wurde so wohlhabend und begehrenswert, daß sie sich abwechselnd in dänischen, schwedischen und deutschen Händen befand.

Die erste Ansiedlung, die Südsiedlung, war wohl eine friesische Gründung. Sie lag südlich des Bachs und des späteren Walls, mit einem Friedhof im Westen. In ihren Schichten aus dem späten 8. Jahrhundert fand man Bernstein- und Metallarbeiten und Einfuhrgüter wie Steine aus der Eifel und Münzen aus Friesland. Ab Anfang des 9. Jahrhunderts gab es auch eine kleine Nordsiedlung. Beide Plätze gab man jedoch Ende des 9. Jahrhunderts auf. Zu dieser Zeit bestand die Mittlere Siedlung schon seit etwa 100 Jahren.

Man hatte sie um 800 neben dem Haithabu-Bach gegründet. Sie besaß einen eigenen Friedhof im Westen. In den folgenden Jahren leitete man den Flußlauf um und befestigte seine Ufer,

während sich die Siedlung zu beiden Seiten ausdehnte. Die rechtwinkelige Anlage der Straßen parallel zum Bach und die offensichtlich durch Vorschriften festgelegte Gebäudegröße deuten darauf hin, daß über die Stadtentwicklung von Anfang an, vermutlich unter Godfreds Regiment, eine strenge Kontrolle herrschte. Später errichtete man den Schutzwall um die Mittlere Siedlung, jedoch wissen wir noch nicht, wie dicht das Gebiet innerhalb des Walls besiedelt war.

Oberhalb der Nördlichen Siedlung liegt ein kleiner Hügel, der heute bewaldet ist. Auf seiner Kuppe befindet sich eine längliche Befestigung, die aus zwei verschiedenen, aber nicht datierten Zeitabschnitten stammt. Da sie nie bewohnt

Oben: Das einst große Handelszentrum Haithabu stellt heute einen Flickenteppich kleiner Felder dar. Über der Erde sieht man von den Überresten nur noch den gewaltigen Halbkreiswall. Teilweise noch 9 m hoch, umschließt er ein Gebiet von 250000 m², das ist etwa das Doppelte der Fläche von Birka.

war, handelt es sich wahrscheinlich um eine Fluchtburg – vielleicht diente sie diesem Zweck vor der Errichtung des Walls – denn ihre Lage ähnelt der der Burg außerhalb von Birka.

Im Unterschied zu den reichen Gräberfeldern von Birka fand sich auf den fünf Friedhöfen von Haithabu nur eine außergewöhnliche Bestattung, die eines Kriegers in einer Grabkammer unter einem Boot. Eindeutig war Haithabu schön früh unter christlichem Einfluß, denn tausende von Toten auf den westlichen und südlichen Friedhöfen hat man mehr oder weniger auf christliche Weise bestattet. Die ausgegrabenen Skelette zeigen, daß die Lebenserwartung etwa 40 Jahre betrug.

Haithabu lag immer äußerst tief und ein langsam steigender Wasserspiegel hatte zur Folge, daß die meisten Siedlungsschichten der Mittleren Siedlung unter Wasser gerieten. Unter solchen Bedingungen bleiben Bauholz und andere organische Überreste bemerkenswert gut erhalten. Die oberste Schicht der Mittleren Siedlung wurde in den dreißiger Jahren von Professor Jankuhn ausgegraben, neue und größere Ausgrabungen fanden in den sechziger Jahren unter Dr. Schietzel statt, der das Grundwasser aus den Grabungsflächen abpumpte und die natürliche Sandschicht erreichte, auf der Haithabu gegründet worden war.

Durch Auszählen und Studium der Jahresringe an den erhaltenen Bauhölzern von Haithabu konnte man eine datierte Abfolge der Errichtung der ausgegrabenen Gebäude erarbeiten. Danach scheint es, daß ein Haus nur durchschnittlich dreißig Jahre gestanden hat. Mußte ein Haus ersetzt werden, machte man es dem Erdboden gleich und errichtete darüber ein neues.

Von Beginn dieser Siedlung an waren die Grundstücke der Kaufleute und der Handwerker eingezäunt, oft mit Zäunen aus Weiden-Flechtwerk, und trugen ein Wohngebäude und ein Lagerhaus oder eine Werkstatt.

Nur ein solches Nebenhaus besaß einen Viehstall, aber vielleicht gab es am Ortsrand weitere Stallgebäude. Viele Grundstücke besaßen einen hölzernen Brunnen.

Die Häuser waren im allgemeinen mit Reet gedeckt, mit einem Loch für den Rauchabzug. Abgesehen von der zentralen Feuerstelle wissen wir nur wenig über die innere Raumaufteilung, doch waren zumindest einige Häuser in getrennte Räume unterteilt. Ein guterhaltenes Haus besaß drei Räume: einen Wohnraum mit einer Feuerstelle in der Mitte und seitlich daneben je einen kleineren Raum, davon enthielt einer einen großen Backofen.

Im 10. Jahrhundert scheint Haithabu seinen Zenit überschritten zu haben und sein Abstieg begann. Nachdem Harald der Harte von Norwegen kurz vor 1050 die Stadt niedergebrannt und die Slawen sie 1066 geplündert hatten, erholte sie sich nicht mehr. Ihre Einwohner zogen nördlich der Schlei an die Stelle des heutigen Schleswig, und Ende des 11. Jahrhunderts hatte man Haithabu aufgegeben.

Die Häuser im Zentrum der Siedlung von Haithabu baute man in einigem Abstand von den Wegen, aber giebelständig. Sie waren rechteckig, und ihre Maße betrugen durchschnittlich 6 m mal 15 m. Einige waren aus waagerechten Brettern errichtet, andere in „Stabbauweise" mit senkrechten Brettern, die meist aus keilförmigen Teilen von Baumstämmen bestanden, wieder andere waren aus Flechtwerk mit Stroh und Dung zur Abdichtung der Wände. Kleinere Häuser für die ärmeren Einwohner fand man anderswo in der Niederlassung. Hier handelte es sich um einfache Flechtwerkhütten (3 m mal 3 m) mit tiefliegendem Boden und einer Feuerstelle in einer Ecke.

Birka

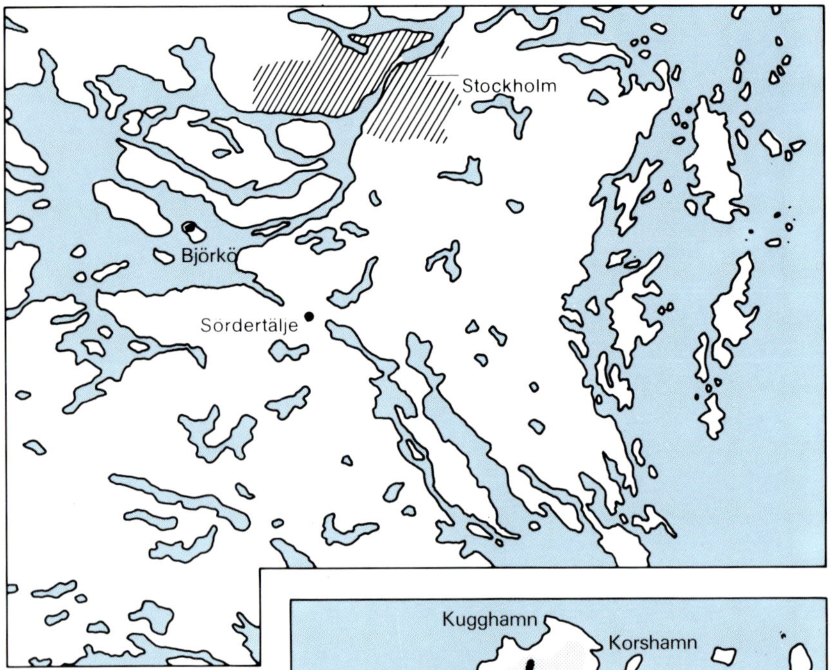

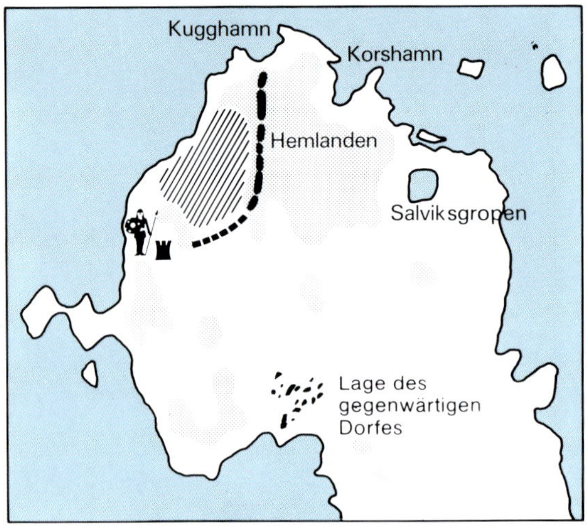

„Garnison"
Höhenburg
Schwarze Erde

Ein Schwarzerdegebiet liegt in der Mitte des 125000 m² großen Siedlungsareals der schwedischen Stadt Birka am Nordende einer Insel im Mälarsee. Birka ist von etwa 3000 Gräbern aus dem 9. und 10. Jahrhundert umgeben. Oberhalb der Stadt liegt ein Burgberg, mit dem Birka im 10. Jahrhundert durch einen Wall verbunden war, der die Stadt umschloß. Nördlich und östlich der Siedlung gab es drei Häfen.

Die schwedische Stadt Birka wurde um 800 auf der Insel Björkö im Mälarsee gegründet, wo Wasserwege von Süden und Osten zusammentreffen. Die Wahl Birkas als Handelszentrum kann durch die Tatsache beeinflußt worden sein, daß es auf der nahegelegenen Insel Adelsö ein königliches Gut gab. Wir wissen, daß Birka von einem Vertreter des Königs regiert wurde und sein eigenes Thing besaß. Obwohl Birka im 10. Jahrhundert eine Bevölkerung von etwa 1000 Einwohnern hatte, war die Stadt völlig verschwunden, als Adam von Bremen 1070 über sie schrieb.

Die Küstenlinie von Björkö hat sich seit der Wikingerzeit verändert, da der Wasserspiegel sank, wodurch sich auch das Aussehen der Häfen von Birka veränderte. Aber immer noch beherrscht eine kleine Befestigung auf einem Hügel am südlichen Ende die Örtlichkeit. Die Befestigung diente möglicherweise den Einwohnern als Fluchtstätte, bevor die Stadt im 10. Jahrhundert einen Schutzwall erhielt. Diese ging wie in Haithabu halbkreisförmig vom Wasser aus, ist aber nur noch teilweise erhalten. Sie hat sechs Lücken auf der Seite, die dem großen Friedhof von Hemlanden gegenüberliegt: Hier kann es sich kaum bei allen um Tore gehandelt haben, wahrscheinlich standen dort einst hölzerne Wachttürme, die durch eine Palisade verbunden waren, die oben auf dem etwa 1,80 m hohen aber 6 bis 12 m breiten Erdwall entlanglief.

Dieser Erdwall umschließt ein Gebiet von etwa 40 Morgen Land, die sogenannte „Schwarze Erde" – diese Erde ist durch ihren hohen Gehalt an Holzkohle und organischen Abfällen aus anderthalb Jahrhunderten intensiver Besiedlung dunkel geworden. Bisher fanden hier erst wenige Ausgrabungen statt, daher wissen wir nichts über die innere Anlage der Stadt, doch hat man sowohl Häuser aus verputztem Flechtwerk als auch aus Holz entdeckt. Aus dem Schutt der Gewerbebetriebe kann man auf Eisenverarbeitung, Bronzegießereien, Lederverarbeitung und das Schnitzen von Knochen und Geweih schließen – ein breitgefächertes Handwerk, ähnlich wie in Haithabu. Eine größere Anzahl von Gewichten deutet auf die Kaufleute mit ihren tragbaren Silberwaagen hin, denn Birka war in erster Linie ein Stapelplatz, wohin die Händler alle Arten von Gütern zur Verteilung und zum Versand brachten.

Vermutlich gab es Märkte im Sommer und Winter. Im Winter brachten die Fallensteller und Zwischenhändler Pelze auf Schlittschuhen und Schlitten über das Eis; im Sommer kamen die Handelsschiffer mit ihren Gütern. Das Ufer wurde wie in Haithabu durch eine Palisade geschützt und es gab sogar Molen vor dem Gebiet der „Schwarzen Erde". Die Naturhäfen von Kugghamn, dem Frachtboothafen, und Korshamn, dem Kreuzhafen, boten noch mehr

Das Schwarzerdegebiet von Birka bildet heute ein offenes Feld (hier von Norden gesehen), das teilweise von den Überresten des Erdwalls umschlossen ist. Bäume bedecken die Grabhügel des großen Friedhofs von Hemlanden im Vordergrund, im Hintergrund erhebt sich der nackte Fels der Burg auf der Anhöhe, die von einem modernen Kreuz zu Ehren des Heiligen Ansgar überragt wird.

Schutz. Aber wegen des großen Bedarfs an sicheren Ankerplätzen schuf man einen künstlichen Hafen im Osten der Insel, der heute Salviksgropen heißt.

Wir wissen, daß Eisen von Schweden nach Haithabu befördert wurde, aber der Pelzhandel war wahrscheinlich die Hauptquelle des Wohlstands von Birka. Die Händler brachten die Pelze entweder zum Weitertransport nach Westeuropa nach Haithabu oder über die Ostsee und die russischen Ströme ins Östliche Kalifat des Arabischen Reiches, um sie dort gegen Silber zu tauschen. Der Silberschatz, den man in der „Schwarzen Erde" in den letzten Jahren Birkas um 960 oder 970 vergrub, enthielt arabische Münzen.

Unsere wichtigsten Kenntnisse über die verschiedenen Luxusgüter, die man nach Birka schaffte, verdanken wir den Ausgrabungen, die Hjalmar Stolpe Ende des 19. Jahrhunderts in fast 1200 der etwa 3000 Gräber rund um die „Schwarze Erde" durchführte. Neben Münzen umfaßten die Einfuhren Wein, Töpferwaren und Glas, Bronzegeschirr, Waffen und Seide. Sie zeigen die Verbindungen Birkas mit West- und Osteuropa und dem westlichen Asien sowie mit den Lappen im Norden und mit den anderen skandinavischen Königreichen.

Birkas Ende hatte zwei Gründe: den Niedergang des Fernhandels und das Sinken des Wasserspiegels. Am südlichen Wasserweg von Birka zur Ostsee hatte man immer bei Södertälje die Schiffe eine kurze Strecke über Land schleppen müssen, aber diese Strecke dehnte sich jetzt fast bis auf einen Kilometer aus. Birka wurde verlassen, obwohl die Insel weiter bevölkert war, ihre Rolle als Mittelpunkt des Handwerks und regionaler Markt ging auf Sigtuna über, während sich der Ostseehandel nach Gotland verlagerte. Entscheidend für diesen Niedergang war auch, daß diese Siedlung auf die Bedürfnisse der Fernhändler zugeschnitten war, ein Umschlagplatz, an dem sie sicher sein konnten, andere Händler zu treffen.

Kaupang

Ausgrabungen in Kaupang, das an einem natürlichen Hafen am Westufer des Oslofjords im Süden von Norwegen liegt, haben die Reste eines kleinen aber anscheinend wohlhabenden Handels- und Handwerkszentrums freigelegt. Diese Siedlung blühte im 9. Jahrhundert, entwickelte sich aber nie so wie Haithabu oder Birka. Ihre Rolle als Marktort des Nordseehandels übernahmen die Wikingerstädte York und Dublin.

Die norwegische Niederlassung Kaupang – der Name bedeutet „Marktplatz" – liegt an der Westseite der Einfahrt zum Oslofjord im wohlhabenden Gebiet von Vestfold im südlichen Norwegen. Das Schwarzerdegebiet ist hier weit kleiner als in Birka und wurde später intensiv landwirtschaftlich genutzt, dennoch konnte Charlotte Blindheim einige sehr erfolgreiche Ausgrabungen durchführen. Westlich der kleinen Bucht grub sie gleich am Wasser eine Gruppe von Häusern und Werkstätten mit dazugehörenden Brunnen aus. Am Ufer gab es steinerne Landebrücken. Unter den gefundenen Holzgegenständen befand sich ein bemerkenswert schwerer Anker. Die wichtigsten Zweige des Handwerks widmeten sich der Bearbeitung von Metallen (besonders Eisen, aber auch Silber und Bronze wurden zu Barren und Schmuck verarbeitet) und der Herstellung von Specksteingeschirr, das den Hauptexportartikel nach Jütland und Haithabu darstellte.

Münzen und Scherben von aus dem Rheinland eingeführten Töpferwaren, wie man sie ähnlich auch in Haithabu und Birka fand, beweisen, daß Kaupang seit dem späten 8. Jahrhundert und während des größten Teils des 9. Jahrhunderts bestand. Es muß sich um einen bedeutenden regionalen Marktmittelpunkt gehandelt haben. Nach Kaupang kamen die seefahrenden Händler aus dem Norden mit ihrer Fracht: Pelze, Häute, Federn, Walroßstoßzähne und die vielgerühmten Seile aus Walroßhaut. Die umliegenden Gräberfelder enthalten die Grabstätten reicher Händler-Bauern und ihrer Frauen; zu den Grabbeigaben zählen viele Schmucksachen von den Britischen Inseln, die (zusammen mit den rheinischen Einfuhren) zeigen, daß sich die Handelsinteressen Kaupangs auf das Nordseegebiet konzentrierten.

Kaupang blieb wahrscheinlich immer ein saisonaler Markt, es entwickelte nie eine solche Bedeutung wie Haithabu oder Birka; und es wurde nie befestigt. Der norwegische Handel war im 10. Jahrhundert weiterhin nach Westen ausgerichtet, nach Island und den Britischen Inseln, wo seine Brennpunkte die skandinavischen Städte York und Dublin waren.

York und Dublin

Die Wikinger übernahmen York von den Angelsachsen und machten es zur Hauptstadt eines eigenen Königreichs. Skandinavische Kaufleute kamen mit ihren Schiffen von der Nordsee die Ouse hinauf (im Vordergrund) wie schon die Römer vor ihnen. Hinter dem Münster von York sieht man die Mauern der mittelalterlichen Stadt, erbaut auf den Wällen des römischen Forts, die man auch zur Verteidigung der Wikingerstadt benutzte.

Unter den Wikingerfunden von York befindet sich dieses bronzene Ortband am Ende einer Schwertscheide, verziert im Jellinge-Stil. Die Ausgrabungen in York bereichern und verändern unsere Kenntnisse von den Häusern, Werkstätten und Tätigkeiten seiner angloskandinavischen Einwohner.

In York ließen sich die Dänen in einer schon blühenden angelsächsischen Stadt nieder, die bereits über feste Handelsbeziehungen, besonders mit Friesland, verfügte. Man erschloß neue Verbindungen mit Skandinavien und um das Jahr 1000 soll York „voll der Schätze von Händlern meist dänischer Rasse" gewesen sein.

Die Stadt besaß ein Gebiet intensiver gewerblicher und kommerzieller Tätigkeit südlich der römischen Befestigung in dem Winkel, den die Flüsse Ouse und Foss bilden (allerdings war der Lauf des letzteren ein wenig anders als heute). Die nordwestlichen und nordöstlichen Mauern der römischen Befestigung hatte man erhalten und benutzte sie weiter (sie stehen heute noch, überbaut von den mittelalterlichen Befestigungen), aber an den anderen Seiten waren die Mauern verfallen und die Steine waren geraubt. Im Nordosten hatte man die alte Mauer durch eine Uferbefestigung aus Ziegelsteinen entlang dem Foss-Fluß verlängert und an den nicht mit Mauern versehenen Seiten hielt man die Flüsse wohl für einen ausreichenden Schutz. Auf dem befestigten Gebiet lagen das angelsächsische Münster, etwa an der Stelle seines großen Nachfolgers, und vermutlich auch der Palast der Wikingerkönige. Ausgrabungen durch den York Archaeological Trust in den voll Wasser gesogenen Schichten des anglo-skandinavischen York haben Einzelheiten der Werkstätten aus dem 10. Jahrhundert (Coppergate) enthüllt, sowie viele Abfälle von Drechslereien neben denen anderer Handwerkszweige. In High Ousegate entdeckte man zu Beginn dieses Jahrhunderts Gerbgruben; Häute verarbeitete man in Pavement und Schuster arbeiteten in Feasegate und Hungate. In der Vorstadt jenseits der Ouse fand man um die Kirche von St. Mary-Bishophill Junior Wikingergräber über Schichten mit Überresten einer Fischverarbeitungsanlage.

Dublin

In Dublin eroberten die Wikinger nicht eine bereits bestehende Stadt, sondern sie gründeten ein eigenes Handelszentrum, daß im 10. Jahrhundert einen großen Wohlstand erlangte. Dublin besaß vom Standpunkt der Wikingerkaufleute eine ideale Lage. Nach Norden gingen von hier ihre Wege über die Hebriden zu den Orkneys und Shetlands und dann entweder nach Island über die Färöer oder direkt nach Norwegen. Jenseits der Irischen See lag Chester, die Verbindung zu den angelsächsischen Kaufleuten. Südwärts ging es ins Karolingische Reich und sogar zu den Arabern in Spanien. In Dublin gibt es ebenfalls unter Wasser geratene Siedlungsschichten aus der Wikingerzeit, und jahrelange geduldige Ausgrabungsarbeiten durch Breandán Ó Ríordáin und kürzlich durch Pat Wallace haben einige zeitlich aufeinanderfolgende Schichten von kleinen und dichtgedrängten Häusern aus Flechtwerk und sogar ein typisch skandinavisches Holzhaus zu Tage gefördert. Unter den Bewohnern der untersuchten Gegend um die Christ-Church-Kathedrale, dort wo sich später das Zentrum des mittelalterlichen ummauerten Dublin befand, waren die Metallverarbeiter und die Kammmacher besonders stark vertreten. Das Dublin der Wikinger besaß seine eigenen Verteidigungsanlagen: Zuerst einen Erdwall, der bereits lange vor der anglo-normannischen Eroberung von 1170 durch eine Steinmauer ersetzt wurde.

Zwar war Dublin bei weitem die erfolgreichste und wichtigste Stadt, die Irland den Wikingern verdankt, aber auch Limerick und Cork, Wexford und Waterford entwickelten sich aus Handelszentren der Wikinger zu Städten.

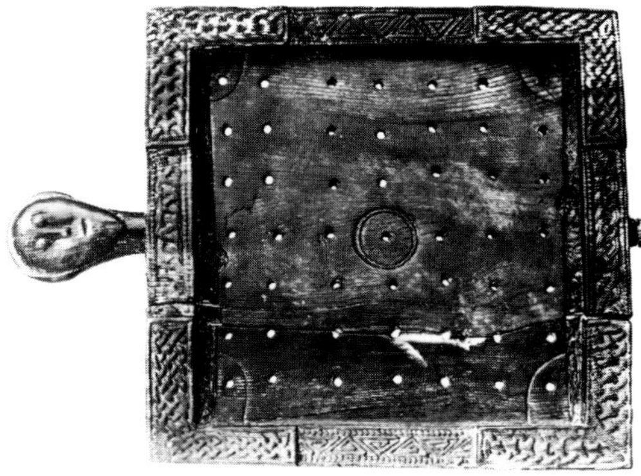

Rechts: Dies einzigartige Brettspiel aus dem 10. Jahrhundert fand man bei Ballinderry – einer einheimischen irischen Siedlung. Aber seine Verzierungen einschließlich des Ketten-Musters im skandinavischen Borre-Stil legen die Vermutung nahe, daß es im Dublin der Wikinger hergestellt wurde. Es gehörte vielleicht zu dem beliebten Wikingerbrettspiel *hnefatafl.*

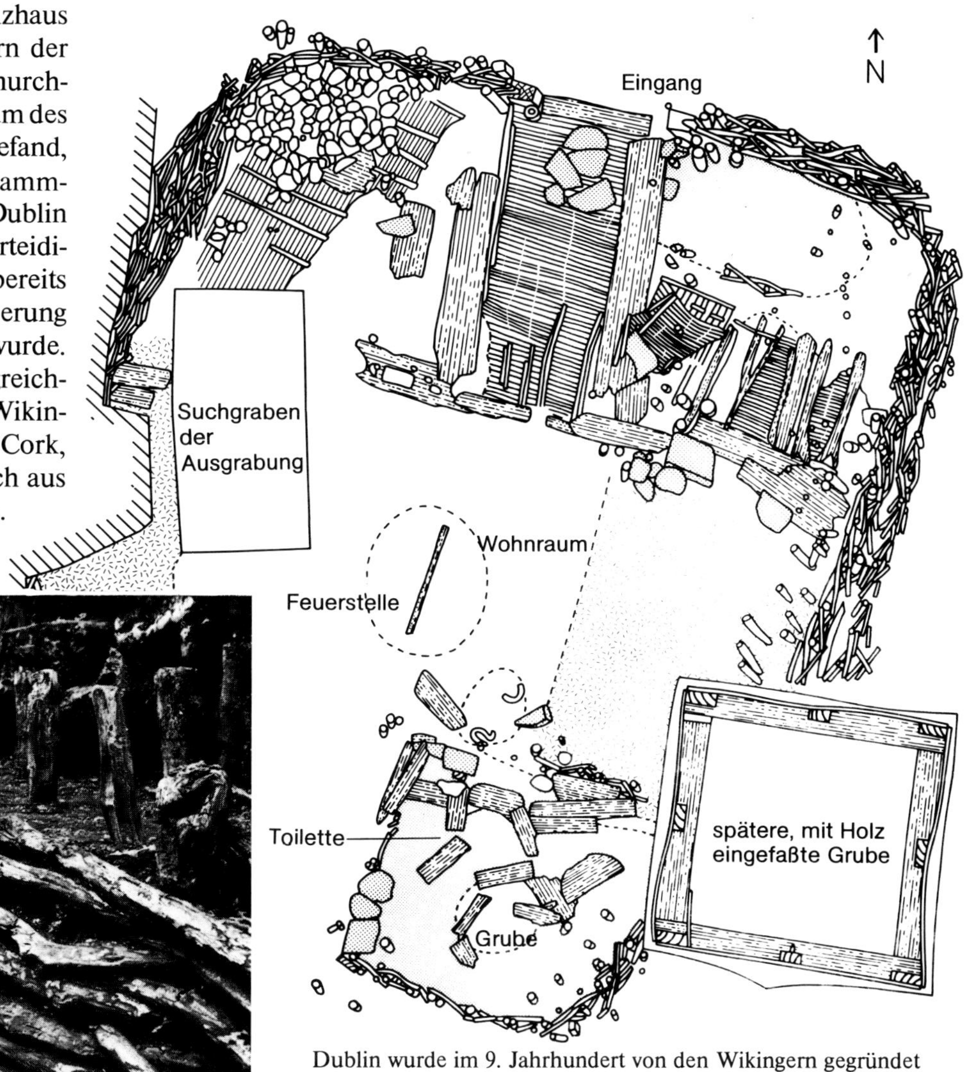

Dublin wurde im 9. Jahrhundert von den Wikingern gegründet und entwickelte sich im 10. Jahrhundert zu einer wohlhabenden Stadt. Dort lebten viele Handwerker in typischen kleinen Häusern aus Flechtwerk. Der Grundriß dieses Hauses *(oben)* weist einen einzelnen Eingang auf, daneben liegen zwei kleine Räume, der kleine Raum in der Ecke war möglicherweise die Toilette.

Städtisches Handwerk

Die Wikingerstädte stellten natürliche Zentren des Handwerks dar. Denn die Kaufleute brachten die von den Handwerkern benötigten Rohmaterialien und diese konnten hier ihre Produkte an Händler verkaufen, die sie auf dem Lande vertrieben. In diesen Städten gab es auch neu zu Reichtum gelangte Kaufleute: Leute aus dem Norden, die gerade ihre Pelzladungen verkauft hatten, oder Händler, die aus dem Osten mit Säcken voll Silber heimgekehrt waren – diesen Leuten saß das Geld locker, sie wollten vielleicht einige neue Spangen in Auftrag geben oder eine Halskette für ihre Frauen zu Hause kaufen.

Die in den Wikingerstädten ausgeübten Handwerke deckten jedes Bedürfnis: vom Hufschmied bis zum Töpfer, vom Horn- und Geweihschnitzer bis zum Hersteller von Glasketten. Ausgrabungen und Funde im Gelände von Haithabu haben jedoch gezeigt, daß die meisten dieser Tätigkeiten überall in der Stadt durchgeführt wurden, es gab keine spezialisierten Handwerkerquartiere, wie man angenommen hatte. Doch gab es wie in allen aus Holzbauten errichteten Siedlungen die Tendenz, die Hufschmiede wegen der Feuergefahr am Stadtrand unterzubringen.

Die Herstellung von Glasketten

Die Hersteller von Glasketten importierten Rohglas aus Westeuropa in Form von Glasbruch oder Mosaiksteinen; auch zerbrochene Trinkgefäße lieferten Rohstoff. Einfache Glasperlen waren einfarbig, aber die komplizierteren schmückte man mit farbigen Streifen oder sie waren in sich mehrfarbig. Die letzteren stellte man her, indem man Glasstäbchen anfertigte und diese dann zu neuen mehrfarbigen Stäbchen bündelte. Diese schnitt man dann in Scheiben und fügte sie zu farbigen Ketten von bemerkenswerter Vielfalt zusammen. Immer wieder überrascht der Ideenreichtum.

Um Glasperlen herzustellen, schmolz man Rohglas in Tiegeln und goß es zu Stäben aus, die man dann weich machte und um Metallstäbe drehte. Glasstäbe verschiedener Farben kombinierte man zur Herstellung komplizierterer Glasperlen wie die *(rechts)* abgebildeten aus Ribe in Jütland. Einige verzierte man sogar mit Spuren von andersfarbigem Glas.

Die Herstellung von Glasperlen war ein Handwerk, das man in vielen Wikingerstädten und kleinen Handelszentren pflegte, wie in Paviken auf Gotland, wo man diese Perlen und Glasstücke fand. Die Glaswürfel oben im Bild hatte man als Rohmaterial möglicherweise aus Norditalien eingeführt. Auch Bruchglas und Glasabfall hat man wiederverwendet. Dies war weit einfacher als die Herstellung von neuem Glas.

Bernstein bildet sich aus versteinertem Harz unter Wasser gesetzter Kiefernwälder und wird bereits seit vorgeschichtlichen Zeiten hoch geschätzt. Man findet ihn ausgewaschen an den Ufern der südlichen Ostsee und der Nordsee (in East-Anglia und im Südwesten Jütlands).
In Ribe entdeckte man etwa 2 kg rohen Bernstein, aber nur wenige bearbeitete Stücke.

Rohen Bernstein brachte man nach Haithabu, wo er zu den verschiedenartigsten kleinen Schmucksachen verarbeitet wurde, besonders Perlen und Anhängern. Unter den gezeigten Stücken befinden sich auch unfertige und beschädigte. Eines hat die Form eines Beines. Die runden Objekte rechts davon dienten als Spielsteine.

Während der Wikingerzeit wurde englisches Gagat aus Yorkshire nach Norwegen exportiert. Dieses geschnitzte Paar bärenähnlicher Greiftiere erinnert an ähnliche Stücke aus Bernstein (s. S. 137)

Bernstein- und Gagatarbeiten

Bernstein war eine Ware aus dem Ostseeraum, deren Export schon Jahrhunderte vor der Wikingerzeit begonnen hatte. Man benutzte ihn zur Herstellung kleiner Gegenstände wie Perlen, Anhänger und Spielsteine, aber gelegentlich wurde er auch zu kunstvollen Gegenständen verarbeitet. Auch die Wikinger schätzten den Bernstein nicht nur wegen seiner Pracht, sondern wegen der ihm zugeschriebenen magischen Eigenschaften. Ganz anders gab es nur eine einzige den Wikingern erreichbare Fundstätte für Gagat in England: in Whitby an der Küste von Yorkshire, und so mußte man den Gagat für die Herstellung der „Greiftier-Ungeheuer" wahrscheinlich aus York nach Norwegen einführen, wo man während der Wikingerzeit Gagat verarbeitete.

Herstellung von Kämmen

Die Kammacher arbeiteten mit den Geweihen von Rotwild, die ihren Produkten Stabilität verliehen. Man schnitt ein paar lange Platten zurecht, die den Rücken des Kammes bildeten, dann befestigte man zwischen diesen kleine rechteckige Platten, in die man Zähne schnitt. Schließlich konnte man den Kammrücken mit Kerbmustern schmücken. Manchmal versah man die Kämme auch mit Futteralen aus zusammengefügten Geweihstreifen, so daß man sie einstecken konnte, ohne daß sie dabei beschädigt wurden.

Metallguß

In allen skandinavischen Märkten und Städten gab es Bronzegießereien, spezialisierte Goldschmiede schufen schöne Einzelstücke, aber es gab auch eine Massenproduktion billiger Broschen für die weniger Wohlhabenden. Die (importierte) Bronze schmolz man in Tontiegeln und auch in Holzkohleöfen, die Hitze erhöhte man mit Blasebälgen, deren Düse durch einen kleinen Essestein geschützt werden mußte. Die Tonform für ein bestimmtes Objekt bestand mindestens aus zwei Teilen, die man um ein Wachsmodell des zu gießenden Gegenstands herum baute. Dann erhitzte man die Form, so daß das Wachs herausfloß, bevor man die Bronze hineingoß. Um den fertigen Guß herauszubekommen, mußte man die Tonform zerbrechen; aber einfache Gegenstände produzierte man in Massen, indem man sie direkt in

Die Kammherstellung aus den Geweihen von Rotwild war in der gesamten Welt der Wikinger verbreitet. Die Methoden waren die gleichen von Dublin (wo man die abgebildeten Stücke fand) bis Staraja Ladoga; man schnitt Platten, setzte sie zusammen und sägte dann die Zähne zurecht.

Oben: Gußformen aus Geweih konnte man zum Gießen von Zinn verwenden, damit eigneten sie sich für die Massenproduktion von Spangen in Orten wie Haithabu.

Ton drückte, um eine Reihe von Formen zu bilden. Gußformen aus Stein und Knochen konnte man für das Gießen von Zinn wiederholt benutzen. Den Rohguß mußte man fein bearbeiten und reinigen. Manchmal war auch eine Nadel zu befestigen oder eine weitere Verzierung, etwa eine Vergoldung, anzubringen, ehe man das fertige Stück auf dem Markt anbieten konnte.

Speckstein

Die Steinbrüche zur Gewinnung von Speckstein und die Herstellung von Specksteingeschirr waren wichtige Erwerbszweige der Wikingerzeit, besonders in Norwegen, wo man Speckstein generell als Ersatz für Töpferwaren benutzte. Man exportierte ihn nach Island und Jütland und bis nach Haithabu.

Aus Speckstein wurden Kochtöpfe, Schalen und Gefäße hergestellt, die in Südnorwegen, in Jütland und im Elbe-Mündungsgebiet verbreitet waren. Skiringssal dürfte der Hauptverladeort, Haithabu der Hauptumschlagplatz gewesen sein. Auch in der „schwarzen Erde" von Birka haben sich deutliche Spuren von Speckstein-Werkstätten erhalten. Ihr Absatzgebiet dürfte über Mittelschweden jedoch nicht hinausgereicht haben.

Tonformen zum Guß von Bronzeschmuck wie etwa Spangen stellte man meist mit Hilfe von Wachs- oder Tonmodellen her, allerdings konnte man einfache Formen auch herstellen, indem man einen Gegenstand direkt in den Ton preßte.

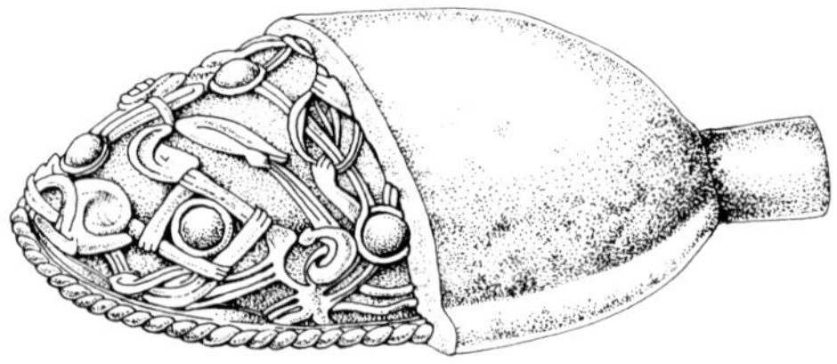

Den oberen Teil einer zweiteiligen Form stellte man her, indem man Ton auf ein Modell der zu gießenden Spange drückte. An einem Ende befestigte man einen Zapfen, um ein Loch zu erhalten, durch das man später das geschmolzene Metall goß.

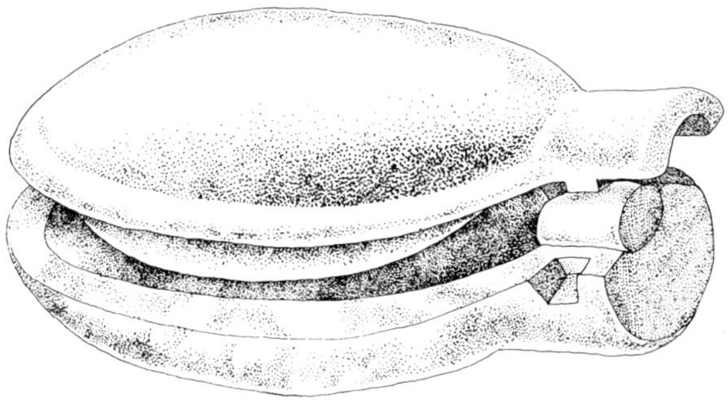

Weiteren Ton preßte man in den stoffbedeckten Teil, um die Rückseite der Form zu bilden. Nach dem Tocknen trennte man die beiden Teile und entfernte den Stoff. Innerhalb der Form blieb nur eine enge Lücke (wenn man die Teile wieder zusammenfügte), in die man die Bronze goß. War der Guß fertig, mußte man solch eine Form aufbrechen.

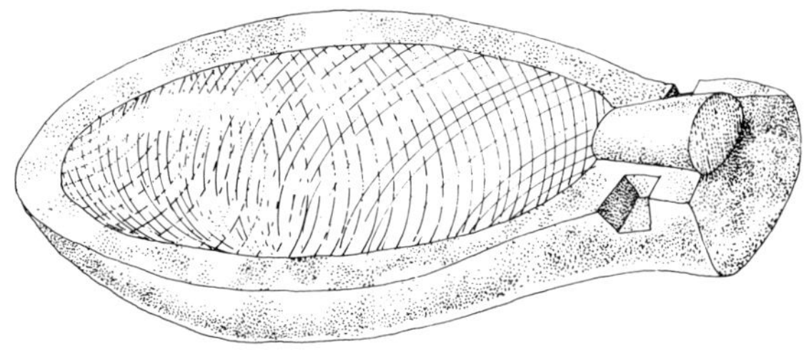

Wenn der Ton getrocknet war, entfernte man das Modell (bei Wachsmodellen erhitzte man die Form, und das Wachs tropfte heraus). Um die neu gepreßte Form zu härten, wurde sie dann gebrannt. Ihre Innenseite legte man dann mit einer Schicht mit Ton imprägnierten Stoffes über dem eingedrückten Muster aus, um die Dicke des Gusses zu bestimmen.

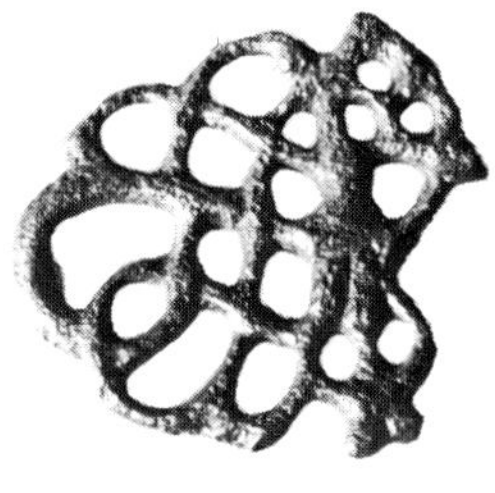

Links: Eine Tonform für eine Spange des Urnes-Stils (eine billigere Version derjenigen von Lindholm Høje auf S. 151), und *unten* ein unfertiger Bronzeguß aus solch einer Form. Beide fand man unter dem Abfall einer Werkstatt des 12. Jahrhunderts in Lund.

Links: Diese Werkzeuge eines Hufschmieds fanden sich unter den Grabbeigaben eines reichen norwegischen Wikingers. Sie zeigten die hohe Stellung und Wertschätzung eines guten Schmieds in der Gesellschaft der Wikinger. Hier hat man um den Amboß Zangen, Hämmer, Feilen, Meißel, Metallscheren, eine Drahtziehplatte und ein Werkzeug zur Herstellung von Nägeln versammelt.

Unten: Überall in der Welt der Wikinger, wo man Speckstein fand, wurde er gebrochen; man verarbeitete ihn zu Kochtöpfen und Schüsseln. In Norwegen ersetzte er vollständig die Töpferwaren.

Wetzsteine

Einen anderen norwegischen Exportartikel nach Jütland und den Britischen Inseln stellte der hervorragende Schiefer dar, der für Wetzsteine bevorzugt wurde. Man benötigte ihn zum Schärfen von Waffen, Werkzeugen und Messern. Die Wikinger trieben einen veritablen Kult mit ihren Schwertern, sie gaben ihnen hochtrabende, volltönende und verklärende Namen, sie liebten den blitzenden Stahl mit religiöser Inbrunst. Durchaus glaubhaft, daß Krieger sogar das Nachtlager mit Waffe aufsuchten. An mehreren Orten in England, darunter in York, hat man Steine aus den bekannten südnorwegischen Steinbrüchen von Eidsborg in Telemark gefunden. Ein bei Klåstad an der Küste von Vestfold gesunkenes Schiff hatte einige Wetzsteine in seiner Ladung. Es befand sich wohl auf dem Wege nach Kaupang, wohin man norwegischen Schiefer exportierte.

Die Wege nach Osten

Die skandinavischen Kaufleute, die südwärts nach Byzanz reisten, sammelten sich jedes Jahr in Kiew am Westufer des Dnjepr, wo sie auf den Rückgang des Frühjahrshochwassers warteten. Dieses Bild zeigt das die Stadt überragende Denkmal des Prinzen Wladimir, der skandinavischer Abstammung war. Er konsolidierte den Stadtstaat Kiew. 998 trat er zum Christentum über.

Um das Schwarze und das Kaspische Meer zu erreichen und so mit dem Reichtum von Byzanz und des Östlichen Kalifats des Arabischen Reichs in Berührung zu kommen, mußten die skandinavischen Kaufleute den Flußläufen oft durch ein ihnen nicht freundlich gesonnenes Gebiet folgen, häufig mußte man die Schiffe über Land tragen, um von einem Fluß zum anderen zu gelangen oder Wasserfälle zu umgehen. Wenn auch Flüsse wie die Wolga oder der Dnjepr breit sind, so mußte man doch wegen solcher Schwierigkeiten kleinere Schiffe als für den Nordseehandel benutzen. Aber die wichtigsten Handelswaren, Sklaven und Pelze, brachte man möglicherweise gar nicht aus Skandinavien mit; man erwarb sie wohl gewaltsam, unterwegs.

Die russische *Erste Chronik* beschreibt den Weg der skandinavischen Händler bei ihrer Rückkehr aus dem Byzantinischen Reich (von den „Griechen"):

> „Beginnend bei den Griechen führt dieser Weg den Dnjepr entlang, an dessen Ende die Schiffe zum Lovat getragen werden. Über den Lovat gelangt man zum Großen Ilmensee. Der Wolkowfluß fließt aus diesem See heraus und in den Ladogasee. Aus diesem See ergießt sich der Newafluß in die Ostsee."

Den südlichen Teil dieses Weges beschrieb ins Einzelne gehend der byzantinische Kaiser Konstantin Porphyrogenitus. Er schrieb, im 10. Jahrhundert hätten die Rus (wie man die Skandinavier in Rußland nannte, später erhielt Rußland seinen Namen daher) mindestens sechs Wochen für die Reise den Dnjepr hinab gebraucht, denn man mußte mit Stromschnellen und feindlichen Stämmen fertigwerden.

Vom anderen Ende her gesehen gelangte der skandinavische Kaufmann von der Ostsee her auf diese Route über die Düna, die in die Rigaer Bucht mündet, oder, wie oben beschrieben, über den Finnischen Meerbusen und die Newa. Die Stadt Staraja (Alt-)Lagoda, die die Skandinavier *Aldeigjuborg* nannten, liegt kurz hinter dem Ladogasee, dreizehn Kilometer den Ladogafluß aufwärts. Dieser kleine, durch einen Erdwall geschützte Platz wurde ausgegraben; man fand schwedische Materialien, aber die hölzernen Blockhäuser entsprechen keinem skandinavischen Muster, sie sind aus Stämmen mit gekerbten und überlappenden Enden gebaut, und so weiß man nichts über die Herkunft der frühesten Bewohner des Ortes. Die Bevölkerung des südöstlichen Ladogagebiets gilt hauptsächlich als finnisch, aber zur Wikingerzeit kam es auch zum Eindringen von Skandinaviern, Slawen und Balten. Die Hügelgräber in dieser Gegend beweisen eindeutig, daß es hier Skandinavier gab, aber sie wurden allmählich in die lokale Bevölkerung integriert.

Im weiteren Verlauf dieses Weges gelangt man nach Gnezdowo, wo man einen Friedhof entdeckte, der zu einem Vorläufer von Smolensk aus der Wikingerzeit gehört. Hier fand man wie in Kiew unter den Grabbeigaben eine Menge skandinavischer Stücke, aber die meisten stammten anderswoher. Kiew und Nowgorod, das zwischen Gnezdowo und Staraja Ladoga liegt, waren die beiden Niederlassungen mit der größten Bedeutung für die Skandinavier in Rußland. Große Ausgrabungen in Nowgorod, das die Skandinavier *Holmgarðr* nannten, haben in den oberen Schichten holzgepflasterte Straßen mit Blockhäusern freigelegt. In den untersuchten Teilen der Stadt gab es nur wenige skandinavische Funde, aber es kann sehr wohl eine frühe Wikingerniederlassung in den tieferen Schichten auf der anderen Flußseite gelegen haben.

Kiew, am steilen Westufer des Dnjepr, war noch wichtiger als Nowgorod, es wurde das Zentrum des mittelalterlichen russischen Staates. Hier herrschten skandinavische Fürsten – obwohl die Bevölkerung hauptsächlich aus Slawen bestand, und hier versammelten sich jedes Jahr die skandinavischen Kaufleute, bevor sie im Juni nach Byzanz aufbrachen, wenn das Frühjahrshochwasser genügend zurückgegangen war, um eine sichere Reise zu erlauben. An der Mündung des Dnjepr rasteten sie auf der Insel Beresani und erreichten dann über das Schwarze Meer ihr Ziel.

Nicht alle Wikinger, die auf den russischen Flüssen reisten, folgten friedlichen Zielen. Zweimal zumindest griffen Flotten von Kiew aus Byzanz an. Auch im Kaspischen Meer kreuzten Piraten zwischen 910 und 912 und dann wieder um die Mitte des Jahrhunderts. Diese späteren Piraten werden wohl über den zweiten großen Weg nach Osten gelangt sein.

Auf diesem Weg gelangte man von der Ostsee zum Kaspischen Meer, indem man über Staraja Ladoga und Nowgorod oder über den Onegasee die Wolga hinab bis zu ihrem Knick in Bulgar reiste. Dies war die Marktstadt der Bulgaren, hierher kamen die Pelzhändler von Perm in den Wäldern des Ostens, arabisches Silber kam aus Schiwa südlich des Aralsees und die Stadt war Umschlagplatz für die Karawanen auf der Seidenstraße nach China. Von Bulgar aus konnten Kaufleute oder Räuber weiter nach Itil, der Hauptstadt der Chasaren reisen und so das Kaspische Meer erreichen, hier war es möglich von Gorgan aus mit einer Kamelkarawane weiter nach Bagdad zu reisen. Schließlich konnte man auch den Landweg durch Europa nach Mainz, Kiew, Krakau und Prag wählen.

Dieses Kohlebecken aus Bronze fand man 1943 in Schweden unter einem Fels vergraben. Wahrscheinlich wurde es in Bagdad um das Jahr 800 hergestellt und gelangte möglicherweise über die Wolga durch einen Wikingerhändler nach Schweden.

Der Silberhandel

Über 60 000 arabische Silbermünzen aus der Wikingerzeit hat man in Skandinavien gefunden. Man bezeichnet sie manchmal als kufische Münzen, da die Schrift auf den Münzen ihren Namen von der Stadt Kufah in Mesopotamien erhielt. Ihre Inschriften sind besonders informativ, da sie den Namen des Prägeortes und das Prägedatum nennen.

Während die Skandinavier die Dnjeprroute nach Byzanz einigermaßen unter Kontrolle hatten, mußten sie auf der Wolga den Bulgaren und Chasaren Tribut zollen; aber dies lohnte sich, denn die Reise ging leichter voran und führte direkt zu den Silberlagern des Östlichen Kalifats. Auf der Wolga trafen skandinavische Kaufleute auf Araber wie Ibn Fadlan, die Beschreibungen ihrer Waren und ihrer Fahrten hinterlassen haben. Pelze, Honig, Wachs, Waffen und Sklaven, erfahren wir, bildeten das Kapital der silberhungrigen skandinavischen Händler.

Im späten 10. Jahrhundert ließ die Bedeutung dieses östlichen Handelswegs nach. Die Gründe dafür sind uns nicht ganz klar. Sie können politischer Art gewesen sein, aber es können auch praktische Erwägungen des Handels gewesen sein. Die großen Silberminen des Östlichen Kalifats waren nahezu erschöpft, während nun neue Silberquellen, näher der Heimat, im mitteldeutschen Harz ausgebeutet wurden.

Bis dahin hatte der Handel mit dem Orient einen ungeheuren Umfang gehabt. In Skandinavien fand man 60.000 arabische Silbermünzen, darunter besonders solche aus den Münzstätten von Samarkand, Taschkent und Bagdad. Aber arabisches Silber, das nach Skandinavien gelangte, blieb nicht lange in der Form von Münzen.

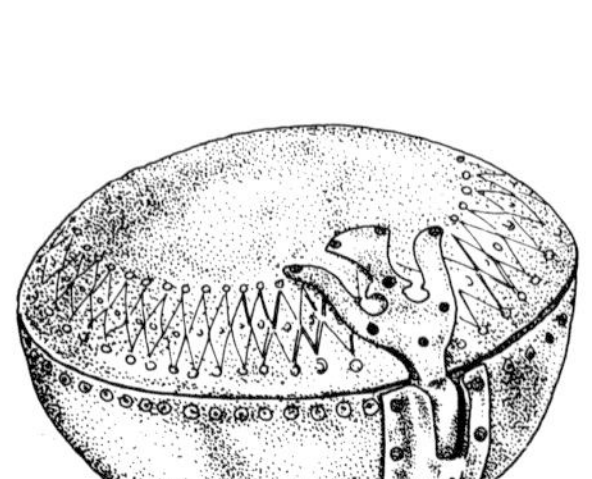

Die Wikingerhändler führten stets eine kleine Silberwaage mit sich. Man konnte sie zusammenlegen, so daß sie in eine kleine Schachtel paßte.

Einen großen Teil des Silbers und Goldes, das in der Wikingerzeit nach Skandinavien gelangte, verarbeitete man zu Schmuck. Diese großartigen Ringe stammen aus Dänemark. Den großen Halsreif fand man 1977 in Tissø. Er stellte das schwerste bisher gefundene Exemplar dar und besteht aus ca. 0,5 kg Gold.

Die Verwendung von Edelmetallen

Während der Wikingerzeit benutzte man in den meisten Teilen Skandinaviens Münzen nicht als Zahlungsmittel, alles Silber und Gold behandelte man wie Barren; es wurde vom Händler mit seiner tragbaren (und genial zusammenklappbaren) Waage gewogen. Unter diesen Umständen war es uninteressant, das wertvolle Metall in Münzform aufzubewahren. Man schmolz es ein und goß es in Barren, meist aber verarbeitete man es zu Schmuck, so daß der Besitzer seinen Wohlstand in auffälliger Weise zeigen konnte. Sowohl Barren als auch Schmuck konnte man später teilen, wenn man „Kleingeld" benötigte.

Silberschätze der Wikinger, von ihren Eigentümern aus Sicherheitsgründen vergraben, setzen sich daher meist aus den verschiedenartigsten Gegenständen zusammen: Münzen und Barren, Broschen, Anhänger, Halsreifen, Armreifen, Fingerringe – alles in vollständiger Form oder zerlegt (sogenanntes „Hacksilber"). Weit über 1000 Silber- und einige Goldschätze fand man im Skandinavien der Wikingerzeit, obwohl es damals dort keine einheimischen Quellen für diese Metalle gab. Angesichts dieser Beweise gibt es keinen Zweifel am Erfolg der Wikinger bei der Anhäufung großer Reichtümer, sei es auf geraden oder krummen Wegen.

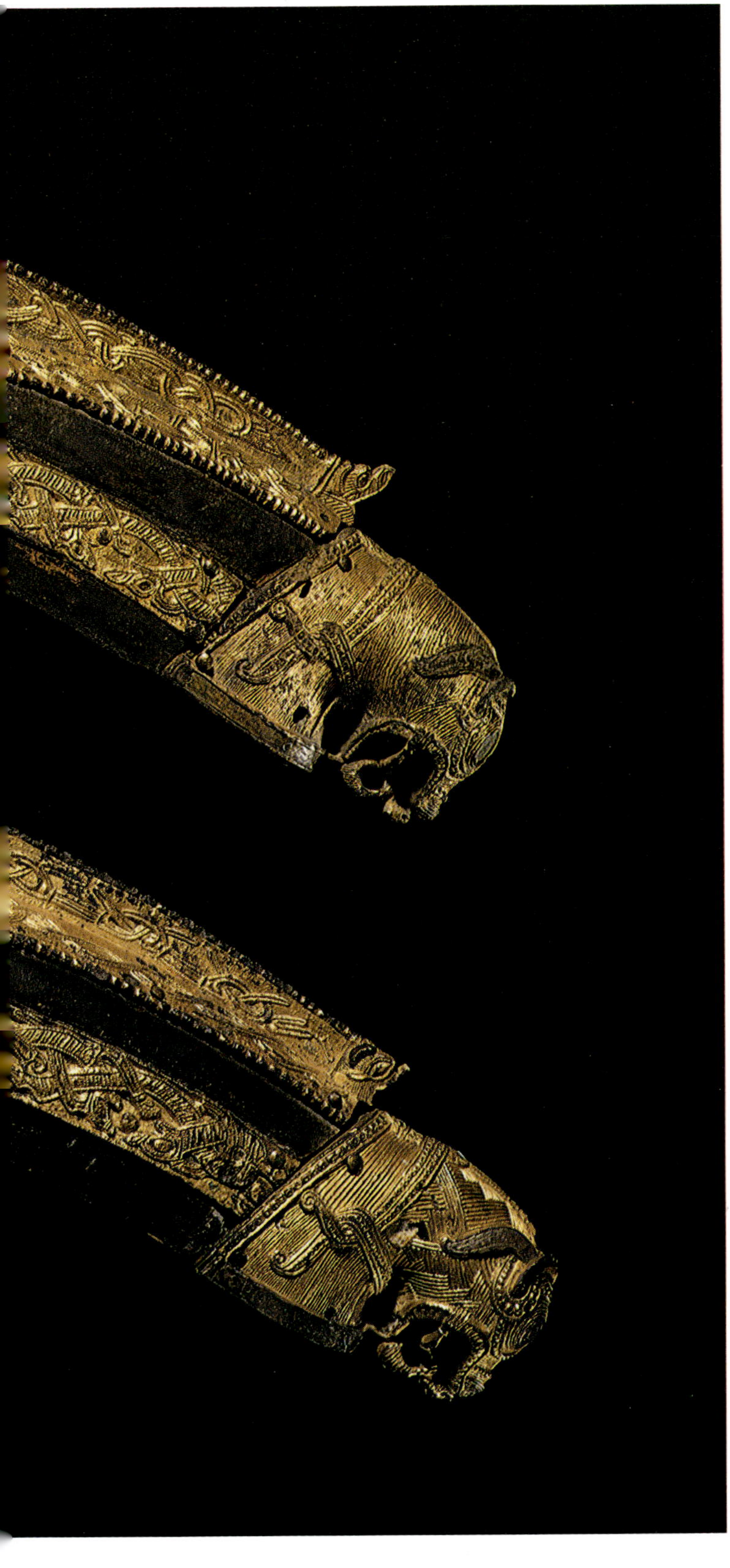

Häusliches Leben

Von Pferden gezogene Kutschen und Wagen waren ein bedeutendes Mittel des Landtransports in der Wikingerzeit. Über die Rücken der Pferde legte man hölzerne Joche, sie besaßen Metallbeschläge, durch die man die Zügel leichter kontrollieren konnte. Dieses zusammengehörige Paar Pferdejoche, das man in Jütland fand, ist in reichem Stile bronzevergoldet; das Holz allerdings ist modern.

Kleidung und Schmuck

Menschendarstellungen sind in der Wikingerzeit selten und immer stilisiert, aber die wenigen bekannten Stücke liefern uns direkte Informationen über die Kleidung jener Zeit. Diese Wikingerfrau (ein schwedischer Anhänger) trägt ein Schleppenkleid und einen Schal mit einem Gehänge aus Glasperlen, möglicherweise an beiden Schultern mit Spangen befestigt. Ihr Haar fällt lose von einem Knoten am Hinterkopf herab.

Unser Wissen über die Kleidung der Wikingerzeit stammt aus drei verschiedenen Quellen, die alle mit großen Einschränkungen und Vorsicht zu behandeln sind. Zunächst gibt es zeitgenössische Darstellungen von Personen auf Anhängern oder auf gotländischen Bildsteinen oder auf dem Oseberg-Teppich. Da es in der Kunst der Wikinger keine naturalistische Tradition gibt, sind diese Darstellungen alle etwas abstrakt und wenig detailliert, aber sie geben einen allgemeinen Hinweis auf den Schnitt der Kleidung, worüber wir sonst gar nichts wissen würden. Zweitens gibt es Erwähnungen von Kleidung in literatischen Zeugnissen. Da diese aber meist aus dem Mittelalter stammen, wissen wir nicht, ob sie sich in solchen Kleinigkeiten nicht eher an der Mode ihrer Zeit orientierten als an Erinnerungen über vergangene Generationen. Doch die *Rígsthula*, eine Dichtung, die vermutlich aus dem 10. Jahrhundert stammt (obwohl sie uns nur aus einer isländischen Handschrift aus der Zeit um 1350 bekannt ist), beschreibt die Kleidung einer Bauernfrau: eine Art Kittel mit Schulterspangen, ein Halstuch und ein Kopfschmuck. In den literarischen Quellen erwähnte Einzelheiten wie Halstücher und Unterwäsche sind besonders aufschlußreich, da sie natürlich nicht auf den Bildsteinen oder Teppichen erscheinen und nicht als Grabbeigaben erhalten blieben. Schließlich gibt es noch als handgreiflichste Quellen ausgegrabene Überreste von Stoffen und Kleidungsstücken und die Spangen, die sie zusammenhielten.

Archäologische Funde von Textilien bestehen meist nur aus Fetzen, denn normalerweise verrotten Stoffe in der Erde sehr schnell. Es gibt aber wichtige Überreste aus Gräbern, die durch die Berührung mit Spangen und anderen Metallgegenständen erhalten blieben – in deren Korrosionsprodukten aufbewahrt oder durch Metallsalze imprägniert. In den feuchten Schichten von Lund und York machte man Funde, die uns Aufschluß über die Qualitäten und die verschiedenen Arten der damals zur Verfügung stehenden Stoffe geben. Den Archäologen interessiert ganz besonders die Anbringung der Spangen an einem vollständig bekleideten Körper. Spangen dienten zuerst und vor allem der Befestigung der Kleidung. Über die Zahl und Art der Kleidungsstücke kann man daher anhand der Anzahl und Anbringung der Spangen Aufschluß gewinnen, die sie zusammenhielten. Leider trocknet diese wichtige Informationsquelle in der späten Wikingerzeit aus, als mit der Christianisierung der Brauch ein Ende findet, die Leichen vollständig bekleidet und ausgerüstet zu begraben. Daher wissen wir verhältnismäßig viel über die Bekleidung im 9. und 10. Jahrhundert und fast nichts über die Mode des 11. Jahrhunderts.

Dieses goldene Preßblech aus Norwegen (hier stark vergrößert) stellt zwei sich umarmende Menschen dar. Der Mann trägt einen Armreif und einen langen Umhang, der auf typische Art mit einer großen Spange an der rechten Schulter befestigt ist, um den Schwertarm freizulassen.

Die Wikingerfrau

Die bildlichen Darstellungen machen deutlich, daß die Grundkleidung der Wikingerfrau aus einem langen Hemd bestand, über dem sie ein Kleid trug; eines dieser beiden Stücke oder beide konnten so lang sein, daß sie sie hinter sich her schleppte. Ein Schal, ein Umhang oder eine Jacke vervollständigte die Grundausstattung, manchmal trug sie auch eine Schürze. Wie die archäologischen Funde zeigen, bestand das Hemd meist aus Wolle oder Leinen, im zweiten Fall war es meist gefältelt und besaß nur kurze oder gar keine Ärmel. Das Kleid war aus Wolle und mit Trägern und Spangen an der Schulter befestigt.

Spangen

Da das Tragen von Spangen (oder Fibeln) zur Befestigung der Kleider notwendig war, nützte man die Gelegenheit, sie entsprechend dem Reichtum des Trägers zu Gegenständen der Zierde und der Bewunderung zu machen. Hier spielte die Mode eine Rolle. Immer wieder entwickelte man neue Arten und Formen von Spangen, einige waren von westeuropäischen Moden angeregt, ihre Verzierungen veränderten sich ständig entsprechend den sich entwikkelten Stilen der Wikingerkunst.

Man hat Spangen gefunden, die einzigartige Meisterstücke des Gold- und Silberschmiedehandwerks darstellen; sie wurden gewiß für wohlhabende Leute auf Bestellung gefertigt; aber es gibt auch viel Massenware aus unedlen Metallen für die ärmeren Schichten. Die billigeren Spangen waren meist vergröberte Nachahmungen der besseren Stücke; die Imitation trieb man oft so weit, daß man Bronzespangen vergoldete oder verzinnte, um ihnen das Aussehen von Stücken aus Gold oder Silber zu geben. Aber auch Bronzebroschen hatten ihren Preis, da man in der Wikingerzeit das Metall für ihre Herstellung nach Skandinavien importieren mußte. Alte oder zerbrochene Spangen wurden für neue in Zahlung genommen und der Goldschmied schmolz das Material zur Wiederverwendung ein.

Im 9. und 10. Jahrhundert trugen die skandinavischen Frauen Spangen von gewölbter, ovaler Form, die an den Panzer einer Schildkröte erinnert. Daraus entstand der Begriff „Krötenfibel", den man aber besser wegen seiner Mißverständlichkeit vermeiden sollte. Solche ovalen Spangen goß man einzeln oder zu mehreren aus Bronze und verzierte sie mehr oder weniger aufwendig, je nach den Mitteln des Kunden; die Befestigung aus Nadel und Nadelrast verbarg man im Inneren der Wölbung.

Weil die Kleidermode es so wollte, stellte man ovale Spangen paarweise her. Fast alle sind mit einem stilisierten Tiermuster verziert; dieses war von unterschiedlicher Kompliziertheit und Natürlichkeit; darüber hinaus waren einige vergoldet oder mit Buckeln und geflochtenen Silberdrähten verziert. Einige Typen wurden wirklich in Massen produziert, wobei eine Spange als Modell für viele andere diente. Vom bekanntesten Typ kennen wir etwa 1000 Kopien, die man von Island im Westen bis Kiew im Osten fand. Viele der jüngeren ovalen Spangen sind gröber als die älteren, das mag daran liegen, daß sich das Tragen von Schals so durchgesetzt hatte, daß die Spangen beim Gebrauch meist verdeckt waren, so daß die Gestaltung ihrer Oberfläche nicht mehr so wichtig war. In der

Spangen waren wichtig zur Befestigung und als Schmuck. Hier die vier Grundtypen, die wohl jede Skandinavierin besaß. Ein Paar großer ovaler Spangen trug man an jeder Schulter, um das Kleid zu befestigen. Eine kleinere Spange – oft kleeblattförmig oder „gleicharmig" – hielt den Schal oder Umhang.

Ähnliche Spangen fand man in Frauengräbern überall in der Wikingerwelt.

Die Stile der Gewandspangen waren der Mode unterworfen. *Oben:* Eine goldene Scheibenfibel, die einer importierten Münze nachgebildet ist – einem *Solidus,* den Ludwig der Fromme, der Sohn Karls des Großen, prägen ließ. *Rechts:* Zwei gleicharmige Fibeln des 10. Jahrhunderts aus Birka. Die größere ist reich verziert, sie wurde zweifellos auf Bestellung angefertigt.

späten Wikingerzeit wurden keine neuen Arten von Spangen mehr entwickelt und sie gerieten danach in Skandinavien außer Gebrauch.

Nur auf der Insel Gotland beteiligten sich die Frauen nicht an der Mode der ovalen Schulterspangen. Sie bevorzugten stattdessen ein Paar kleinerer Bronzespangen, die an Tierköpfe mit viereckigen Schnauzen und abstehenden Ohren erinnern. Daneben trugen sie besondere Arten von zusätzlichen Spangen, Nadeln und Halstüchern.

Der Schal oder Umhang der Wikingerfrau wurde mit einer dritten Spange befestigt. Diese konnte unterschiedliche Formen haben. In der frühen Wikingerzeit war es besonders in Norwegen Mode, Spangen zu tragen, die man aus in England oder Irland geraubten Metallgegenständen gearbeitet hatte. Noch weiter verbreitet waren Spangen mit zwei oder drei Armen, Kleeblattfibeln mit westeuropäischem Einfluß.

Dann gab es auch Nachbildungen von Fibelformen, die Wikingersiedler in Schottland und Irland kennengelernt hatten.

Im 10. Jahrhundert erfreuten sich große runde Scheibenfibeln mit aufwendigen Filigranverzierungen aus Gold und Silber immer größerer Beliebtheit. Man stellte davon verschiedene Muster und Arten her, einige sogar aus Münzen. Diesen Spangentyp fertigte man auch noch in der späten Wikingerzeit und danach an. Im 10. Jahrhundert waren auch kleine runde, am Nacken zu tragende Spangen üblich, mit denen man das Hemd leichter öffnen konnte. Exemplare dieses Typs findet man gewöhnlich in Kindergräbern.

Um die Mitte der Wikingerzeit dürfte eine wohlhabende Frau vier Spangen getragen haben, dazu eine Halskette aus Glasperlen, möglicherweise einige Anhänger sowie wahrscheinlich ein oder zwei Ringe.

Diese dänische Ringfibel mit Enden in Form schnurrbartgeschmückter Wikingerköpfe hielt möglicherweise den Umhang eines Mannes. Der Stil ist von irischen oder schottischen Gewandspangen übernommen.

Glasperlen und Halsketten

Oft trug man Glasperlen als Gehänge zwischen den ovalen Spangen, aber man fand auch vollständige Halsketten. Wieder hing die Art und die Verschiedenartigkeit solchen Schmucks vom Wohlstand der Familie ab, denn unter den Perlen konnten sich Karneole und Kristalle befinden, meist allerdings waren sie aus Bernstein oder Glas. Letzteres wurde in Skandinavien aus importiertem Rohglas hergestellt, aber einige der schönsten mehrfarbigen Stücke dürften vom Rhein oder anderswoher in Westeuropa stammen. In Gotland trug man wohl auch mehrere Ketten mit kleinen Perlen, die durch Scheiben auseinandergehalten wurden; dort

Links: Zwischen den ovalen Schulterspangen befestigte man oft Perlenketten oder anderen Halsschmuck. Diese beiden seltenen und teuren Stücke stammen aus dem Ostseeraum. Das äußere ist slawischen Ursprungs, seine Perlen sind mit winzigen Silberkörnchen verziert. Solch feine Arbeiten brachten die skandinavischen Handwerker jener Zeit nicht zustande. Die innere Halskette mit in Silber gefaßten Kristallanhängern ist slawisch beeinflußt, aber wahrscheinlich auf Gotland hergestellt.

Diese Gewandnadel aus Birka wurde mit einer Schnur aus dem kleinen Ring gesichert.

waren auch Kolliers üblich, die man herstellte, indem man eine Reihe mitrenförmiger Anhänger zusammenfädelte. In den gotländischen Silberhorten befanden sich großartige Halsketten aus filigrangeschmückten Perlen mit Anhängern von silbergefaßten Kristallen im Stil der slawischen Silberschmiede des östlichen Ostseeraums. Einige wenige übernahmen auch die slawische Mode fein gearbeiteter Ohrringe, die auf eine Weise mit Silberfiligran verziert wurden, welche die skandinavischen Handwerker nie ganz meisterten.

Hals- und Armreife

Obwohl Ohrringe im Skandinavien der Wikingerzeit selten waren, trugen Mann und Frau

Männer und Frauen trugen silberne Armreife, wie man sie oft in den Schatzhorten der Wikingerzeit fand. Diese beiden Stücke aus Schweden sind im Tierstil der späteren Wikingerzeit verziert.

Unten: Zwei Halsketten, die man in Birka fand. Die äußere besteht aus Glasperlen und einer kleinen runden Spange, wie man sie benutzte, um den Hemdkragen zu schließen. Das innere Halsband hat Perlen aus importierten Kristallen und Karneolen und ist mit Flitter behängt, den man von Auslandsreisen mitbrachte.

doch andere Arten von Ringen. Man drehte Stäbe aus Gold oder Silber umeinander und formte so Hals- und Armreife, die man in verkleinerter Form auch als Fingerringe benutzte.

Andere, massive Arten von Reifen wurden gegossen und mit gepunzten Mustern versehen.

Viele dieser Reifen dienten der Zurschaustellung von Reichtum. Diese Haltung verdeutlicht der arabische Autor Ibn Fadlan, wenn er eine Frau beschreibt, die zu einer Gruppe von Kaufleuten aus dem Norden gehörte, die er an der Wolga traf:

> „Um den Hals trägt sie Reifen aus Gold oder Silber; wenn ein Mann 10.000 *dirhem* zusammenbringt, kauft er seiner Frau einen Goldreif; bei 20.000 kauft er zwei; und so bekommt die Frau einen Reif je 10.000 *dirhem*, die ihr Mann zusammenbringt, und oft besitzt eine Frau viele derartige Ringe."

Silberne Reife waren häufiger als goldene, denn den *dirhem* waren arabische Silbermünzen, die den Rohstoff für ihre Herstellung bildeten.

Aber wozu dienten diese Mengen von Silbermünzen in einer Wirtschaft, in der keine Münzen im Umlauf waren? Man konnte sie sicherheitshalber vergraben, aber wenn man das Silber bloß wog, um es für irgendein Geschäft zu verwenden, dann konnte man die Münzen genauso gut einschmelzen und zu Schmuck verarbeiten. Man konnte das Silber immer wieder teilen, wenn man „Kleingeld" benötigte; in der Zwischenzeit konnte man es um des Ansehens willen zur Schau stellen.

Der Wikingermann

Neben solchen Reifen bestand der Schmuck des Mannes hauptsächlich aus Spangen und Nadeln zur Befestigung des Umhangs, obwohl Anhänger an Ketten von beiden Geschlechtern getragen werden konnten. Die Männer trugen auch Pelze, Häute und grobe Wollumhänge. Um solch schwere Materialien zu befestigen, benötigten sie starke Spangen oder Nadeln, wenn sie die Kleidung nicht einfach mit starken Riemen festbanden. Die Wikinger übernahmen und verwendeten sehr bald die großen Nadeln und Ringfibeln, die in Britannien und Irland für solche Zwecke üblich waren. Kleinere Umhänge befestigte man mit einfacheren Nadeln aus Knochen oder Bronze an der rechten Schulter, so daß man den Schwertarm im Notfall frei hatte.

Die Männerkleidung war recht einfach: ein Hemd und Hosen oder Kniehosen mit einem einfachen Umhang darüber. Die Darstellungen von Männern zeigen, daß es Hosen von sehr unterschiedlichen Schnitten gab. Im Westen gab es enge wie weite Hosen, im Ostseeraum waren sie oft nach östlicher Mode sackartig, ja angeschwollen. Umhänge und Hemden konnten sehr farbig sein, oft besaßen sie Säume mit gestickten Borten, manchmal sogar aus Goldfäden. Oft verwendete man eine einzelne Goldperle als Knopf, um das Hemd am Hals zu öffnen und zu schließen. Ein Messer oder eine Börse hingen möglicherweise am Gürtel oder an einer Schnur um den Hals. Ähnlich befestigten Frauen von Stand etwa Schlüssel oder Toilettengegenstände an einer Spange.

Wie wir aus der *Rígsthula* erfahren, zogen Sklaven einfachere ungefärbte Wollkleidung an. Mit einer Kordel oder einem Riemen banden sie ein ponchoartiges Kleidungsstück um. Kinder trugen wohl ähnlich einfache Kleidung, aber wir wissen nur wenig darüber.

Schuhe, Handschuhe und Hüte

Die Fußbekleidung aus Kalbs- oder Ziegenleder schnürte man um die Knöchel. Schuhe und Stiefel fand man nur gelegentlich; ihre Haltbarkeit hängt sehr vom Feuchtigkeitszustand des Bodens ab. Neuere Ausgrabungen in Lund, Haithabu, York und Dublin haben viele Abfälle von Schuhmachern und Flickschustern zu Tage gefördert – so hölzerne Schuhleisten in York und Haithabu, dort in Kindergrößen.

Je nach Wetterlage ergänzten Handschuhe und Hüte aus Wolle oder Leder die Kleidung von Mann und Frau. Beide hielten ihr Haar mit einem verzierten Band aus Seide oder Leinen zusammen, aber verheiratete Frauen scheinen ihr Haar bedeckt zu haben.

Äußere Erscheinung

Auf vielen Darstellungen tragen Frauen ihr Haar lang, aber am Hinterkopf geknotet. Männer legten auf ihre Bärte großen Wert und der Krieger von Sigtuna trug einen Schnurrbart. Wenn man dem arabischen Händler At-Tarthusi glauben darf, besuchte er um 950 Haithabu; dessen Einwohner „trugen eine künstliche Augenschminke, die ihre Schönheit erhielt, ja diese bei Männern und Frauen erhöhte".

Der Sonnabend war der Badetag; das Bad konnte die Form einer Sauna wie in dem kleinen Badehaus von Jarlshof annehmen. Die Aussagen über die Reinlichkeit der Wikinger hängen zunächst von den Informationsquellen ab. Ibn Fadlan berichtet, sie seien „die schmutzigsten Geschöpfe Gottes" gewesen, weil sie sich nicht häufig genug wuschen, und wenn sie es taten, dann alle aus einer Schüssel Wasser. Andererseits meinte man in England, daß die Dänen besondere Erfolge bei den Frauen hätten, weil sie sich so oft kämmten, wuschen und umkleideten. Offensichtlich gibt es in solchen persönlichen Angelegenheiten sehr verschiedene Maßstäbe; auf jeden Fall setzt man unterschiedliche Erwartungen in eine Gruppe fern der Heimat zu Schiff reisende Kaufleute oder in einen jungen Mann in der Stadt, der sich für Mädchen interessiert. Aber eine gewisse Reinlichkeit konnte man schon erwarten. Eine Gedichtsammlung, die aus der Wikingerzeit stammt, die *Hávamál* (Worte des Allerhöchsten, also Odins), berichtet, daß der Gastgeber seinen Gast an der Tafel „mit Wasser, einem Handtuch und einem herzlichen Willkommensgruß" erwartete, weiterhin rät sie, sich immer „frisch gewaschen" zum Thing zu begeben.

Im Unterschied zu einer weit verbreiteten Vorstellung trägt dieser aus Elchgeweih geschnitzte Wikingerkrieger, den man in Sigtuna in Schweden fand, keine Hörner am Helm. Sein Schnurrbart und Bart sind ordentlich und gepflegt.

Weberei und Stoffmuster

Spinnen und Weben war das ganze Jahr über eine Aufgabe der Wikingerfrauen. Die Stoffe dienten als Kleidung und zu anderen wichtigen Zwecken wie der Herstellung von Schiffssegeln. Zun Aufkratzen der kaum gereinigten Wolle benutzte man Spezialkämme mit langen eisernen Zähnen. Dann befestigte man sie an einem Spinnrocken – einem Holzstock, den man in der linken Hand oder Biegung des Arms hielt – und die abgezupften Fasern befestigte man an einer Spindel, die man unten mit einem Spinnwirtel aus Ton oder Stein beschwert hatte. Die Spindel wurde in Gang gesetzt, und wenn sie zu Boden fiel, zog man den Wollfaden heraus. Diesen rollte man dann zu einem Knäuel oder einer Docke, wenn man die Wolle färben wollte. Die Docken stellte man mit Hilfe einer Spule her, über die man die Wolle kreuzweise von Ecke zu Ecke wickelte. Die fertige Wolle webte man auf einem mit Kettfäden bespannten Gewichtswebstuhl, den man aufrecht gegen eine Hauswand lehnte. Die weiteren Werkzeuge des Webers bestanden aus einer schwertähnlichen Weblade aus Holz, Walknochen oder Eisen und kleinen spitzen Nadelklöpfeln zur genauen Anordnung der Fäden.

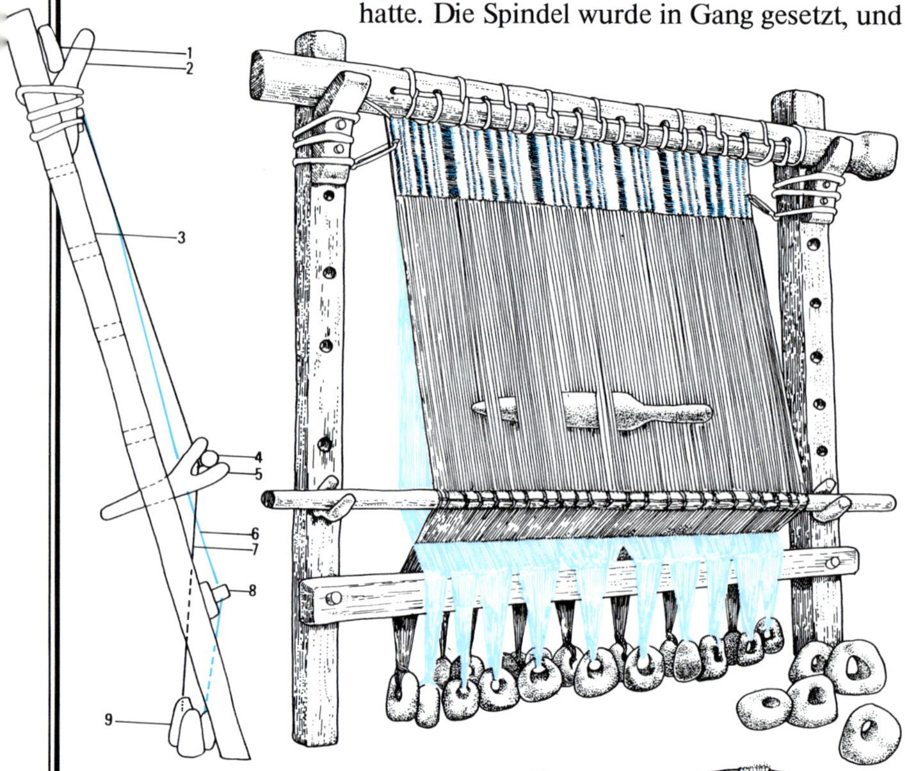

Einfache Gewebe und Köperstoffe waren die wichtigsten Webarten im Skandinavien der Wikingerzeit: Einzelne Einschlagfäden führte man abwechselnd über und unter den Kettfäden hindurch. Beim Twill *(oben)* führte man die Einzugsfäden über einen Kettfaden und dann unter zwei oder mehr Kettfäden hindurch, dadurch erzielte man eine Diagonalwirkung.

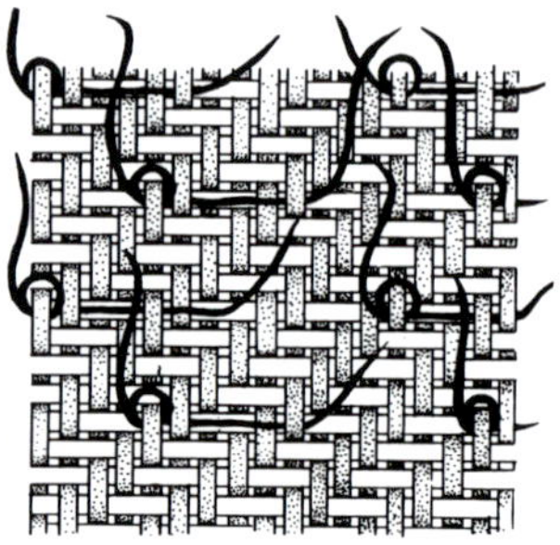

Grobe Wollumhänge waren ein Hauptexportartikel Islands (wo man dieses Beispiel fand). Den büscheligen Stoff stellte man her, indem man während des Webens kurze Wollbüschel in die Kette einfügte.

1 Querbalken
2 Ruhelager
3 Träger
4 Einziehgriff
5 Ruhelager
6 unterer Kettfaden
7 oberer Kettfaden
8 Trennstock
9 Gewichte

Es blieb kein Webstuhl mit beschwerten Kettfäden aus der Wikingerzeit erhalten. Aber die Kenntnis ähnlicher Geräte, die man in primitiven Gesellschaften noch heute findet, ermöglicht eine Rekonstruktion. Bei solchen Geräten werden die (senkrechten) Kettfäden durch Gewichte straffgehalten und unten durch einen Balken in zwei Schichten geteilt. Die oberen Kettfäden hängen vor dem Balken im gleichen Winkel wie der Webstuhl. Der Weber arbeitet von oben nach unten und führt dabei die (waagerechten) Einschlagfäden durch die Lücken, zwischen den Kettfäden, dann klopft er sie mit einer Weberlade nach oben. Die unteren Kettfäden sind mit einer Einziehstange verbunden, die auf zwei Stützen ruht. Der Weber zieht diese heraus bis zu den Stützen (wie in der Zeichnung *oben*) und zieht die unteren Fäden durch die oberen, so kehrt er deren Position um und führt dann den Einschlagfaden in die Gegenrichtung zurück.

Die Stoffbilder von Oseberg

In der königlichen Grabkammer von Oseberg fand man Teile von Wandbehängen mit Bildmustern – einmalige Zeugnisse einer vielleicht unter Wikingerfrauen weit verbreiteten Kunst des Webens von Teppichen. Diese schmalen Läufer zierten wohl nun die Grabkammer wie sie einst die königliche Halle geschmückt hatten. Reiter und Pferdewagen ziehen von rechts nach links zwischen mit geometrischen Motiven gemusterten Einfassungen. Gelb, Rot und Schwarz herrschen vor, die Konturen sind durch andersfarbige Fäden betont. Die Zeichnung *rechts* stellt die Rekonstruktion des Teppichs dar, von dem das Foto *unten* einen Ausschnitt zeigt.

Unten: Fünf unterschiedliche komplizierte Motive auf den Stoffen aus dem königlichen Grab von Oseberg.

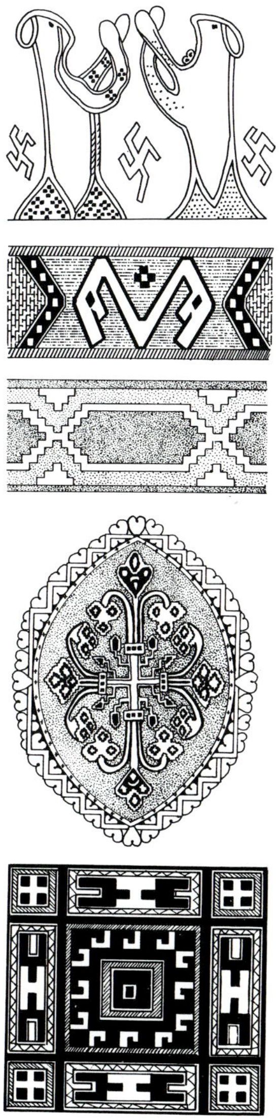

Rechts: Tafelgewebte Borte (vergrößert) aus Birka in Schweden. Durch die Verwendung von Gold- und Silberfäden blieben einige Borten erhalten. Beim Tafelweben führt man die Kettfäden durch Löcher an den vier Ecken einiger rechteckiger Platten aus Holz oder Horn. Man dreht diese jedesmal um ein Viertel, um die Lage der Kettfäden zu ändern, und erhält so komplizierte Muster. Solche Borten verwendete man zur Einfassung von Umhängen und Tüchern oder als Haarbändern. Im Grab von Oseberg fand man 52 zum Weben vorbereitete Tafeln.

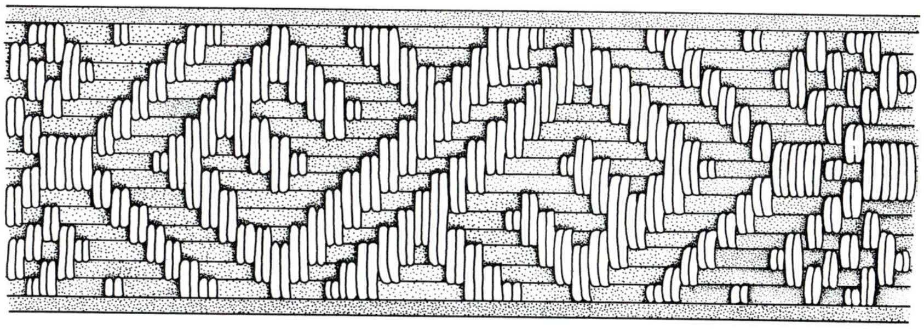

Häusliches Leben

Neben der Zubereitung der Speisen galt die Haupttätigkeit der Wikingerfrauen der Bekleidung der Familie. Sogar in Haushalten, die sich den Kauf der besten Wollstoffe aus Friesland oder von Seiden aus Byzanz leisten konnten, beschäftigte man sich einige Stunden des Tages mit Spinnen, allerdings ließen hier die Damen einen Großteil der Hausarbeit von Sklaven erledigen. Denn diese zeitraubende Arbeit beginnt mit dem Auskämmen der geschorenen Wolle, die versponnen werden sollte; das Garn wurde oft vor dem Weben gefärbt (in diesem Fall muß man Farben aus Pflanzen oder Mineralien herstellen, wie in Stöng geschehen). Den gewebten Stoff bearbeitete man weiter, indem man ihn im Wasser einlaufen ließ, um alle Lücken zu schließen, dann walkte man ihn noch, d.h. man wusch ihn in einer Waschlauge, etwa aus Kuhurin, die den Öl- und Schmutzgehalt verringerte.

Man schnitt das Tuch mit kleinen Textilscheren zurecht, die man für diesen Zweck sorgfältig in einer Schatulle oder in einer besonders geformten Schachtel aufbewahrte. Auch Nadeln mußte man vorsichtig behandeln, und so bewahrte man sie in einem kleinen zylinderförmigen Behälter auf, den man aus einem hohlen Vogelknochen herstellte und an eine Fibel gehängt bei sich trug. Tuch verwendete man außer für Kleidung auch für viele andere Zwekke; man machte daraus Zelte und Wagenplanen und vor allem Segel für die Wikingerschiffe. Die Damen, die genügend Zeit hatten, fertigten Zierborten oder sogar Stickarbeiten an.

Im südlichen Skandinavien wuchs Flachs und seine Verarbeitung zu Leinen stellte eine weitere zeitaufwendige Tätigkeit dar. Von gewissen halbkugelförmigen Glasobjekten nimmt man an, daß man sie zum Glätten der Säume von Leinengewändern benutzte. Der Zweck fein verzierter Platten aus Walknochen, die man in den Gräbern wohlhabender Damen fand (die z. B. auch den Arm eines Webstuhls enthielten), ist weniger eindeutig. Man hat vermutet, daß sie als Plättbretter dienten, aber nur in einem Fall fand man eine solche Platte zusammen mit einem gläsernen Glättestein. Sie kann zum Mangeln der Wäsche gedient haben oder man plättete das Leinen, indem man gefaltete Streifen nasser Wäsche darum schlang und sie dann trocknen ließ.

Geschnitzte Platten aus Walknochen fand man manchmal in den Gräbern wohlhabender Wikingerfrauen, besonders in Norwegen. Sie dienten möglicherweise zum Mangeln, Glätten und Plätten von Stoffen. Die runden gläsernen Glättsteine fand man auch in Frauengräbern. Man benutzte sie wahrscheinlich, um Falten in Leinen zu pressen.

Essen und Trinken

All diese Haushaltsarbeiten waren so zu planen, daß täglich zwei Mahlzeiten zubereitet werden konnten, am Morgen und am Abend. Über den Speiseplan läßt sich wenig Allgemeinverbindliches sagen, denn er unterschied sich in den verschiedenen Gegenden der Welt der Wikinger sehr aufgrund der verschiedenen regionalen Versorgungsmöglichkeiten. Manche Nahrungsmittel wurden auf nahe und ferne Distanz gehandelt. In York gab es eine Fisch-„Fabrik"; in Fyrkat fand man vermutlich importierten Roggen (wahrscheinlich aus Rußland) – und eine Walnuß im Schiff von Oseberg muß aus dem fernen Süden gekommen sein. Die königliche Dame von Oseberg war in ihrem Grab gut mit Nahrung versorgt (von der gesamten Küche – und der alten Dienerin für die schmutzige Arbeit – gar nicht zu reden). Man fand zwei Ochsen, einigen Weizen und Hafer, Kresse, wilde Äpfel und Haselnüsse, auch Kräuter und Gewürze wie Kümmel, Senf und Meerrettich. In Haithabu entdeckte man weitere Wildfrüchte wie Kirschen, Pflaumen, Schlehen, Holunderbeeren, Brombeeren, Himbeeren und Erdbeeren.

Kohl, Erbsen und Zwiebeln einschließlich Knoblauch waren die meist angebauten Gemüsesorten. Man hat in Schweden Brot entdeckt und untersucht; es bestand aus getrockneten Erbsen und Kiefernborke; wenn dies auch kaum eine Delikatesse gewesen sein dürfte, so war es doch vielleicht der Getreideersatz der Armen. Dieses Brot enthielt eine Menge kiesiger Verunreinigungen wie auch ein anderes in Schweden entdecktes Brot, das aus grobem Gerstenmehl bestand. Die Steinchen waren eine Folge der groben Handmühlsteine, sie mischten sich beim Mahlen ins Mehl. Bei soviel Kies im Brot ist es keine Überraschung, daß die Wikinger meist schlechte Zähne hatten. Die *Rígsthula* erwähnt „dünnes weißes Weizenbrot", also leisteten sich wohl die Reichen feines Weizenmehl anstelle des üblichen Gerstenmehls.

Den Teig knetete man in hölzernen Trögen, wie man sie in der Küchenausstattung von Oseberg fand, ann buk man ihn auf glühender Asche in den langen Eisenpfannen, die man in einigen Frauengräbern fand. Das Mahlen und Backen war eine tägliche Aufgabe, denn man mußte dieses Gerstenbrot sofort essen, solange es noch heiß war, danach wurde es steinhart. In Haithabu und Lund fand man bei Ausgrabungen Backöfen, vielleicht gab es in den größeren Wikingerstädten bereits berufsmäßige Bäcker.

Die Wikinger aßen das Fleisch von Hammel und Lamm, Rind und Kalb, Schwein, Ziege und Pferd, doch hielten sie solche Haustiere auch aus anderen Gründen: wegen der Wolle und der Häute, wegen der Milchprodukte sowie zum Reiten und als Zugtiere. Dann jagte man auch viele Tierarten: Elche, Rotwild, Wildschweine und Bären, im Norden auch Rentiere, Wale und Seehunde. Kleinere Tiere wie Hasen und Vögel, etwa Enten, fing man in Fallen oder schoß sie, um die Speisekarte zu bereichern. Auf den Atlantikinseln bildeten Seevögel und ihre Eier eine wichtige Zusatzverpflegung für die Wikingersiedler. Auf den Gehöften hielt man Hühner und Gänse (wie übrigens auch Hunde und Katzen).

Netze, Angelhaken, Schwimmer und Netzsenker aus vielen Wikingerniederlassungen weisen auf die Bedeutung des Fischfangs in Süß- und Salzwasser hin. Fisch war besonders wichtig zur Verpflegung der in Städten konzentrierten Bevölkerung wie in Haithabu, Birka, Lund und York; hier fand man überall Hinweise auf einen bedeutenden Verbrauch an Fisch. Kabeljau, Schellfisch und Hering waren die wichtigsten Fischsorten, die die Fischer von York in der Nordsee fingen, aber auch am Ort gefangene Fische, besonders Aale, wurden verzehrt.

Fleisch und Fisch wurden haltbar gemacht, um Nahrung für den Winter und die Versorgung von Schiffen zu gewinnen. Sklaven ließ man Seewasser verkochen, damit man Salz für solche Zwecke erhielt. Aber man legte solche Nahrungsmittel auch in Salzwasser oder Molke ein, trocknete sie an der Luft oder räucherte sie. Frische Nahrungsmittel aß man im Freien oder im Haus roh oder auf verschiedenen Arten gekocht. Außerhalb der Halle von Hofstadir entdeckte man eine große Kochstelle, die zweifellos für Festgelage diente. Einige Gehöfte wie Jarlshof hatten wohl besondere Küchen, aber meist kochte man an der langen Feuerstelle in der Halle. Kessel aus Eisen oder Speckstein, gelegentlich auch aus Ton, hing man in einem Dreifuß oder mit Ketten an einen Dachbalken

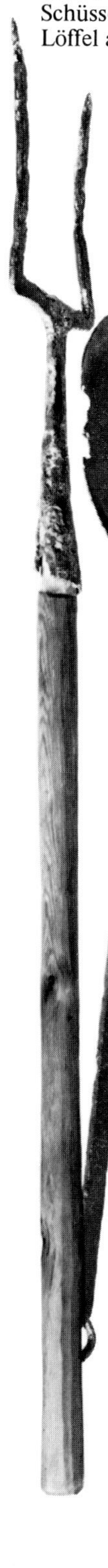

Küchengeräte aus Eisen und Holz. *Unten:* Eine Bratgabel mit langem Griff und eine Backpfanne. *Unten links:* Ein Abtropfbrett zum Käsemachen mit einer Schüssel und einem Löffel aus Lund.

über die Flammen; weitere Tontöpfe und Specksteingefäße stellte man in die Glut der mit Steinen eingefaßten Feuerstellen.

Darin bereitete man gehaltvolle Fleischeintöpfe, Suppen und Breie. Fleisch und Fisch garte man auch in der Asche oder in Herden, die man mit heißen Steinen heizte. In Jarlshof benutzte man diese Methode für Fisch – Seehecht und Kabeljau. Fleisch röstete man auf Spießen oder an langgriffigen Gabeln; so wird wohl auch das „Fleisch gut gebräunter durchgebratener Vögel", das man in der *Rígsthula* einer Edeldame mit versilbertem Geschirr auf einem leinengedeckten Tisch servierte, zubereitet worden sein.

Milch trank man oder verarbeitete sie zu Butter – die abgeschöpfte Molke benutzte man zur Konservierung. Große Fässer wie in der Molkerei von Stöng benutzte man zur Lagerung den Inhalt schöpfte man vor dem Essen in Eimer, aus denen man sich bediente, indem man seine Tassen und Schüsseln füllte. Die Frauen brauten auch Bier für die heidnischen Feiertage und für Feste, die helfen sollten, die Wintermonate mit ihren langen nördlichen Nächten zu überstehen. Honig benutzte man als Grundstoff für süßen, gegorenen Met; Bier gewann man aus gemalzter Gerste, man fügte manchmal Hopfen zur Verbesserung des Geschmacks hinzu (in Haithabu fand man Hopfen). Obstweine gehörten zu den stärksten alkoholischen Getränken, die den Wikingern bekannt waren, denn die Technik der Destillation war damals in Skandinavien noch unbekannt. Die Sagas berichten von vielen Trinkgelagen, und warnend heißt es im *Hávamál*: „Bier ist nicht so gut für den Menschen, wie behauptet wird, je mehr man davon trinkt, desto weniger hat man seine Gedanken unter Kontrolle." Später folgt die Warnung: „Sei vorsichtig aber nicht übervorsichtig; sei am vorsichtigsten mit Bier und dem Weib eines anderen Mannes."

Bier und Met trank man aus Rinderhörnern, von denen manche schön verzierte Metallkanten hatten. Das Trinken aus Hörnern ist eine Kunst, die gelernt sein will, sonst wird aus einem dünnen Rinnsal leicht plötzlich eine Flut, ein anderes Problem liegt darin, daß man ein Horn nicht weglegen kann, bevor es leer-

Das Backen von Brot war eine tägliche Aufgabe der Frauen, da die flachen Laibe ungesäuerten Gerstenbrots schnell hart und ungenießbar wurden. Drehbare Handmühlen benutzte man zum Mahlen des groben Mehls. Den Teig knetete man in einem Holztrog, und dann buk man ihn auf einer Eisenpfanne mit langem Griff in der Glut eines offenen Feuers.

Brettspiele waren bei den Wikingern sehr beliebt.
Oben: Der König aus Walfischknochen gehörte zu einem isländischen Brettspiel.
Unten: Aus Birka stammen diese Spielsteine aus farbigem Glas.
Ganz unten: Zwei Männer beim Brettspiel. Darstellung auf einem schwedischen Runenstein.

getrunken ist; wenn man es also nicht kreisen läßt, muß man den Inhalt in einem Zug austrinken. All dies führt mit Gewißheit zu „einem schnellen Verlust der Zurückhaltung, zu einer freundlichen Lockerung der Abwehrbereitschaft, zur gegenseitigen Ermunterung derselben Instinkte und Bedürfnisse", was ein moderner Kommentator als wichtigstes Ziel des kultischen Feierns bezeichnet hat.

Kleine Silbertassen wie die von Jellinge hat man wahrscheinlich für Obstwein benutzt.

Echten Wein importierte man besonders aus dem Rheinland, aber man servierte ihn wohl nur an den Tischen der Reichsten. Man transportierte ihn in Fässern, wie man sie auf dem Teppich von Bayeux bei der Verschiffung von Wilhelms Kriegsscharen sieht, denn solche Fässer fand man in Haithabu. War ihr Inhalt einmal verkauft oder verbraucht, schlug man häufig die Böden der Fässer heraus und versenkte sie im Boden als vorgefertigte Brunnenfassungen (da der Grundwasserstand hoch war, hatten sie gerade die richtige Größe). Keramikbecher und Trinkgläser importierte man ebenfalls aus dem Rheinland, um den Wein daraus zu trinken und auch die Silberschalen, die man gelegentlich zu mehreren findet, hatte man vermutlich für den gleichen Zweck hergestellt. Speisen servierte man gewöhnlich in hölzernen Schüsseln, aus denen man sie mit Löffeln aus Holz oder Geweih aß. Fleisch aber aß man mit den Fingern von flachen hölzernen Schneidebrettern unter Zuhilfenahme des jeweils eigenen Messers; Gabeln gab es mit Sicherheit nicht.

Gastfreundschaft und Vergnügungen

Freigebigkeit an der Tafel war eine der Tugenden, die in den Texten auf den schwedischen Runensteinen gepriesen werden. Großzügigkeit fand die Bewunderung der Wikinger, Gastfreundschaft galt ihnen als wichtig. Der *Hávamál* erteilt den Rat: „Wenn ein Gast erschöpft bis in die Knie von seiner Reise durch die Berge ankommt, so braucht er Feuer, Nahrung und trockene Kleider." Außerdem konnte man nie wissen, wann man selbst von der Gastfreundschaft anderer abhängig sein würde. Oft wurde man bei einer Reise wochenlang durch schlechtes Wetter aufgehalten oder man war gezwungen, fern von zu Haus auf einer langen Reise zu überwintern.

Die Winterabende verbrachte man nicht nur mit Essen und Trinken. Man trug auch Gedichte vor, schmiedete Verse, erzählte die Familiensagas, so daß sie durch die Generationen überliefert wurden (um schließlich sehr viel später aufgeschrieben zu werden). Man lachte und tanzte auch, spielte Brettspiele am Feuer oder beim Licht einfacher Öllampen. Man bewegte Spielsteine aus Glas oder Knochen über hölzerne Bretter und pflegte eine Art Damespiel.

Bei einem Brettspiel gibt es offensichtlich einen König, den seine Leute gegen einen Angreifer schützen, dieses Spiel hieß *hnefatafl*. Das Schachspiel gelangte jedoch erst am Ende der Wikingerzeit nach Skandinavien.

Bauern und Schmiede

Wenn der Frühling ins Land zog, mußten die Wikinger, die für den Sommer eine Handelsreise oder einen Raubzug planten, nicht nur ihre Schiffe und Geräte vorbereiten - einheimisches Raseneisenerz ausgraben und schmelzen und in eigenen Schmieden zu neuen Waffen und Werkzeugen verarbeiten - sie mußten auch ihre Felder pflügen und bestellen, damit sie ernten konnten, wenn sie im Herbst zu ihren Gehöften zurückkehrten.

Landwirtschaft

Kleine oder steile Felder mußte man mit Picken und eisernen, langstieligen Hacken bearbeiten oder mit einfachen Holzspaten umgraben. Größere Felder pflügte man mit einem einfachen Pflug, der aus einer Art Schar bestand, die eines oder mehrere Tiere durch den Boden zogen, während ein Mann führte. Da so nur eine Rinne und keine richtige Furche entsteht, mußte man den Boden manchmal kreuzweise pflügen. Bei Ausgrabungen fand man nicht viele Hinweise auf das Pflügen. Aber kürzlich entdeckte man unter den dänischen Städten Ribe und Viborg Teile von Äckern. In den Ausgrabungsschichten aus dem 9. Jahrhundert in der Wikingerniederlassung in Udal auf den Hebriden kann man aus anderen Gründen noch die Furchen einer Pflugschar sehen, denn hier hatte man dunklen Kompost unter den weißen Sand gepflügt. Das Düngen der Felder gehörte zu den Pflichten der Sklaven, die auch das Vieh hüteten und schwere Arbeiten wie das Umgraben von Torfmoor auf der Suche nach Brennstoff oder Sumpferz erledigten; bei Bauarbeiten schafften sie das Material heran und erledigten die Schwerarbeit.

Der entwickelte Pflug mit einem Vorschneider vor der Pflugschar, der den Boden aufreißt, damit die spitze Schar in die Tiefe gelangt, sowie einer Vorrichtung zum Wenden der Furche scheint zumindest in der späten Wikingerzeit in Skandinavien bekannt gewesen zu sein. Solch einen Pflug hat man wohl auf dem bekanntesten Wikingeracker, dem von Lindholm Høje, verwendet, der versandete, und auf dem man die

Bei Lindholm Høje in Dänemark fand man in den fünfziger Jahren dieses Feld aus der späten Wikingerzeit. Nach Entfernung einer dicken Flugsandschicht zeigten sich noch die Furchen der letzten Bearbeitung, quer darüber lief ein Karrenweg der Wikinger.

Spuren des letzten Karrens, der ihn überquerte, noch deutlich über den Furchen sieht.

Getreide erntete man mit einer Sichel, Männer und Frauen arbeiteten dabei gemeinsam. Es war auch wichtig, ausreichende Vorräte an Viehfutter für die Dauer der schneereichen Winter zu speichern. Hier gab es natürlich vom südlichen Dänemark bis Island sehr unterschiedliche Gewohnheiten. In Dänemark gab es genügend Weideland, aber in Island mußte man die Rinder in Ställen halten und man benötigte etwa 2.500 kg Heu pro Tier für jeden Winter, deshalb schlachtete man die schwächeren Tiere rechtzeitig und machte das Fleisch in der schon beschriebenen Weise haltbar. Schafe und Ziegen überlebten auch im Freien, wenn man von langen Stürmen absieht. Gras für Heu schnitt man mit Sensen, außerdem verwendete man für das untere Gras Werkzeuge mit breiten Schneidflächen ähnlich einer Hippe.

In der Wikingerzeit entwickelte sich die Gewohnheit, Rinder und Schafe im Sommer ins Gebirge zu treiben, um die dortigen Weideflächen auszunutzen. Dies hatte zur Folge, daß man mehr Boden kultivieren konnte und in der Umgebung der Gehöfte mehr Heu ernten konnte, während sich das hungrige Vieh anderswo befand. Dies galt natürlich besonders für die Berge Norwegens. Im Gegensatz dazu steht das flache und weite Weideland des südlichen Jütland, wo Rinderherden leicht zu halten waren und man sogar ihr Fleisch exportierte. Daher

Der verzierte Wagenkasten aus dem Schiffsgrab von Oseberg liegt auf einem wiegenartigen Gestell, das an den Enden mit menschlichen Köpfen verziert ist. Auf dem Teppich von Oseberg auf S. 121 sieht man ähnliche Wagen in Benutzung. Man konnte das Oberteil von den Rädern heben. Im südlichen Skandinavien diente es oft als Sarg reicher Damen.

kann man über die Landwirtschaft der Wikinger wenig Allgemeingültiges sagen: Sie war gemischt, teils Ackerbau, teils Viehhaltung, dazu Jagd und Fischfang. Das jeweilige Schwergewicht hing von der Gegend und ihren natürlichen Ressourcen ab.

Eisenbearbeitung

Das Schmelzen und Schmieden von Eisen war eine wichtige Aufgabe, der man sich auf vielen, wenn nicht auf allen Höfen widmete, um sich mit allem Nötigen von Waffen und Werkzeugen bis zu Bootsnieten und -nägeln zu versorgen. Wie wir schon gesehen haben, besaßen Jarlshof und Stöng eigene Schmieden für Eisenarbeiten mit geschmolzenem Sumpferz. Eisen von besserer Qualität wurde in Form von Barren verhandelt. Solche Schmieden benötigten eine Grundausstattung an Werkzeugen, darunter Blasebälge und schützende Essesteine, Zangen und Hämmer zum Anfassen und Formen des glühenden Eisens und einen Amboß, um es zu hämmern. Zum Schneiden von Blechen brauchte man Scheren. Meißel und Feilen waren notwendig, und zur Herstellung von Nägeln benutzte man ein besonderes gelochtes Eisenwerkzeug, um die Köpfe zu bearbeiten.

Es gab auch umherreisende Schmiede, die sich auf bestimmte Arbeiten spezialisiert hatten wie das Waffenschmieden, die Bronze- oder die Schmuckherstellung. Andere waren nicht so eng spezialisiert. Der Mann, dessen Werkzeugkasten man in Mästermyr auf Gotland im Sumpf gefunden hat, war ein Zimmermann und Schmied, denn sein Werkzeug umfaßte Säge, Äxte, Beile, Bohrer, Meißel und Feilen.

Verkehr

Möglicherweise verlor der Schmied von Mästermyr seinen Kasten im Winter beim Weg über das Eis; vielleicht fiel er ihm vom Schlitten. In Oseberg fand man als Grabbeigaben mehrere Schlitten, von denen einige sehr schöne Schnitzverzierungen aufwiesen. Einfach Schlitten benutzte man sicher das ganze Jahr über, aber im Winter waren sie von besonderem Nutzen. Tatsächlich konnte man zu dieser Jahreszeit in einigen Teilen Skandinaviens leichter reisen, indem man über die zugefrorenen Seen und Flüsse fuhr, und da die Pelze im Winter im besten Zustand sind, war dies für ein Handelszentrum wie Birka sicher eine geschäftige Jahreszeit. Schlittschuhe aus Pferde- und Rinderknochen hat man oft ausgegraben, so daß man annehmen kann, daß sie wichtige Verkehrsmittel waren. Die Schlittschuhläufer stießen sich mit einer Stange vorwärts. Auch Skier hat man gefunden. Pferdehufe versah man für den Weg über das Eis mit kleinen Eisenspitzen.

Wie der Teppich von Oseberg und die Bildsteine von Gotland zeigen, erfolgten Transporte normalerweise per Pferd. Für schwere Güter verwendete man Packpferde, Karren oder Wagen. Dies zeigt sich auch an vielen Funden von Reitzeug und Pferdegeschirr, nur Sättel fand man nicht. Die Benutzung von Steigbügeln setzte sich während der Wikingerzeit allmählich durch. Den bemerkenswertesten Fund stellt ein Wagen im Grabschiff von Oseberg dar, wenn er auch bei seiner Entdeckung plattgedrückt wurde. Sein reiches Schnitzwerk deutet auf den königlichen Eigentümer hin, doch waren solche Wagen in einfacherer Ausführung im Süden Skandinaviens recht verbreitet, denn ihr abnehmbarer Hauptteil diente vielfach als Sarg bei Frauenbegräbnissen.

Niemand kann leugnen, daß die Skandinavier eifrig reisten. Aber die Dame von Oseberg hatte sich auf ständiges Reisen eingestellt. Nicht nur, daß sie in einem Schiff begraben war, sie verfügte auch über einen Wagen, vier Schlitten und mindestens zehn Pferde, um zu Lande voranzukommen, darüber hinaus besaß sie einen hölzernen Sattel, zwei Zelte und ein Reisebett!

Der Eislauf auf zugefrorenen Flüssen und Seen war eine übliche Art der Fortbewegung im Winter. Dieser lederne Knöchelstiefel, den man in York ausgrub, ist auf einem Schlittschuh aus Tierknochen befestigt. Der Eisläufer stieß sich mit einem Stock vorwärts.

Die königliche Dame von Oseberg hatte man mit vier Schlitten versorgt, die man im Winter auf Schnee, im Sommer auf Gras verwenden konnte. Einer dieser von Pferden zu ziehenden Schlitten war ein gewöhnliches Gebrauchsstück, die übrigen drei waren reich mit Schnitzwerk verziert.

Kunsthandwerk der Wikinger

Dieser groteske Tierkopf entblößt seine Hauer am Ende eines hölzernen Pferdejochs. Dieser Fund aus Søllested in Dänemark steht in der Tradition der skandinavischen Kunst, die sich auf stilisierte Tiere gründete. Das Können der Wikingerkünstler wird deutlich an der hohen Qualität dieses dreidimensionalen, reich vergoldeten Bronzegusses. Die Wikingerkunst ist nicht gegenständlich, meist wollte sie keine Geschichte erzählen, von keinem Ereignis berichten, sondern sie diente wie hier der kunstvollen Verschönerung von Gebrauchsgegenständen des Alltagslebens der Wikinger.

Kunst und Zierrat

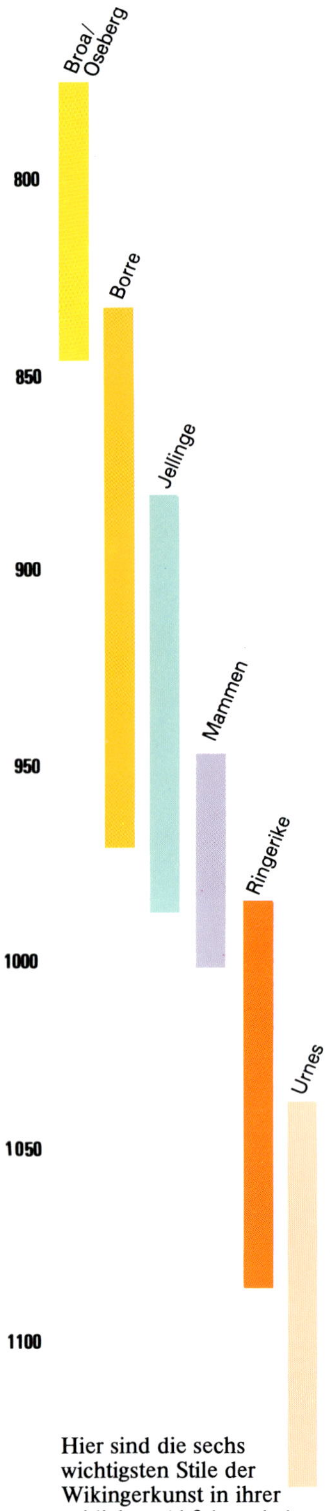

Hier sind die sechs wichtigsten Stile der Wikingerkunst in ihrer zeitlichen Abfolge tabellarisch dargestellt. Es geht um eine allgemeine Vorstellung ihrer jeweiligen Dauer. Ganz genaue Daten kennen wir nicht.

Die Kraft und Vitalität der Wikinger kam auch in ihrer Kunst zum Ausdruck. Die Wikingerkunst wirkt oft ruhelos; sehr häufig handelt es sich um wallende Massen von Ornamenten, die aus stilisierten Tierkörpern bestehen. Verzerrte und verrenkte Tiere bildeten die Grundformen der skandinavischen Ornamentik seit dem 5. Jahrhundert und sie blieben es auch während der Wikingerzeit. Die Kunst der Wikinger wurzelte also in einer jahrhundertealten Tradition. Gleichzeitig war sie gegenüber neuen Einflüssen offen. Sie besaß genug Selbstvertrauen, um sich durch Fremdes inspirieren zu lassen, sie übernahm neue Motive aus Westeuropa, adaptierte sie ohne sklavische Nachahmung, ihren eigenen Gewohnheiten entsprechend. Dieser Prozeß dauerte an, bis mit der Erschöpfung jener Kraft, die ein Kennzeichen der Wikingerzeit war, die einheimische Kunst dekadente Züge entwickelte. Dann, als sich Skandinavien in die Gemeinschaft der christlichen Nationalstaaten einfügte, übernahm es die neue Romanische Kunst, die Europa eroberte.

Nur weniges im Skandinavien der Wikingerzeit können wir als reine Kunst bezeichnen. Die Wikingerkunst ist fast immer angewandte Kunst, Verzierung von Gebrauchsgegenständen. Aber die Wikinger besaßen eine Vorliebe für Ornamente, daher bekamen ihre Holzschnitzer und Kunstschmiede jede Gelegenheit, ihr Können bei der Herstellung von Gebrauchsgegenständen und Schmuck zu beweisen, die Glanz und Farbe in den Alltag brachten.

Unsere Quellen für das Studium der Wikingerkunst sind begrenzt, weil wir nur sehr wenige ihrer Objekte kennen. Wir wissen zu wenig über die Webkunst, obwohl uns der Teppich von Oseberg eine Andeutung ihrer Größe gibt, auch die meisten Holzschnitzereien sind vernichtet, und wir kennen nur sehr wenige Spuren von Holzbemalungen. Der Skalde Bragi beschreibt in seiner *Ragnarsdrápa* einen mit Darstellungen bemahlten Schild, auf dem Thor nach der Weltenschlange angelt, aber keine solche Darstellung blieb uns erhalten. Die meisten uns überlieferten verzierten Gegenstände des 9. und 10. Jahrhunderts stammen ursprünglich aus heidnischen Grabstätten: Waffen, Fibeln, Pferdegeschirr und andere für den Alltag der Wikinger wichtige Stücke. Die wohlhabendsten Wikinger wie die Königliche Dame von Oseberg, die es sich leisten konnten, spezialisierte Handwerker zu beschäftigen, besaßen sogar im Grabe Schiffe, Wagen und Betten im Stile der Zeit. Mit dem Ende der heidnischen Bestattungsbräuche versickert diese Informationsquelle in der späten Wikingerzeit. Stattdessen müssen wir uns an die silbernen Gegenstände in den Schatzfunden und an Funde aus aufblühenden Städten wie Trondheim und Lund halten. Aber neu hinzu kam nun eine ganze Reihe von christlichen Kunstwerken. Unter christlichem Einfluß schuf man nun häufig ornamentierte Runensteine zur Erinnerung an gute Taten und an die Toten.

Der früheste Stil: Broa und Oseberg

Die von den skandinavischen Künstlern der frühen Wikingerzeit wiedergegebenen Tiere stellten sehr üppige Kreaturen dar, die wegen ihres hohen Abstraktionsgrads zoologisch nicht bestimmbar sind, jedoch finden sich Vögel darunter. Die beiden Hauptfunde mit Ornamenten versehener Objekte des ersten Wikingerstils stehen in starkem Gegensatz zueinander: Das königliche Grab von Oseberg mit seiner unvergleichlichen Fülle an Holzschnitzereien und ein Grab in Broa auf Gotland, wo ein Mann mit seinem Zaumzeug begraben wurde, das mit zweiundzwanzig Metallplättchen geschmückt ist.

Die Beschläge von Broa sind aus Bronze gegossen und vergoldet, ein Werk meisterhafter Formgestaltung. Ihr Schöpfer schwelgte in verschlungenen Tiergestalten mit kleinen Köpfen, blattartigen Füßen und unzähligen Ranken, die ein Kernbestand seiner skandinavischen künstlerischen Tradition waren. Doch erscheint auf einigen der Beschläge ein neues Motiv, ein weit plumperes Tier mit Tatzen, die in den umgebenden Rahmen greifen – das sogenannte „Greiftier".

Auf dieses Motiv werden wir noch ausführlich zurückkommen.

Den frühesten Wikingerstil sehen wir auf diesen bronzevergoldeten Beschlägen, die ein Zaumzeug zierten, das man in einem Männergrab in Broa auf Gotland fand. Auf allen Platten entdecken wir gekrümmte Tiere, aber die untere rechte hat in ihrer Mitte ein vierschrötiges Greiftier. Diese beiden Typen von Tieren stellen die wichtigsten Motive des Broa-/Oseberg-Stils dar. Aus diesem ersten Wikingerstil gingen die späteren hervor.

Schnitzereien von Oseberg

Die Holzschnitzereien von Oseberg – die Verzierungen des Wagens, der Schlitten, der Betten und der Pfosten mit Tierköpfen – sind das Werk einer königlichen „Schule" norwegischer Holzschnitzer aus Vestfold. Unter den Ornamenten befinden sich Arbeiten traditionalistisch orientierter Meisterschnitzer und solche ihrer experimentierfreudigeren Schüler. Wie bei den Beschlägen von Broa herrschen die traditionellen sich schlängelnden Tiere vor, aber auf einigen Stükken erscheint schon das „Greiftier". Eines der konservativsten Stücke, der Pfosten, dessen Künstler wegen seines peniblen Stils den Spitznamen „der Akademiker" erhielt, gilt als das schönste Schnitzwerk der Grabstätte.

Wir kennen den Zweck dieser Pfosten mit Tierköpfen nicht, aber ihr furchterregender Anblick mit den weit aufgerissenen Schnauzen läßt vermuten, daß sie böse Geister abschrecken sollten. Die Pfosten mit den Tierköpfen sind unter den Schnitzereien von Oseberg nach Plan und Ausführung die plastischsten Werke. Die Handwerkskunst geht bis ins kleinste Detail, aber die Liebe der Wikinger zum extravaganten Ornament beschränkte sich nicht auf die kunstvoll geschnitzten Oberflächen: Einige der Fundstücke von Oseberg sind zusätzlich mit silberköpfigen Nieten geschmückt.

Die Verzierung des großen Wagens enthält eine bemerkenswerte Reihe von Mustern, die unter den übrigen Schnitzereien einzig dastehen. Sie reichen von den naturalistischen Menschenköpfen am Gestell bis zu den verschlungenen schlangenartigen Wesen an den Seiten. Vorn und hinten findet man Szenen mit Gestalten, die an den Teppich von Oseberg erinnern. Hier gibt es einen von Schlangen umschlungenen Mann – vielleicht der Sagenheld Gunnar, den man in eine Schlangengrube warf – und eine rätselhafte Szene zwischen einer Frau, einem Mann und einem Reiter.

Die Pracht der Schnitzereien von Oseberg und das Können ihrer Schöpfer machen uns deutlich, wie vieles von den größten Werken der Wikingerkunst für immer verloren ist, da nur so wenige Holzarbeiten aus jener Zeit erhalten geblieben sind.

Diese beiden hervorragend geschnitzten Tierkopf-Pfosten vom Oseberg-Grabschiff sind Beispiele für die beiden Hauptmotive des frühesten Wikingerstils (wie wir sie bei Metallarbeiten schon an den Broa-Beschlägen gesehen haben). Der Kopf *rechts* weist die traditionelle und disziplinierte Form der geschmeidig gekrümmten Tiere nach Art der Vor-Wikingerkunst auf. Sein konservativer Stil und sein Können in Entwurf und Ausführung haben dem Künstler den Spitznamen „der Akademiker" eingebracht. Der andere Kopf *(oben)* ist mit einem Gewimmel von „Greiftieren" bedeckt – dieses kraftvolle neue Motiv stellt den wirklichen Anfang der Wikingerkunst dar.

Das „Greiftier"-Motiv

Derb, kräftig und kühn ist das „Greiftier" ein passendes Symbol für die Wikinger, denn es versinnbildlicht den Unterschied zwischen der frühesten Wikingerkunst und der der vorangegangenen Perioden. Es entsprach dem Geschmack der Wikinger so sehr, daß es für anderthalb Jahrhunderte weite Bereiche der Wikingerkunst prägte. Selbst nach dieser Zeit verschwand es nicht, sondern tauchte auch in späteren Jahrhunderten als Motiv in der skandinavischen Kunst auf.

Wie der Name schon sagt, sind die Hauptkennzeichen des „Greiftieres" seine Klauen, die den Rahmen umklammern, sie sind Bestandteile der eigenen Anatomie oder der es umgebenden Tiere. Seine Herkunft ist unbekannt, in Broa taucht es in Andeutungen auf und bei einigen Schnitzwerken der Grabstätte von Oseberg hat man es mit Hingabe benutzt, um ein dichtes Gedränge einander umschließender Tiere zu gestalten. Der Erfindungsreichtum der Schnitzerschule von Oseberg war so groß, daß es in vielen Formen zu finden ist, selbst in menschlicher als Teil der Verzierung des Schiffs.

Zu den glänzendsten Beispielen früher „Greiftier"-Ornamentik gehören zwei ovale Spangen aus Lisbjerg in Jütland, von denen eine unten abgebildet ist. Ein Netzwerk geometrischer Formen umgibt jedes Tier, das bis in alle Einzelheiten durchgestaltet ist. Das katzenhaft grinsende Gesicht sieht man voll von vorn; das Tier besitzt einen Zopf. Vorder- und Hinterhand sind besonders betont, bei den kleinsten Körpern berühren sie einander. Die Beine sind klein im Vergleich zu den massigen Pranken, die den Körper und die Umrandung umkrallen. Einige wenige Bernstein- und Gagatschnitzereien ähnlicher Ungeheuer hat man in Skandinavien entdeckt.

Nachdem sie das „Greiftier" einmal geschaffen hatten, war es natürlich nicht weiter überraschend, daß die Wikingerkünstler weiter mit dieser Figur experimentierten, denn sie stellte ein neuartiges und lebhaftes Motiv dar, und man konnte ihre Körperteile leicht so anordnen, daß man jeglichen freien Raum an einem Gegenstand damit schmücken konnte. Eine Weiterentwicklung des „Greiftieres" bildet eines der beiden Hauptmotive des Borre-Stils (der auf den Broa-Stil folgende Kunststil, der seinen Namen nach der Verzierung der bronzenen Zaumzeugbeschläge aus einem anderen norwegischen Grabschiff in Borre in Vestfold erhielt).

Ein schwedischer Fund, ein Anhänger aus dem Schatz von Vårby, den man um 940 vergrub, zeigt in einfacher Form die Charakteristika des „Greiftiers" im Borre-Stil. Obwohl in einem Kreis eingeschlossen, besitzt das Muster eigentlich eine dreieckige Form.

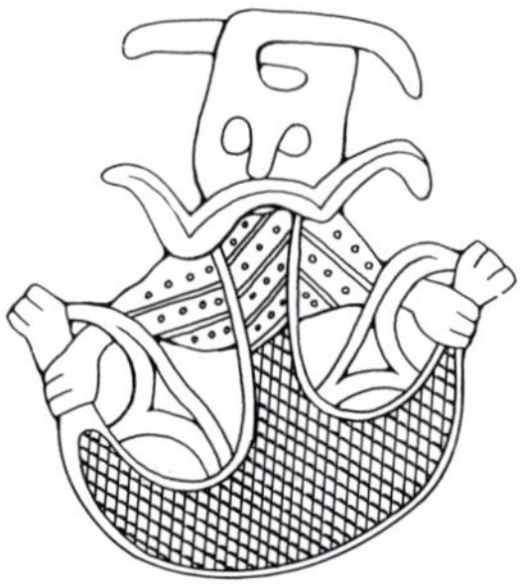

Oben: Gebrauchsgegenstände, die man im Schiffsgrab von Oseberg fand, zeigen einige der frühesten in Holz geschnitzten „Greiftier"-Ungeheuer. Darunter befinden sich ungewöhnliche, menschenähnliche Versionen, wie *links* auf einem Brett des Schiffes.

Rechts: Fröhlich sich selbst würgend grinst dieses „Greiftier"-Ungeheuer von der Oberseite eines Paares dänischer Spangen aus dem 9. Jahrhundert. Die Familie der Greiftiere besteht aus verschiedenen Arten solcher verdrehter Wesen mit Klauen, die den eigenen Körper, andere Tiere oder den umgebenden Rahmen umklammern.

Links: Vier gekrümmte Greiftiere sind mit den Gesichtern zur Mitte gerichtet auf jeder dieser beiden schwedischen Silberspangen aus dem 10. Jahrhundert angeordnet. Die dreieckigen Köpfe sind berühmt – ein Grundzug des Borre-Stils wie die hervortretenden Augen und die „Micky Maus" -Ohren.

Zwei vergoldete Silberanhänger aus Vårby, Schweden, um 940 zeigen das Greiftier in verschiedenen, jedoch gleichzeitigen Varianten. *Oben:* Ein einzelnes Tier in der typischen Haltung des Borre-Stils: Über einem verschlungenen Körper starrt uns ein maskenartiger Kopf an. *Unten:* Ein Tierpaar des Jellinge-Stils zeigt Köpfe in Seitenansicht, Zöpfe und gekerbte Körper, aber auch greifende Klauen, die auf eine gemischte Ahnenreihe hindeuten.

Unten: Aus Norwegen stammen diese Greiftiere aus Bernstein. Sie zeigen die Anwendung des Motivs auf runden Formen.

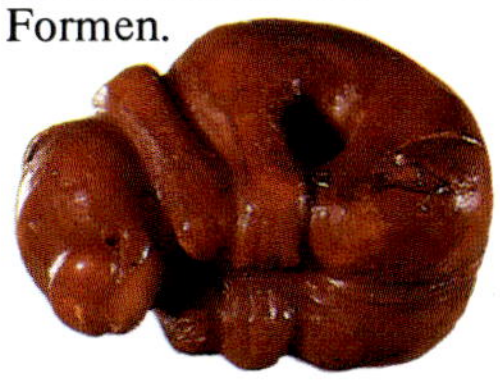

Ein Paar schwedischer Spangen aus dem 10. Jahrhundert zeigt das „Greiftier" des neuen Stils in seiner vollen Schönheit. Eine vierblättrige Spange an einer Kette, ihre Oberfläche wird durch ein Kreuz in vier Felder geteilt, eine Tiermaske sitzt am Ende jedes Kreuzarmes. In jedem Viertel sitzt ein Tier im Borre-Stil, so angeordnet wie auf dem Anhänger von Vårby, nur blickt der Kopf jeweils zur Mitte der Spange. Die andere Fibel, mit Silberfiligran verziert und scheibenförmig, besitzt kein teilendes Kreuz, so daß sich die Schnauzen der vier Tiere in der Mitte berühren. Hier sind die Körper schlangenartiger denn je, sie sind aus Silberdrähten hergestellt, ihre verlängerten Hüften sind mit kleinen Granulaten gefüllt, die Klauen bestehen aus U-förmigen Elementen.

Der Borre-Stil blühte lange Zeit gleichzeitig mit dem Jellinge-Stil, der seinen Namen nach einer königlichen Grabstätte hat. Der eigentliche Jellinge-Stil verwendet das „Greiftier" nicht, er zieht schlangenartige Tiere, im Profil wiedergegeben, vor. Aber man findet häufig Mischungen beider Stile, oft am gleichen Objekt. So entstanden interessante Borr/Jellinge-Bastarde. Ein zweiter Anhänger aus dem Vårby-Schatz zeigt eine derartige Kreuzung; er besteht aus einem Paar rückwärts blickender Tiere im Jellinge-Stil mit zopfartigen, im Profil dargestellten Köpfen und dünnen, schraffierten Körpern, die sich selbst greifen nach Art ihrer Vettern im Borre-Stil.

Holzschnitzerei und -bemalung

Der natürliche Überfluß an Holz in Skandinavien hat es für seine Einwohner immer zum wichtigsten Rohmaterial gemacht. Jeder Bauer der Wikingerzeit war sein eigener Zimmermann – ja jeder Mann trug ständig ein Messer bei sich und es gab wohl viele, die sich in ihrer Freizeit als Holzschnitzer beschäftigten. Zweifellos waren die Türen, Giebel und das Innere der Häuser oft mit Schnitzereien und Malereien verziert, aber Holz ist wenig haltbar und nur wenig von der üblichen, alltäglichen Zierkunst der Wikinger blieb erhalten.

Die Qualität der Oseberg-Schnitzereien vom Anfang des 9. Jahrhunderts zeigt sich an diesem Detail eines Schlittens. Ein scheinbar zufälliges Gewirr von Ornamenten erweist sich als bewußt angelegtes Muster von Tieren.

In das Portal der Kirche von Urnes im Westen Norwegens, aus dem 11. Jahrhundert stammend, ist eine anspruchsvolle Komposition ununterbrochen kurvender Linien tief eingeschnitzt. Doch alle Linien gehören zu Tieren und Schlangen, die einander beißen.

Berufsmäßige Schnitzer

Die Verzierungen der Funde von Oseberg aus dem 9. Jahrhundert und der Kirche von Urnes in Norwegen aus dem 11. Jahrhundert stellen keine alltäglichen Schnitzereien dar, sondern sind Werke von außerordentlich begabten Spezialisten. So besitzen wir trotz der Tatsache, daß Holz in normalen Grabstätten schnell verrottete, glücklicherweise vom Beginn und vom Ende der Wikingerzeit einige bemerkenswerte Zeugnisse kunstvoller Schnitzereien, die das Wollen und das Können der wikingischen Künstler verdeutlichen. Wir haben die Besonderheiten einiger der Ornamente von Oseberg bereits beschrieben; dies waren jedoch Schnitzereien für den Hausgebrauch, deshalb sind sie mit der monumentalen Ausschmückung der Kirche von Urnes schwer zu vergleichen. Dennoch verwendete man auch in Urnes Muster, die von den traditionellen stilisierten Tieren ausgehen. Hier finden wir verschnörkelte Körper, fast so groß wie Windhunde und mit Schlangen verwickelt. Zwei Techniken kamen zur Anwendung: ein niedriges Flachrelief an den Giebeln und fast vollplastisches Schnitzwerk am Portal und an der Wand.

Die Anwendung von Farbe

Eine Holzarbeit, die man in der Kirche von Hørning in Dänemark ausgrub, zeigt eine Schlange, deren Körper wie bei den Tieren an der Kirche von Urnes elegant verschnörkelt ist. Das Auge ist rot bemalt und der Hintergrund ist schwarz. Rot, blau, braun, weiß und schwarz waren die wichtigsten Farben für Bemalungen. Man fand sie auch auf Runensteinen, wie Funde auf der Insel Öland und der Wikingerstein in der St.-Pauls-Kathedrale in London zeigen. Gelb wurde ebenfalls benutzt, so an einigen Schilden aus dem Grabschiff von Gokstad und an Holz aus dem dänischen Königsgrab von Jellinge.

Diese Holzfragmente zeigen den gleichen Stil wie die Verzierungen des ebenfalls in Jellinge stehenden Steins von Harald Blauzahn. Eines besitzt ein durchbrochenes Rankenmuster, aber das andere (hier abgebildete) besitzt die Form eines bärtigen Mannes, sonst sind nur der Kopf und der Rumpf erhalten, um die Taille schlingen sich Bänder, die ein Reif zusammenhält, so wie bei dem Geflecht, das den Körper Christi auf dem Stein umgibt.

Möbel und Ausschmückung des Hauses

Kürzlich fand man bei Ausgrabungen in den feuchten Siedlungsschichten der mittelalterlichen Stadt Nidaros unter der norwegischen Stadt Trondheim zwei Bretter mit Tierornamenten im Urnes-Stil des 11. Jahrhunderts. Das dünnere Brett, dessen eines Ende schon 1914 beim Bau eines Wassergrabens verloren ging, trägt in der Mitte einen Tierkopf mit mandelförmigem Auge und ist von dichtem Rankenwerk umgeben und durchdrungen. Diese Bretter waren möglicherweise Teile von Haushaltsmöbeln.

Wir wissen auch, daß man Häuser innen und außen mit Schnitzereien verzierte. Die Tierköpfe, die an den Enden der hausförmigen Truhe von Cammin hervorstehen (s. S. 207) legen die Annahme nahe, daß man Häusergiebel in dieser Weise verzierte. Ein isländisches Gedicht aus dem späten 10. Jahrhundert beschreibt die Szenen, die in die Holzverkleidung der Wohnhalle eines Häuptlings geschnitzt waren. Aus Funden in Island gewinnen wir zumindest eine Vorstellung vom Aussehen solcher Holzarbeiten, denn einige beschnitzte Bretter aus dem 11. Jahrhundert wurden im Dach eines Bauernhofs in Flatatunga wiederverwendet (s. S. 191). Unter einem Blattmuster befindet sich eine Reihe von Heiligen, daher ist anzunehmen, daß man hier die Bretter einer Kirche und nicht einer älteren Wohnhalle verwendete.

So schön solche Meisterstücke auch sind, der Zufall hat uns aus großen Teilen des 9. und 10. Jahrhunderts keine Holzschnitzereien erhalten. Wollen wir die Entwicklung der Wikingerkunst weiter verfolgen, müssen wir uns nun den Arbeiten der Kunstschmiede zuwenden.

Oben: Dies im Urnes-Stil verzierte Brett aus Trondheim kann Teil eines Möbelstücks, vielleicht eines Stuhls oder einer Truhe, gewesen sein.

Nur wenige Holzschnitzereien der Wikinger haben die Zeiten überdauert, und Spuren der Originalbemalung sind noch seltener, doch bemalte man gewöhnlich alle Arten von Skulpturen, wie diese Beispiele zeigen. *Oben links:* Diese Schlange im Urnes-Stil, die man in einen Balken der Kirche von Hørning in Dänemark geschnitzt hatte, war rot angemalt, um gegen den schwarzen Hintergrund abzustechen.

Rechts: Die stilisierte Darstellung eines gefesselten Mannes in Rot und Gelb fand man in dem königlichen Grabhügel von Jellinge in Dänemark.

Kunstschmiede des Borre-Stils

Diese mit Greiftieren in Filigrantechnik geschmückten dänischen Gold- und Silberspangen beweisen, daß der Borre-Stil bei feinen Metallarbeiten seine höchste Vollendung erreicht.

Unten: „Gaut schuf dies und alles auf Man" rühmt die Runeninschrift auf dieser Holzplatte in Kirk Michael auf der Insel Man. Gaut ist der erste Wikingerkünstler, dessen Namen wir kennen. Unter seinen Lieblingsmustern befand sich das Kettenornament – ein Merkmal des Borre-Stils. Hier läuft es den Schaft des Kreuzes hinauf.

Die Ornamente der Feinschmiede sind die Hauptquelle unseres Wissens von der Geschichte der wikingerzeitlichen Kunststile. Die Entwicklung der Stilmoden läßt sich an den Produkten der Gold- und Silberschmiede verfolgen, die im Auftrag wohlhabender Herren arbeiteten oder an Kunden verkauften, die danach trachteten, ihre gesellschaftliche Stellung zur Schau zu stellen. Die billigeren Bronzearbeiten, die man oft in Gräbern findet, nützen uns weniger, sie sind flüchtig und oft primitiv und ihre Ornamente sind stilistisch schwer einzuordnen.

Filigran- und Granulatarbeiten

Die bronzenen Zaumzeugbeschläge, nach denen der Borre-Stil benannt ist, sind selbst Nachahmungen feinerer Stücke und weisen daher nicht die Originalität der Verzierungen und die handwerkliche Qualität auf wie etwa die älteren Stücke aus Broa.

Aber die Kunstfertigkeit, mit der die Künstler des Borre-Stils die Filigran- und Granuliertechnik handhabten, wird an solchen Meisterstükken deutlich wie dem Goldsporn von Værne Kloster und den beiden hier abgebildeten dänischen Scheibenfibeln. Filigran besteht aus geperltem Draht. Um ihn herzustellen, zog man zuerst normalen Draht durch immer kleinere Löcher (soweit wendet man heute noch die gleiche Technik an). Dann verschaffte man ihm das Aussehen einer Perlreihe, indem man ihn zwischen ausgekehlte Flächen preßte. Man konnte die Kerben auch einfacher herstellen, indem man den Draht mit einem Messer schraffierte. – Die winzigen Gold- oder Silberkörner, die man in Mengen für Granulierungen benötigte, stellte man her, indem man Draht in ganz kleine Stücke schnitt und diese auf Holzkohle legte: Bei Erhitzung schmolzen sie und nahmen Kugelform an. Die Perlendrähte kombinierte man oft mit einfachen oder gedrehten Drähten, um raffinierte Linien und Einfassungen herzustellen, und die Körnchen verwendete man zur Füllung von Flächen im Muster. Beide Zusätze lötete man auf eine Grundplatte vom gleichen Metall (Gold oder Silber), in die man manchmal schon ein Relief mit den Grundzügen des künftigen Musters eingepreßt hatte.

Ein Grundzug der Bronzearbeiten im Borre-Stil besteht darin, daß die Umrisse der Ornamente im allgemeinen gekerbt sind, ein Versuch Filigran für die Massenproduktion zu imitieren. Wenn möglich, wurde das Objekt auch noch vergoldet, um die Imitation noch eine Stufe weiter zu treiben.

Dieser einzigartige Goldsporn aus Værne Kloster in Norwegen stellt ein Meisterstück der Filigrantechnik dar. Er kombiniert das Kettenmotiv des Borre-Stils mit Tierköpfen zu einem originellen und unüblichen Ornament.

Die Motive es Borre-Stils

Auf den dänischen Scheibenfibeln erkennt man deutlich das „Greiftier" des Borre-Stils, das wir bereits von schwedischen Spangen her kennen (s. S. 137). Wie auf diesen befinden sich auch hier die Köpfe in der Mitte. Anders auf einer kleineren Brosche aus dem Schatz von Vester Vedsted, vergraben um 925, wo sie eine ungewöhnliche Position eher unter als über den gekrümmten Körpern einnehmen.

Das zweite Hauptmotiv des Borre-Stils stellt ein Flechtbandornament, das sogenannte „Kettenmuster" dar. Hier zeigen wir ein Steinkreuz von der Insel Man, das ein gewisser Gaut hergestellt hat; seine Flechtmuster ähneln denen aus dem Nordwesten Englands, wo er vielleicht sein Handwerk erlernt hat. Flechtmuster finden wir auch an der Außenfläche des Sporns aus Værne Kloster, obwohl in diesem Falle eine weitere Verzierung mit Tierkörpern im Profil hinzukommt. Diese Köpfe im Profil entsprechen mehr den Ungeheuern des Jellinge-Stils; die maskenähnlichen Tierköpfe dagegen, die auch auf dem Sporn vorkommen, sind für den Borre-Stil typisch.

Der Borre-Stil war annähernd 150 Jahre lang sehr beliebt. In dieser Zeit breitete er sich über die gesamte Welt der Wikinger einschließlich Rußlands aus. Von seinen Motiven wurde das Kettenmuster in England und Irland besonders beliebt. Man fand es etwa auf einem Spielbrett in Ballinderry (s. S. 101), auf verschiedenen Steinen auf Man und auf dem Kreuz von Gosforth in Cumbria (s. S. 74).

Unten: Diese dosenförmige Spange aus Gotland entstand, nachdem der Borre-Stil aus der Mode gekommen war, denn ihre meisten Verzierungen entsprechen dem Ringerike-Stil, aber das großartige Goldfiligran weist Grundzüge des Borre-Stils auf.

Der Jellinge-Stil

Der Jellinge-Stil erhielt seinen Namen nach einem Silberbecher, den man zusammen mit den auf Seite 139 schon beschriebenen Holzbruchstükken im nördlichen Hügel der königlichen Grabstätte im dänischen Jellinge fand, und zwar in der Grabkammer, in der wahrscheinlich König Gorm und seine Gattin Thyra bestattet wurden. Der kleine Becher steht auf einem gestielten Fuß; das Oberteil ist mit einem Paar ineinander verschlungener Tiere verziert.

Diese s-förmigen Wesen sind die typischen Tiere des Jellinge-Stils. Ihre Körper erinnern an Zierbänder - sie sind von gleichmäßiger Breite und mit einem Leitermuster ausgefüllt. Der Kopf steht im Profil mit offenem Maul und einem typischen Schnörkel oder einer Falte an der Oberlippe. Der lange Zopf und das spiralförmige Hüftstück bilden ein weiteres typisches Merkmal des Jellinge-Stils.

Die skandinavischen Siedler brachten den Jellinge-Stil nach Britannien, wo er beliebter als der Borre-Stil war, wenn man einmal vom Kettenmuster absieht. Die anglo-skandinavischen Schnitzer von Yorkshire wandten diesen Stil an, aber meist in einer ziemlich verfälschten Form (wie auf der Rückseite des Kreuzes von Middleton). Auf der Insel Man gab es Goldschmiede, die diesen Stil unverfälscht vertraten, und die mit feinen Ornamenten versehenen Fibeln, die man um 950 oder wenig später in Skaill auf den Orkneys vergrub, können sehr wohl dort hergestellt worden sein. Sie sind mit eingravierten Türen verziert, die alle Merkmale aufweisen, die uns vom Jellinge-Becher her bekannt sind, hinzu kommen allerdings rankenartige Auswüchse ihrer Körper - Zeichen, die zu den Tieren des nun folgenden Mammen-Stils überleiten.

Der Jellinge-Stil entwickelte tatsächlich diese überladenen Tendenzen sowohl in Skandina-

Rechts und unten: Mit Köpfen im Profil, spiralförmigen Hüften, Zöpfen und aufgerollten Oberlippen verkörpert das Paar bandartiger, miteinander verschlungener, rundumlaufender Tiere auf dem Becher von Jellinge die Grundzüge jenes Stils, dem er den Namen gab. *Ganz rechts:* Eine entwickeltere Form des Jellinge-Stils bilden Tiere mit rankenartigen Auswüchsen, wie sie eine Silberspange zieren, die man in Skaill auf den Orkneys fand. Den Vogel unten sollte man mit dem auf der Axt von Mammen vergleichen (s. S. 145).

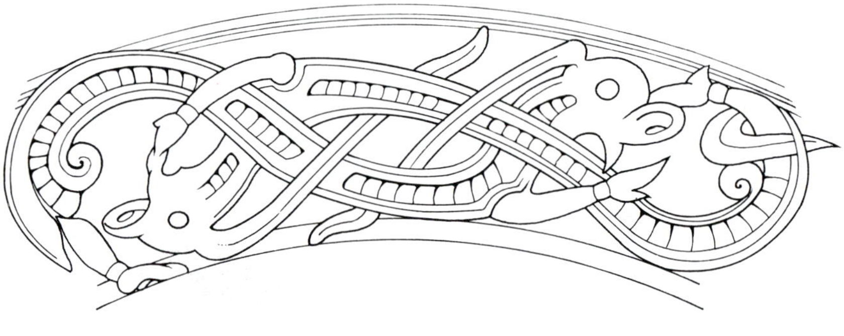

vien als auch in Britannien, dies beweist ein Pferdejoch, das man in Søllested auf Fünen fand. An diesem Joch zeigt sich, daß die Goldschmiede des Jellinge-Stils die schon beim Borre-Stil übliche Methode anwandten, Filigranverzierung in Gußtechnik nachzuahmen.

Man findet aber auch echte Filigranarbeiten im Jellinge-Stil, etwa auf der Scheibenfibel aus Tråen in Norwegen, die aus einem um das Jahr 1000 niedergelegten Silberschatz stammt.

Nachdem wir bereits schwedische und dänische mit Filigran verzierte Fibeln im Borre-Stil besprochen haben (s. S. 137 und S. 140), gibt uns diese Fibel aus Tråen die Möglichkeit eines direkten Vergleichs zweier Objekte von gleicher Form und Technik, die mit dem gleichen Muster in verschiedenen Stilen geschmückt sind.

Auf der Fibel von Tråen finden sich drei Tiere in derselben Anordnung wie auf den älteren Spangen: den Kopf zur Mitte gerichtet. Aber die Einzelheiten des Musters kann man nur mit Hilfe der Borre-Fibeln verstehen, denn auf den ersten Blick wirkt es völlig chaotisch.

Wie beim Jellinge-Stil nicht anders zu erwarten, sieht man die Köpfe im Profil mit aufgerollter Oberlippe und einem langen Zopf, die drei großen Silberkugeln, die die Augen dreier Tiere bilden, geben einen deutlichen Hinweis auf die Lage der Köpfe. In der Art der schwedischen Fibeln des Borre-Stils sitzen die Köpfe oberhalb der bogenförmigen Körper, die Vorderbeine sind nach rechts, die Hinterbeine nach links gerichtet, die langen, dünnen Schwänze machen das in sich verschlungene Muster noch komplizierter. Es sind keine Greifklauen dargestellt, nur einfache u-förmige Füße.

Das Pferdejoch von Søllested auf den Seiten 130/131 ist prachtvoll im Jellinge-Stil verziert. Auf seinem Oberteil stützten zwei Rücken an Rücken angeordnete Tiere eine kleine Platte mit einander anblickenden menschlichen Gestalten.

Diese Filigranspange aus Norwegen *(links)* interpretiert ein bekanntes Muster des Borre-Stils neu im Jellinge-Stil.

Der Mammen-Stil

Das Tier des Mammen-Stils entwickelte sich unmerklich aus dem des Jellinge-Stils. Beide zu unterscheiden ist schwierig und für die Übergangszeit wäre es ein Fehler, sie unterscheiden zu wollen. Allmählich wird der Tierkörper stattlicher, werden die Proportionen naturalistischer als bei seinen ausgemergelten Vorläufern und die spiralförmigen Hüftgelenke werden größer. Entsprechend dem Wachsen des Körpers benötigt man mehr Muster, um ihn auszuschmücken: Auf dem schmächtigen Körper eines Tieres vom Jellinge-Stil gab es keinen Platz für mehr als eine einzige Reihe von Kerben oder Perlen.

So wichtig diese Fortentwicklungen sind, so sind sie doch nicht bahnbrechend, und man ist versucht, den Mammen-Stil als eine Übergangsphase vom Jellinge-Stil zum nachfolgenden Ringerike-Stil abzutun. Sicher war der Mammen-Stil für höchstens zwei Generationen in Mode. Dennoch bringt er in einer wichtigen Hinsicht Neuerungen in die Geschichte der Wikingerkunst.

Der Broa- und der Borre-Stil waren nicht daran interessiert, mit Pflanzen, ihren Blättern oder ihren Ranken als Grundlage für Schmuckmotive zu arbeiten: Tiere und abstrakte Schnörkel genügten. Im Jellinge-Stil gab es eine Andeutung stämmiger Ranken als schmückende Anhängsel an Tierleibern. Im Mammen-Stil tauchen erstmals unverhüllt Blattmuster auf.

Diese Entwicklung stellt keine Überraschung dar, denn in Westeuropa verwendete man im 9. und 10. Jahrhundert allgemein kunstvolle Blattmuster, besonders aus Weinreben und Akanthusblättern. Die große Goldfibel aus dem Schatzfund von Hon (s. S. 33) beweist, daß die karolingischen Akanthusblattmuster seit dem 9. Jahrhundert nach Skandinavien gelangten. In dieser frühen Zeit gab es einige Nachahmungsversuche, aber sie führten nicht weit. Im späten 10. Jahrhundert war die Zeit wohl reif für einen weiteren Schritt in dieser Richtung, denn eine Seite der Axt von Mammen, der dieser Stil seinen Namen verdankt, ist ganz mit einem wuchernden Blattmuster verziert.

Diese wunderbare eiserne Streitaxt, die man in Mammen in Jütland fand, enthält zu beiden Seiten Einlegearbeiten aus Silberdrähten: eine Seite mit dem Blattmuster, die andere mit einem Vogel. Der Vogel hat einen gefleckten Körper und eine gewaltige Spiralhüfte; seine Flügel und sein Schwanz gehen in lange, dünne, gewundene Ranken über. Ganz oben auf der Axt sitzt ein Paar runder Augen über einer großen Nase, darunter wachsen ein Schnauzbart und ein Spitzbart. Die gleiche menschliche Maske starrt uns vom Verschluß eines der Meisterwerke des Mammen-Stils an: der Schatulle von Bamberg.

Der Mammen-Stil mit seiner außerordentlichen Liebe zum Detail eignete sich besonders für Schnitzarbeiten, wie die Walroßelfenbein-Täfelung dieser Schatulle zeigt. Sie soll der Schmuckkasten von Kunigunde, der Gemahlin des Deutschen Kaisers Heinrich II., gewesen sein.

Oben: Eine menschliche Maske im Mammen-Stil schmückt einen Schwertbeschlag aus Sigtuna in Schweden.
Unten: Die besten Leistungen des Mammen-Stils sind geschnitzte Ornamente, das schönste Beispiel stellt die Schatulle von Bamberg dar.

Der Mammen-Stil erhielt seine Bezeichnung nach den Mustern auf einer Axt, die man im Grab eines dänischen Wikingers fand. Auf der einen Seite befindet sich ein grobes Rankenmuster, auf der anderen (hier abgebildet) die Maske eines Menschen und ein Vogelmuster. Den Kopf hat der Vogel über den Körper nach hinten geworfen, und seine ausgebreiteten Flügel bestehen aus verschlungenen Ranken.

Steinbildhauerei

Zu Beginn der Wikingerzeit besaß die Steinbildhauerei in Gotland bereits eine alte Tradition, aber in Schweden wurde sie kaum ausgeübt und in Norwegen und Dänemark war sie unbekannt. Im 9. und 10. Jahrhundert war die Errichtung von Runensteinen nicht üblich. Aber mit der Ausbreitung des Christentums änderte sich all dies und im 11. Jahrhundert waren Steindenkmäler überall in Skandinavien verbreitet.

Inzwischen hatten sich neue Formen durchgesetzt und die Mehrzahl der Steine schmückte man im Ringerike- und Urnes-Stil; oft trug der schlangenartige Körper eines Tieres eine Runenschrift.

Der Jellingestein

Der Gedenkstein Harald Blauzahns in Jellinge ist nicht nur wegen einer Runeninschrift und seiner Kreuzigungsdarstellung, sondern auch wegen des „großen Tiers" an einer dritten Seite von Bedeutung. Hier sehen wir ein Tier im Mammen-Stil, mit großem Körper und in Blätter übergehendem Schopf und Schwanz im Kampf mit einer Schlange, die sich um seinen Körper windet. Königlichem Vorbild folgt der Adel bald nach. Ein so massiver Stein wie der Haralds in der weitgehend steinlosen dänischen Landschaft mußte Anlaß zu Staunen und Bewunderung geben und er hat bald Nachahmungen gefunden. Ein Beispiel aus Skårby in Schweden ist hier wiedergegeben.

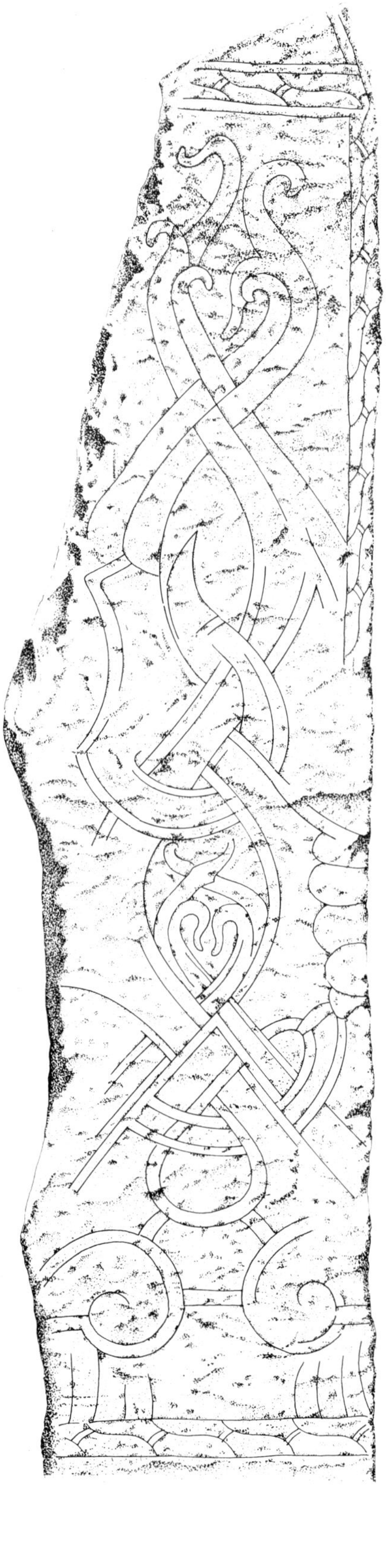

Der Alstad-Stein aus der Gegend von Ringerike in Norwegen mit seinen Ornamenten an beiden Seiten hat eine Höhe von fast 2,75 m. Die Szene mit Vögeln, Reitern und Hunden *(oben)* bezieht sich wohl auf die Sigurdslegende. *Rechts:* Das Blattmuster sich regelmäßig kreuzender Ranken mit Spiralen an der Basis ist für den Ringerike-Stil typisch.

Oben: Ein Paar Ungeheuer im Urnes-Stil rahmt auf diesem Runenstein aus Ardre auf Gotland eine menschliche Gestalt ein.

Runenstein aus Skårby *(links)* hat auch ein Tier im Mittelpunkt. Aber diese sitzende Figur eines löwenähnlichen großen Ungeheuers stellt nur eine blasse Nachahmung der Bestie von Jellinge dar. Die farbige Bemalung beider Streifen ist modern.

Links: Dieser schwedische Runenstein des 11. Jahrhunderts aus Lingsberg in Uppland trägt ein Kreuz und ist also ein christlicher Gedenkstein. Die Körper der beiden Tiere im Urnes-Stil tragen Runeninschriften, während eine schwache Abart des „großen Ungeheuers" die Mitte des Steins einnimmt.

Der Brauch des Aufrichtens von Steindenkmälern wurde in Skandinavien möglicherweise durch König Haralds Gedenkstein für seine Eltern in Jellinge begründet *(oben)* Die eine Seite dieses gewaltigen Steins zeigt ein stolzes Ungeheuer im Kampf mit einer Schlange, die sich ihm um Hals und Körper windet. Sein Schwanz und sein Zopf bilden Ranken wie auf der Axt von Mammen, was letztlich eine Übernahme aus der westeuropäischen Kunst darstellt.

Der Ringerike-Stil

Der Ringerike-Stil, der in der ersten Hälfte des 11. Jahrhunderts auf natürliche Weise aus dem Mammen-Stil hervorging, entstand zu einer Zeit, als das Aufstellen von Steindenkmälern immer mehr Brauch wurde. Er erhielt seinen Namen nach den gemeißelten Steintafeln eines wohlhabenden Bezirks in Norwegen nördlich von Oslo. Der auf S. 146 abgebildete Stein von Alstad ist ein Beispiel. Die mächtigen Spiralen am Fuß des Blättermusters auf diesem Stein haben ihren Ursprung in den Spiralhüften des Mammen-Stils. Die Ranken ringeln sich anmutig nach oben. Die allmähliche Weiterentwicklung der Blattmuster des Mammen-Stils wurde zum wichtigsten Grundzug des Ringerike-Stils. Aber das „große Tier" von Jellinge war noch lange nicht vergessen, wie die Wetterfahne von Söderala zeigt.

Diese bronzevergoldete Wetterfahne aus Söderala in Schweden wird wohl einmal am Bug eines Wikingerschiffes des 11. Jahrhunderts geweht haben. Ein „großes Tier" reckt sich auf ihrer Spitze und hält Ausschau. Die Löcher entlang der gekrümmten Seite dienten der Anbringung von Geräusche erzeugenden Ketten oder Bändern als Windanzeiger. Fahnen dieser Art kann man auf einer Ritzzeichnung des 13. Jahrhunderts aus Bergen an Schiffen sehen. Später benutzte man sie als Zierde von Kirchturmspitzen, wie zwei ähnliche Fahnen aus der gleichen Zeit aus Norwegen und Gotland belegen.

Die drei sich schlängelnden Tiere auf der durchbrochenen Platte der Fahne setzen die Tradition der Kampfmotive fort, die der Meister des Haraldsteins in Jellinge Skandinavien begründet hat. Ein sehr ähnliches Ornament findet sich auf dem Runenstein von St.-Paul in London (s. S. 160). Wie auf der Fahne windet sich ein kleineres Tier um die Vorderfüße des „großen Tiers", allerdings scheinen die beiden im Augenblick nicht miteinander im Streit zu liegen. Der Stein von St. Paul stellt eines der schönsten Beispiele des skandinavischen Ringerike-Stils dar und zeigt, wie sich England unter der Herrschaft Knuts wieder in die allgemeine Strömung der Wikingerkunst einfügte.

Die Wetterfahne von Söderala stellt ein schönes Beispiel des Ringerike-Stils dar. Der Rahmen, der die durchbrochene Fläche in der Mitte umgibt, ist mit eingravierten Mustern vor dem Hintergrund eingestanzter Punkte versehen. In der Mitte der Fahne, dicht von Ranken umwachsen, befindet sich ein drachenartiges Tier, dessen Vorderbein sich bis in die untere Ecke erstreckt. Um dieses Bein windet sich ein kleineres Tier, dessen Maul sich fest an den Fuß klammert. Das dritte Tier, das die wirbelige Komposition vervollständigt, ist schwerer zu erkennen. Seine Schnauze berührt die gekrümmte Seite knapp unterhalb des verdrehten Hinterteils des Haupttiers. Sein schlangenartiger Körper löst sich in Rankenwerk auf.

Der Urnes-Stil

Der Schnitzer der ersten Holzkirche von Urnes baute seine kurvenreiche Komposition auf drei Tiermotiven auf. Ein windhundähnlicher Vierbeiner verbeißt sich im Hals eines kleineren Tiers mit nur je einem Vorder- und Hinterbein. Ringsherum schlängeln sich dünne Bänder (mit nur wenigen Tierköpfen) durch das gewundene Design.

Mit dem Urnes-Stil sind wir bei der letzten Phase wikingerzeitlicher Kunst angelangt. Wie andere späte Stile stellt auch dieser eine direkte Weiterentwicklung eines Vorgängers dar. Urnes bedeutet eine Verfeinerung des Ringerike-Stils. Er arbeitet mit den Wirkungen des Zusammenspiels graziös geschwungener Linien von wechselnder Breite – manchmal schwellen sie an, manchmal verjüngen sie sich, aber immer verlaufen sie in Kurven. Das bei den Ringerike-Künstlern so beliebte Rankenwerk hat man aufgegeben; die Zeiten der Blattmuster sind endgültig vorüber.

Der Urnes-Stil muß sich kurz vor der Mitte des 11. Jahrhunderts herausgebildet haben, denn das Tiermuster einer gerippten Silberschale im Schatzfund von Lilla Valla auf Gotland, der um 1050 vergraben wurde, enthält schon alle seine Grundzüge. Diese elegante Schale ist ein außerordentliches Meisterwerk des Silberschmiedehandwerks; darüber hinaus weisen ihre Muster eine Zurückhaltung auf, die für die Wikingerkunst ungewöhnlich ist, und daher spricht sie uns heute mehr an als die überladen verzierten Flächen, die man damals so liebte. Die Schale ist aus einem dünnen Silberblech herausgehämmert, anschließend schlug man die 32 flachen Rippen aus; auch im Innern ist die Schale mit einem gewundenen Tier geschmückt. Das außen angebrachte Ornament beschränkt sich auf einen Streifen unterhalb des Randes, auf dem acht lange, dünne Tiere, die sich paarweise ins Gesicht blicken, miteinander durch palmettenähnliche Verzierungen zu einer kontinuierlichen Reihe verbunden sind – knospenartige Muster, die die einzigen Überreste der Blätter im Ringerike-Stil darstellen. Das Ornament hat man eingeritzt und seine Flächen ließ man blank vor einem gepunkteten Hintergrund; schließlich wurden die verzierten Teile dünn vergoldet.

Der Urnes-Stil erhielt seinen Namen von der kleinen Kirche von Urnes im westlichen Norwegen. Es handelt sich um eine Stabkirche (d. h. sie ist aus vertikalen Spaltbohlen gebaut) aus dem 12. Jahrhundert, aber bei ihrem Bau hat man Teile einer älteren Kirche mitverwendet, darunter Schnitzereien aus dem 11. Jahrhundert. Diese Schnitzereien sind auf S. 138 beschrieben. Doch sollten wir uns an dieser Stelle die Motive genauer ansehen.

Grundsätzlich hat der Künstler auf der Basis des alten Kampfmotivs ein neues Muster geschaffen, denn die Tiere und Schlangen sind ineinander verbissen. Aber was ist mit dem „großen Tier" von Ringerike geschehen? Im neuen Stil von Urnes wurde es zu einem schwächlichen Geschöpf; an allen Gliedern magerte es ab. Dennoch besitzt dieses Wesen eine gewisse Eleganz und dies wird noch deutlicher, wenn es ein eigenes Leben gewinnt (mit einer um den Fuß gewundenen Schlange etwa), wie auf der durchbrochenen Spange aus Lindholm Høje.

Die Schnitzereien von Urnes sind einzigartig, aber ihr Stil dürfte in vielen der ersten Kirchen in Skandinavien angewandt worden sein. Ein hölzernes Fragment aus der Kirche von Hørning in Dänemark (s. S. 139) zeigt, daß der Stil in diesem Jahrhundert beliebt und weitverbreitet war. In Schweden findet man ihn gewöhnlich auf Runensteinen, während sich auf Gotland eine besonders lebhafte Variante entwickelte.

In großem Maße breitete sich der Urnes-Stil von den Städten her aus, die sich damals in vielen Teilen Skandinaviens schnell entwickelten. Ausgrabungen in Trondheim in Norwegen haben gezeigt, wie man den voll entwickelten Urnes-Stil zur Verzierung größerer Möbelstücke benutzte (s. S. 139), und seine Beliebtheit war so groß, daß man ihn auch zur Verzierung solcher Gegenstände des täglichen Gebrauchs wie Nadeln und Löffel benutzte. In der spätwikingerzeitlichen Stadt Lund hat man sogar die Werkstatt eines Feinschmieds ausgegraben, der Anfang des 12. Jahrhunderts Bronzenachgüsse der Spange von Lindholm Høje herstellte.

Diese kleine Silberspange aus Lindholm Høje zeigt die wahre Eleganz des Urnes-Stils.

Obwohl für ein Objekt der Wikingerkunst ungewöhnlich zurückhaltend, weist diese gerippte Silberschüssel aus dem gotländischen Schatz von Lilla Valla eine Borte von Tieren im Urnes-Stil um ihren vergoldeten Rand auf.

Späte Kunst in England und Irland

Ein englisches Manuskript aus dem 11. Jahrhundert zeigt ein „D" in Form einer Schlange des Ringerike-Stils. Hier sieht man, wie die angelsächsische Kunst unter dem Dänenkönig Knut von Skandinavien her beeinflußt wurde.

Der Stein von St. Paul in London beweist, daß der Ringerike-Stil in England während der Herrschaft des dänischen Königs Knut eingeführt wurde. Die angelsächsische Kunst jener Zeit benutzte im Übermaß Blattornamente, wie sie ursprünglich aus dem Fränkischen Reich stammten, was sich leicht mit dem Ringerike-Stil vereinbaren ließ, den die Anhänger Knuts bevorzugten, und beide Stile verband man gelegentlich erfolgreich miteinander.

Ein spätes angelsächsisches Manuskript in der Universitätsbibliothek von Cambridge enthält ein großes D in Form einer Schlange, genau so schön wie das schlangenähnliche Geschöpf um die Beine des „großen Tiers" auf dem Stein von St. Paul (s. S. 161). Das Manuskript ist wohl in Gloucestershire geschrieben und ausgemalt worden, denn eine recht grobe Tafel aus Bibury beweist, daß der Stil hier bekannt war. Demgegenüber ist diese Tafel von Bibury nicht mit der aus Otley in West Yorkshire zu vergleichen, die Ranken in hervorragendem Ringerike-Stil aufweist und in ihrer Qualität dem Stein von St. Paul nahekommt.

In England war der Urnes-Stil nie so beliebt wie der Ringerike-Stil, aber man fand eine kleine Zahl durchbrochener Spangen (wie kürzlich in Lincoln), die zeigen, daß es Wikinger-Siedler gab, die weiter ihren heimischen Stil pflegen wollten. Mehr überrascht, Beispiele dieser Stilrichtungen außerhalb des alten skandinavischen Siedlungsgebiets in Werken der Steinhauerei zu finden. Die Tiere zu Füßen Christi in der Kirche von Jevington in East Sussex zeigen die typischen Züge des Urnes-Stils.

Noch bemerkenswerter ist die Beliebtheit von Ringerike- und Urnes-Stil in Irland, denn bis ins späte 11. Jahrhundert blieb die irische Kunst unbeeinflußt von der der Wikinger, die in den neuen Städten im Lande siedelten. Wir wissen jedoch, daß es in Dublin im 10. und 11. Jahrhundert Künstler gab, die Muster in skandinavischen und irischen Stilen erprobten. Vielleicht führte das Können und der Erfolg dieser Schmiede der Hauptstadt dazu, daß sie Aufträge aus ganz Irland erhielten und dadurch der Ringerike- und der Urnes-Stil bekannter wurden.

Tatsächlich fand die letzte Blüte des Urnes-Stils in Irland statt, und unter seinem Einfluß entstanden im Laufe des 11. und 12. Jahrhunderts einige der schönsten irischen Metallarbeiten überhaupt. Darunter befindet sich das Kreuz von Cong, ein Prozessionskreuz, daß, wie seine Inschrift behauptet, als Reliquienträger ein Stück des Wahren Kreuzes enthält. Es war vom König von Connacht um 1123 in Auftrag gegeben worden.

Romanische Kunst

Obwohl die Wikingerkunst trotz Anleihen bei anderen Kulturen ihre Traditionen 300 Jahre lang bewahrte, verlor sie im 12. Jahrhundert ihre Lebenskraft. So gab es in Skandinavien keine Widerstände gegen den Einfluß der neuen Romanischen Kunst. Die Romanische Kunst mit ihren derben Eigenschaften und gelegentlichen Groteskheiten kam dem skandinavischen Geschmack in der Tat weit entgegen; gleichzeitig kann es kaum erstaunen, daß Elemente des Urnes-Stils gelegentlich ihren Weg in die Romanische Kunst Skandinaviens. Irlands und Englands fanden.

Tatsächlich lebten in den entlegeneren Tälern und Fjorden Skandinaviens die Motive der Wikingerkunst weiter. Ein norwegisches hölzernes Pferdejoch aus dem 12. Jahrhundert oder später ist mit dem „Greiftier"-Motiv verziert; das Kettenmuster von Borre spielte ständig weiter eine Rolle in der skandinavischen Volkskunst.

Aber die Wikingerkunst selbst verging mit dem Wikingerzeitalter. In dieser wie in mancher anderen Hinsicht war sie ein Spiegelbild jener Zeit; durch ihr Studium gelangen wir den damaligen Menschen näher und lernen ihr Selbstbewußtsein, ihre Aufgeschlossenheit und ihr technisches Geschick besser kennen. Auch wenn wir ihre Kunst nicht auf Anhieb verstehen, sollten wir doch ständig um ihr Verständnis bemüht sein.

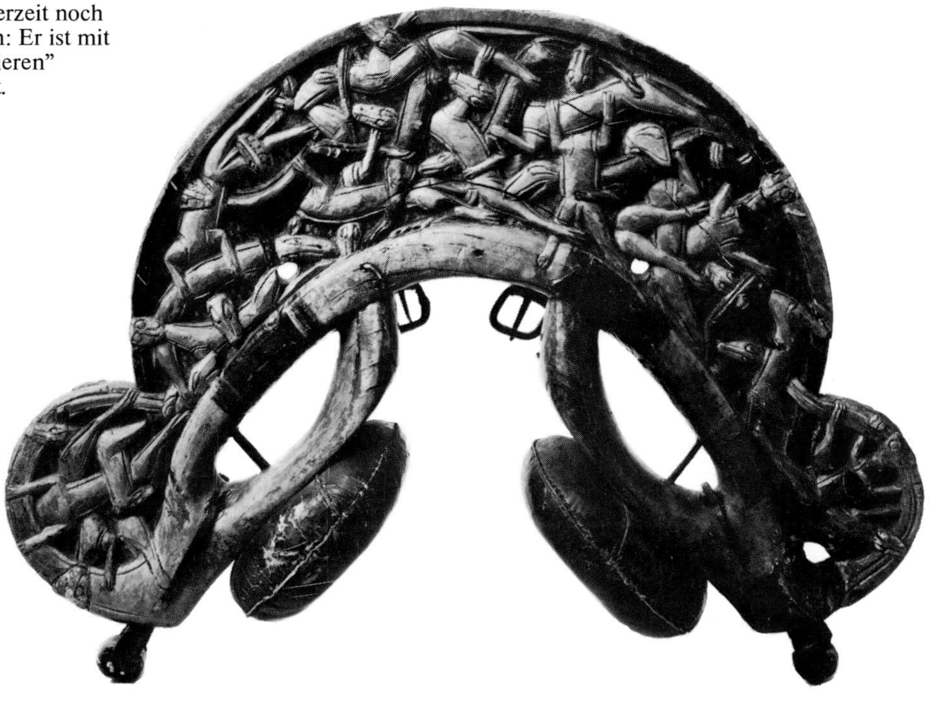

Dieses norwegische Pferdejoch aus dem 12. Jahrhundert beweist, das die Wikingerstile in der skandinavischen Volkskunst nach dem Ende der Wikingerzeit noch nachwirkten: Er ist mit den „Greiftieren" geschmückt.

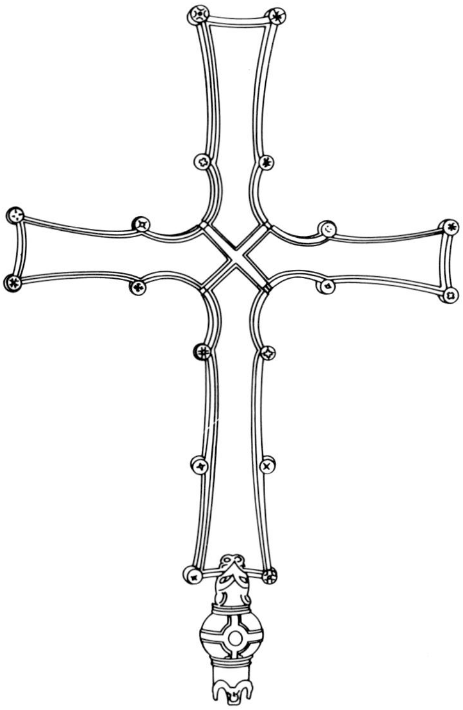

Das Kreuz von Cong aus dem 12. Jahrhundert im Urnes-Stil ist eines der schönsten Stücke, das irische Kunstschmiede je schufen.

Runenmeister und Skalden

Das Felsbild von Södermanland, Schweden, zeigt, wie Sigurd dem Drachen Fafnir den Leib durchbohrt. Die Umrisse des Drachens rahmen eine Runenschrift ein, in der eine Frau namens Sigrid das Andenken ihres Gemahls Holmger beschwört.

Die Schrift der Wikinger

Viele glauben, die Wikinger seien Analphabeten gewesen, bevor sie gute Katholiken wurden und das lateinische Alphabet lernten, aber dieser Annahme liegt ein allzu vereinfachter Begriff von Schriftsprache zugrunde, der sich ausschließlich an unserer heutigen Art des Lesens und Schreibens orientiert. Seit dem zweiten nachchristlichen Jahrhundert und vielleicht schon früher besaßen die nördlichen Völker wie viele der anderen germanischen Völker eine Schrift. Man schrieb sie nicht mit Tinte und Pergament sondern schnitzte sie mit einer Messerspitze ins Holz. Die englische Sprache enthält eine Erinnerung daran, denn das Wort „write” (schreiben) bedeutete ursprünglich „mit einem scharfen Werkzeug kerben”.

Die Vorteile der alten nordischen Art des Schreibens gegenüber der christlichen werden deutlich, wenn man die praktischen Umstände bedenkt. Ein Mensch des Mittelalters, der eine Handschrift anfertigen wollte, mußte erst aus einer Tierhaut Pergament bereiten, dann mußte er aus Galläpfeln und Metallsalzen Tinte herstellen, dann aus einem Gänsekiel eine Schreibfeder machen und schließlich die Oberfläche mit einem scharfen Werkzeug linieren, bevor er anfangen konnte zu schreiben. Ein Wikinger dagegen trug ein Messer bei sich und konnte überall einen Ast brechen. Er schnitzte den Ast solange, bis er ein oder zwei glatte Seiten hatte, in die er vom einen Ende zum anderen seine Buchstaben ritzen konnte. Machte er einen Fehler, so konnte er ihn wegschneiden. Natürlich gab es Schwierigkeiten, wenn man auf diese Weise eine Mitteilung überliefern wollte. Man konnte keine langen Botschaften schreiben, denn dafür hätte man ein oder mehrere lange Holzstücke gebraucht, die man nicht leicht handhaben oder lagern konnte. Aber für kurze Texte war das die ideale Methode.

Runen auf Holz, Metall, Knochen und Stein

Die Buchstaben des Runenalphabets heißen Runen. Altnordische Quellen des Spätmittelalters erwähnen oft auf Hölzchen geritzte Runen, aber leider überdauert Holz die Jahrhunderte nicht gut und bis vor kurzem hatte man nur sehr wenige alte Runenhölzer gefunden. Dann fand sich bei den Ausgrabungen des mittelalterlichen Bergen eine große Anzahl von Runenhölzern, darunter einige Briefe von geschäftlichem, persönlichem oder politischem Inhalt. Anderswo machte man weitere Funde dieser Art, gelegentlich sogar aus der Wikingerzeit, was die Annahme nahelegt, daß viele Wikinger sich dieser Form des Schriftverkehrs bedient haben.

Niemand weiß genau, wann oder wo die Runenbuchstaben erfunden wurden. Dies geschah Jahrhunderte vor der Wikingerzeit und möglicherweise in der Nähe des Römischen Reichs, da viele Runen auf frühen Inschriften jenen des römischen Alphabets ähneln; doch haben sie, weil man sie für das Holzschnitzen entwickelte, ihre besonderen, eigenen Formen. Man vermied Krümmungen, da sie schwer zu schneiden sind, ebenso horizontale Linien, die leicht mit der Holzfaserung übereinstimmen konnten und daher schwer zu erkennen waren. Entsprechend bestanden die ältesten Runen hauptsächlich aus vertikalen Stämmen, in die man quer zur Faserung schnitzte, und schrägen

Der zerstörte Runenstein aus Tu, Jæren, Norwegen, stammt aus dem späten 10. Jahrhundert. Die Inschrift verkündet: „Helgi errichtete diesen Stein zum Gedenken an seinen Bruder Ketil.”

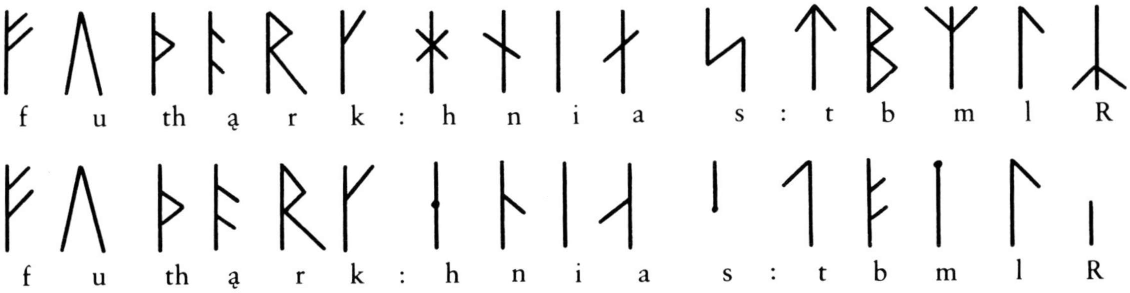

Zwei Versionen des *futhark.*
Die Gewöhnlichen oder Dänischen Runen

Die Schwedisch-norwegischen Runen. Einige Runen kennen noch weitere Schreibformen (hier nicht dargestellt).

Linien, die deutlich abstanden. Zu Anfang der Wikingerzeit hatten die skandinavischen Runenmeister ein Alphabet entwickelt, das sich deutlich von dem anderer germanischer Völker wie der Angelsachsen, der Friesen und der Germanen des Festlandes unterschied. Es besaß 16 Buchstaben und nach den ersten sechs nennt man es *futhark.* Selbst innerhalb Skandinaviens gab es keine einheitliche Form der Buchstaben, und die verschiedenen Inschriften weisen große Unterschiede auf. Die Wikinger benutzten zwei Haupttypen von Runen mit zahlreichen unbedeutenderen und lokalen Varianten. Einen Typ bildet das gewöhnliche oder dänische *futhark* (das auch außerhalb Dänemarks vorkommt), der andere ist das kurzzweigige oder schwedisch-norwegische *futhark* (das ebenfalls auch anderswo vorkommt).

Ein kurzer Blick auf diese beiden Alphabete wird zeigen, daß sie nicht sehr brauchbar sind. Man benötigt mehr Buchstaben, die den Lauten der Sprache besser entsprechen. So gibt es z.B. Zeichen für *t, k* und *b,* aber nicht für *d, g* und *p.* Es gibt zwar zwei verschiedene Arten von *a* aber kein *e* oder *o.* Nach der Wikingerzeit erfanden die Runenmeister neue Zeichen, die diese Lücken füllten, aber die Wikinger begnügten sich mit 16 Buchstaben. Entsprechend weisen ihre Runeninschriften besondere Regeln auf. Wollte der Schreiber ein *d* bringen, mußte der stattdessen ein *t* schnitzen; für ein *g* nahm er ein *k*; für ein *p* ein *b*; und bei Vokalen mußte er sein Bestes versuchen. So erscheint der dänische König Gormr (Gorm) auf seinem Gedenkstein als *kurmR* und der dänische König Svein (Sven) als *suin.* Da der Runenmeister ein *n* auslassen durfte, wenn es vor einem Konsonanten stand, schreibt man einen Mann namens Thormundr in Runen als *thurmutR.* Daraus erkennt man, daß Runeninschriften nicht leicht zu lesen sind und es große Auseinandersetzungen über ihre Bedeutung gibt.

Obwohl die Runenbuchstaben ursprünglich für die Holzschnitzerei entwickelt wurden, wandte man sie bald auch für andere Materialien an, die zum Teil haltbarer waren. Entsprechend blieben eine Menge Runeninschriften auf Metall, Knochen und Steinen erhalten. Hier konnte man andere Techniken des Anbringens von Buchstaben anwenden, da man es nicht mit faserigem Material zu tun hatte und sich nicht um die Richtung der Maserung kümmern mußte. Das Gestalten von Rundungen war auf Stein weniger problematisch und so rundete man die Bogen von Buchstaben wie *th, b* und *r.* Verschiedene Steinsorten erforderten verschiedene Werkzeuge. Die recht weichen Steintafeln der Insel Man schnitt man wahrscheinlich mit einem schweren Messer. Dänische Inschriften hackte man oft mit der Spitze einer schmalen

Der Taufstein von Bridekirk, Cumbria, trägt unten einen in altnordischen Runen geschriebenen englischen Text. In der Ecke unten links hat der Künstler sich selbst dargestellt, wie er mit Schlägel und Meißel bei der Arbeit ist.

Oben: Die Runen des Steins von Dynna in Norwegen erinnern an das Mädchen Astrid, die das mær *hönnurst à Hadalandi* war, das „geschickteste Mädel in Hadeland". Sie war wohl eine Christin, denn auf der Vorderseite des Steins befinden sich Szenen aus der Auferstehungsgeschichte.

Rechts: Dieses Stück einer menschlichen Schädeldecke fand man in Ribe, Jütland. Es stammt aus der Zeit um 800. Der Text ist schwer interpretierbar. Es handelt sich wohl um einen Zauberspruch, der Odin und andere Götter zum Schutz gegen Krankheiten anruft.

Axt. In Bridekirk, Cumbria, befindet sich ein mit Runen beschrifteter Taufstein, auf dem der Schnitzer den Stein mit Schlägel und Meißel bearbeitet. Auf Metall kann man Runen eingravieren, kratzen oder einschlagen. Einige späte Wikingerkönige gaben Münzen aus: Hier schnitt man die Beschriftung in Spiegelschrift auf Prägestöcke, mit denen man die Münzen stanzte. Gelegentlich benutzten die Münzmeister Runen für ihre Inschriften, wie bei Ausgaben des Dänenkönigs Sven Estridsson im 11. Jahrhundert. Insgesamt benutzte man die Runen der Wikingerzeit für die unterschiedlichsten Arten von Texten: Nachrufe, Grenzpfosten, Entfernungssteine auf Brücken und Straßen, Besitzer- oder Herstellerstempel und für gelegentliche Kritzeleien zum Zeitvertreib. Runen benutzte man auch für Zaubersprüche (doch gibt es unter den Sprachforschern die Tendenz, alle die Inschriften, die sie schwer verstehen, für magisch zu halten) wie bei dem Schädelfragment von Ribe; dies hat einige zu der Annahme verleitet, daß Runen ursprünglich eine Zauberschrift waren, aber diese Theorie ist heute weitgehend aufgegeben. Wie viele Wikinger Runen lesen oder schreiben konnten, wissen wir nicht, auch nicht, wie sie diese Fähigkeit erlernten. Auch wissen wir wenig über den Runenmeister – den Mann, der die Runen schnitt – wie wurde er ausgebildet, übte er einen spezialisierten Beruf aus, und wie war seine gesellschaftliche Stellung?

Bemalte Runensteine

Verständlicherweise können wir viele Runendenkmäler heute schwer entziffern, da sie über lange Zeit der Zerstörung, dem Verfall und dem Wetter ausgesetzt waren. Auch in einer anderen Hinsicht haben die Runensteine Schaden genommen. Meist sollen sie bemalt gewesen sein. Fast alle Farbe ist den Wettereinflüssen zum Opfer gefallen, aber hier und da blieben Spuren, die zur Restauration ermutigen. Die wichtigsten verwendeten Farben waren rot, braun, blau und schwarz und die traditionelle Farbe der Buchstaben selbst war rot. Ein Drachenmuster auf einem Runenstein in London zeigt die Tiere in

Auf einem bemalten Runenstein der Kirche von Köping auf Öland sind verschiedene Satzteile in verschiedenen Farben gehalten. Das Subjekt, „die Brüder" *(rechts)*, in Rot, das Prädikat, „hatten aufgestellt", in Weiß, das Objekt, „einen Stein", in Rot usw.

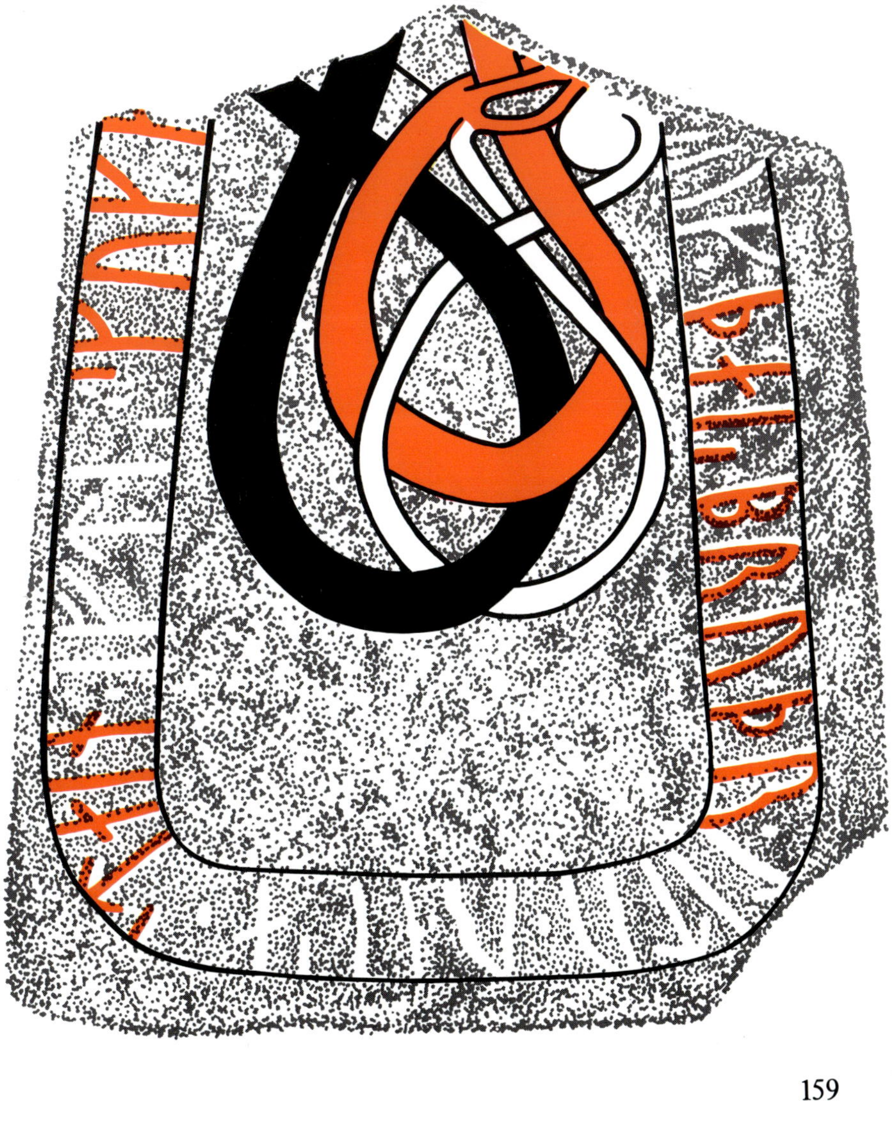

Dunkelrot und Schwarz vor einem cremefarbenen Hintergrund, die Körper der Tiere mit weißen Flecken bespritzt. Beweise hierfür finden wir bei Bruchstücken bemalter Runensteine, die man in Schweden fand, meist in den Mauern mittelalterlicher Kirchen, wo ihre Bemalung geschützt war. In der Kirche von Köping auf Öland fand man 60 solcher Steinstücke, bei denen sowohl die eingeritzten Linien als auch die Verzierungen koloriert waren. Manchmal gab man den verschiedenen Wörtern eines Texts verschiedene Farben, so daß der Leser die einzelnen Wörter leichter voneinander unterscheiden konnte, und in einem Fall benutzte der Einfärber verschiedene Farben für verschiedene Satzteile, so daß die Bemalung das Verständnis erleichterte. Alle Fehler oder Unklarheiten, die der Runenschnitzer sich zu Schulden kommen ließ, konnte man bei der Bemalung berichtigen oder verdeutlichen.

Die Bedeutung der Runeninschriften

Runenschriften der Wikingerzeit verdanken ihre heutige Bedeutung drei Gründen. Sie halten frühe Stufen der skandinavischen Sprachen fest und teilen uns so etwas über die Sprache der Wikinger mit. Ihr weites Verbreitungsgebiet gibt Hinweise, wohin die Wikinger überall gelangten. Ihr Inhalt erschließt uns Aspekte der Wikingerzeit, über die wir sonst keine Berichte besitzen.

Runen in Skandinavien und Übersee

Oben: Einer der beiden großen Steine in Lingsberg, Uppland. Drei Männer ließen sie aufstellen, um einen Dammweg über ein Moor zu markieren. Dieser Stein erinnert an Ulfrik, „der in England zweimal Zahlungen von Geld erhielt".

Rechts: Der behauene Findling in Sjusta, Uppland, erinnert an einen Mann, der in Nowgorod starb.

Die Verbreitung der Runeninschriften weist auf die Fahrten der Wikinger hin. In diesem Zusammenhang spielen natürlich die Runensteine die Hauptrolle, da sie am wenigsten transportabel sind. Eine beschriebene Waffe oder ein Schmuckstück konnte von Hand zu Hand wandern, konnte verkauft oder gestohlen werden und schließlich an einen fernen Ort gelangen, so daß sein Entdeckungsort kaum im Zusammenhang mit den Wikingern stand; aber kaum jemand mochte einen schweren beschriebenen Steinbrocken von einem Ort zum anderen schleppen. Daher verrät uns das Vorkommen von Runensteinen (und von Wikingerinschriften auf stehenden Denkmälern), wohin die Wikinger reisten und wo sie siedelten. Natürlich ist die Beweisführung nicht ganz so einfach, denn die Benutzung von Runen verteilte sich ungleichmäßig auf die einzelnen Völker und ihre verschiedenen sozialen Schichten. In Dänemark fand man recht gleichmäßig über das Land verteilt etwa 200 Runensteine aus der Wikingerzeit. In Norwegen fand man nur ungefähr 40, weniger gleichmäßig verteilt und mit einer gewissen Konzentration in der nordwestlichen Provinz Jæren. In Schweden gibt es tausende von Runensteinen vor allem in Uppland, Västergötland und Östergötland sowie auf den Inseln Gotland und Öland.

Auch jenseits der Meere war ihre Verteilung äußerst ungleichmäßig. Aus schriftlichen Quellen wissen wir, daß Island in den Jahren 870–930 weitgehend von Wikingern norwegischer Abstammung besiedelt wurde, aber man hat dort bisher keine Runeninschriften aus der Wikingerzeit gefunden, obwohl diese Schrift dort noch im späten Mittelalter benutzt wurde. In der Normandie, einer dänischen Kolonie, gibt es überhaupt keine Runentexte. Auf den Färöern, die auch von Norwegern besetzt wurden, kennen wir nur einige wenige Runensteine. In Irland, wo die Wikinger jahrhundertelang stark vertreten waren, gibt es nur drei oder vier Runensteine, allerdings fand man eine Schwertscheide mit Runeninschrift und bei den letzten Ausgrabungen in Dublin fand man einige formlose Kratzarbeiten in Knochen und Holz. In

Die Runen auf einem Kammfutteral aus Lincoln bedeuten: *kamb: kothan: kiari: Thorfastr:* „Thorfast machte einen guten Kamm."

England hinterließen der Danelag und die norwegischen Siedlungen in Nordwesten einige arg mitgenommene und bruchstückhafte Runensteine, darunter allerdings so wichtige wie den Grabstein aus dem frühen 11. Jahrhundert auf dem Friedhof von St. Paul in London und das Fragment eines Steins aus König Knuts Hauptstadt Winchester, außerdem fand man in Lincoln ein Kammfutteral, dessen Runen stolz verkünden: „Thorfast machte einen guten Kamm." Auf dem schottischen Festland und den Hebriden fand man einige wenige Runensteine, ebenso auf den Shetlands und Orkneys (auf den Orkneys gibt es viel mehr Inschriften aus der Nach-Wikinger-Periode). Im Gegensatz zu diesen spärlichen Funden steht als bemerkenswertes Beispiel die Insel Man, die fast 30 Runensteine und -kreuze aufzuweisen hat, deren Schriftzeichen Ähnlichkeiten mit denen von Jæren im Südwesten Norwegens zeigen.

Runen in der Neuen Welt?

Weiter westlich liegen die Niederlassungen auf Grönland (dessen Runen meist aus der Nach-Wikingerzeit stammen) und auf dem amerikanischen Kontinent. Die Amerikaner, besonders diejenigen skandinavischer Abstammung, haben sich lange nach dem Beweis durch einen Runenfund gesehnt, der die Abenteuer ihrer Vorfahren in der Neuen Welt in ähnlicher Weise bestätigen sollte, wie die archäologische Entdeckung einer Wikingerstätte in Neufundland. Das verleitete sie manchmal dazu, Markierungen auf stehenden Steinen, älteren Gebäuden oder andere Kratzereien als Runen anzusehen. Jedoch hat kein Runenforscher je eine amerikanische Inschrift als echt anerkannt. Eine berühmte Fälschung ist der Kensington-Stein in Minnesota, dessen Text behauptet, eine Gruppe von Schweden und Norwegern sei bei einer Reise im Jahre 1362 (nach einer anderen Version 1462) hier gewesen. Jahrzehntelangen öffentlichen Streit beendete ein Historiker aus Minnesota, Theodore C. Blegen, in einem 1968

Drei Ansichten des Runensteins, den man 1852 auf dem Friedhof von St. Paul's in London fand. Das mittlere Bild zeigt die Reste der Bemalung aus der Wikingerzeit, oben hat man versucht, die Bemalung originalgetreu zu restaurieren. Die Runen sind in zwei Reihen in die Seite des Steins geschlagen. Sie berichten: „Ginna und Toki ließen diesen Stein aufrichten."

veröffentlichten Buch, in dem er die Inschrift als Fälschung entlarvte.

Östliche Entdeckungen

Im Osten sind die Funde zwar spärlicher aber in gewisser Weise aufregender. Es gibt eine Menge zufälliger Entdeckungen von Runen auf Knochen in den Handelsniederlassungen von Lübeck und Kamien Pomorski an der Südküste der Ostsee, und aus Rußland sind vier Inschriften bekannt. Den nördlichsten der russischen Funde stellt ein hölzerner Stab aus einer Siedlungsschicht von Staraja Ladoga dar. Er trägt eine vermutlich schwedische Versinschrift aus der frühen Wikingerzeit. Er wurde wahrscheinlich am Ort von einem skandinavisch sprechenden Schnitzer für skandinavische Leser angefertigt, dies legt die Vermutung nahe, daß in dieser russischen Marktstadt eine skandinavische Gemeinde lebte. Weiter südlich, in Nowgorod, benutzte ein schwedischer Besucher ein Knochenstück, vielleicht der Rest einer Mahlzeit, um einen *futhark* darauf zu schnitzen, den Grund kennen wir jedoch nicht. Die wichtigste Inschrift in Rußland befindet sich auf einem Gedenkstein, den man auf der Insel Beresani an der Mündung des Dnjepr fand. Sie berichtet vom Tod des einen von zwei Geschäftspartnern („Brand fertigte diesen Steinsarg für seinen Partner Karl an...") und stellt eine Art juristische Bekanntmachung dar, daß Brand das Geschäft übernommen habe und gegenüber Karls Erben

1687 brachten die Venezianer diesen Marmorlöwen aus Piräus bei Athen als Kriegsbeute in ihre Stadt. als er noch in Griechenland stand, hatte ein schwedischer Besucher einen Runentext eingekratzt. Undeutliche Spuren davon kann man noch sehen.

für seinen Gewinnanteil verantwortlich sei. Noch weiter südlich wiederum, in Piräus bei Athen, stieß ein reisender Wikinger auf die Marmorfigur eines Löwen, in die er ein schlangenförmiges Band mit einem Runentext meißelte. Die vielleicht beschwörendste dieser östlichen Inschriften stellt eine Gelegenheitskritzelei auf der Marmorbrüstung der Empore der Hagia Sophia in Istanbul dar. Es handelt sich um einige grobe Kratzer, nur teilweise lesbar, aber der Name „Halfdan" ist deutlich zu erkennen.

Ein Blick in die Hagia-Sophia in Istanbul. Auf der Galerie kratzte ein Wikinger seinen Namen ein. Die Runen sind auf der Balustrade im Vordergrund des Bildes zu sehen.

Runen als Geschichtsquelle

Diesen Runenstein ließ Ali zu seinem eigenen Ruhm in Väsby errichten. Er war ein Schwede, der sich Anfang des 11. Jahrhunderts an Angriffen gegen England beteiligte. Hier berichtet er, wie er „Knuts Geld in England empfing".

Die Runensteine Skandinaviens bestätigen dieses Bild weitgestreuter Aktivitäten und zeigen die Wikinger auf ihren verschiedenen Betätigungsfeldern als Piraten, Söldner, Händler und Bauern, die die Gewinne ihrer Expeditionen nach Hause brachten. Ein silberner Halsreif aus einem Schatz in Senja in Troms im nördlichen Norwegen trägt einen Runentext, der scheinbar vom Ursprung seines reiches Hortes berichtet:

„Fórum drengia Frislands á vit
ok vigs fötum vér skiptum."

„Wir fuhren zum Treffen mit Frieslands
Kriegern, und die Kriegsbeute teilten wir."

Unter den Söldnern, die sich Knuts Armee anschlossen, um im frühen 11. Jahrhundert England zu plündern, befanden sich Norweger und Schweden. In Galteland in Aust-Agder im südlichen Norwegen stellte Arnstein einen nun in Stücke gebrochenen Stein auf, zum Gedenken an seinen Sohn Bjor, „der im Heer den Tod fand, als Knut England angriff". Ein gewisser Ali aus Väsby in Uppland, Schweden, hatte mehr Glück, er überlebte und konnte zu seinem eigenen Ruhm einen Stein errichten, auf dem er die bemerkenswerte Tatsache berichtet, „daß er von Knut in England ein Danegeld gezahlt bekam". Ein anderer Stein aus Uppland erinnert in Yttergärde an einen gewissen Ulf, der „drei Zahlungen von Geld in England erhielt, zuerst von Tosti, dann von Thorkel, dann von Knut". Damit nennt er die Namen der drei führenden Häuptlinge der Wikinger. Obwohl ein berufsmäßiger Killer, war Ulf ein Christ oder zumindest waren es diejenigen, die um ihn trauerten. In Valleberga, Schonen, steht ein Stein, den zwei Männer errichten ließen „in Erinnerung an Manni und Sveni: Gott stehe ihren Seelen bei, aber sie liegen in London" – was vermutlich auch die beiden Männer taten, für die Ginna und Toki ihren drachenverzierten Stein auf dem Kirchhof von St. Paul in jener Stadt aufstellen ließen.

Zur Erinnerung an die Abenteurer im Osten

In Veda, Uppland, steht ein Stein zum Gedenken an Irenmund, der „diesen Hof kaufte und er hatte sein Geld *í Görðum* verdient". Dieser Ausdruck steht für „in den Städten". Er ist der umgangssprachliche Ausdruck für die skandinavischen Handelsstädte im Westen Rußlands. In Mervalla, Södermanland, befindet sich ein Denkmal für den Kapitän eines Handelsschiffs, in Versen berichtet es seinen Ruhm:

„Hann oft siglt til simgala
dýrum knerri um Domisnes."

Er segelte oft nach Semgallen
um Domesnäs mit seinem hervorragenden
Schiff."

Domesnäs bildet die Landspitze von Kurland und dieser Schwede reiste regelmäßig in den Finnischen Meerbusen, wo die Düna die Reise ins Innere Rußlands ermöglichte. Noch größere

Abenteurer waren jene, die die gefährliche Reise durch Rußland und über das Schwarze Meer nach Byzanz unternahmen (das die Wikinger *Mikligarðr*, die große Stadt, nannten) oder auf der Suche nach Reichtümern noch weiter in den Orient eindrangen. In Ed, Uppland, steht ein Stein, dessen Runen von einem gewissen Rognvald in Auftrag gegeben waren, der berichtet, daß er „in Griechenland Hauptmann des Heeres war".

Eine Gruppe von fast 30 Runensteinen aus der Gegend des Mälarsees betont die Gefahren solcher Expeditionen. Auf ihnen erfahren wir, daß in der ersten Hälfte des 11. Jahrhunderts eine größere Expedition aufbrach um Reichtümer im Osten zu finden. Sie stand unter der Leitung eines gewissen Ingvar. Wenige, vielleicht niemand, kehrten zurück und die Steine erinnern an die jungen Burschen aus wohlhabenden Familien. Ein Beispiel findet sich in Svinnegarn, Uppland, wo man eine Gruppe von Steinen in Erinnerung an Banki aufstellte, „der ein eigenes Schiff besaß und es in Ingvars Gefolge nach Osten lenkte". Ein anderer Stein in Lundby, Södermanland, berichtet von Skardi, „der von hier mit Ingvar nach Osten zog, der Sohn des Eyvind, er liegt in Serkland". *Serkland* ist keine genaue Ortsangabe, aber es verweist auf das Land der dunkelhäutigen Leute rund um das Mittelmeer und im Nahen Osten. Die eindrucksvollste dieser Ingvar-Inschriften befindet sich in Gripsholm, Södermanland, sie wurde zum Gedenken an Ingvars Bruder Harald von seiner Mutter Tola aufgestellt. Im Anschluß an den Gedenktext folgt die Versinschrift:

„Their fóru drengila fiarri at gulli
ok austarla arni gáfu
dóu sunnarla á Serklandi."

Sie fuhren mannhaft fern nach Gold,
gaben im Osten dem Adler Speise;
sie starben im Süden, in Serkland."

Der Dichter sieht das Abenteuer romantisch. Diese jungen Männer reisten auf der Suche nach Gold. Sie bereiteten den Adlern ein Festmahl mit den Feinden, die sie in der Schlacht töteten. Und sie starben im Süden, fern ihrer Heimat.

Rechte und Tugenden

Nicht alle Inschriften beschreiben dieses tätige Wikingerleben. Einige schildern mehr friedliche und heimatliche Aspekte, so etwa ein Stein in Dynna, Norwegen, in Erinnerung an Astrid, „das tüchtigste Mädchen in Hadeland". Oder eine Inschrift berichtet vom Besitz eines Mannes und seinen Beiträgen zum Wohl der Gemeinde. Ein Beispiel ist eine Steingruppe in Uppland, Schweden, die ein örtlicher Grundbesitzer, Jarlabanki, errichten ließ; immer noch liest man bei Täby in der Nähe der Straße, an die erinnert wird: „Jarlabanki errichtete diesen Stein zu seinen Lebzeiten, er baute diesen Fahrweg für seine Seele, ihm gehörte ganz Täby: Gott stehe seiner Seele bei." Die große Inschrift von Jellinge in Jütland rühmt das Königshaus: „König Harald ließ dieses Denkmal in Erinnerung an seinen Vater Gorm und seine Mutter Thyri errichten, es war jener Harald, der sich ganz Dänemark und Norwegen untertänig machte und der die Dänen zu Christen machte."

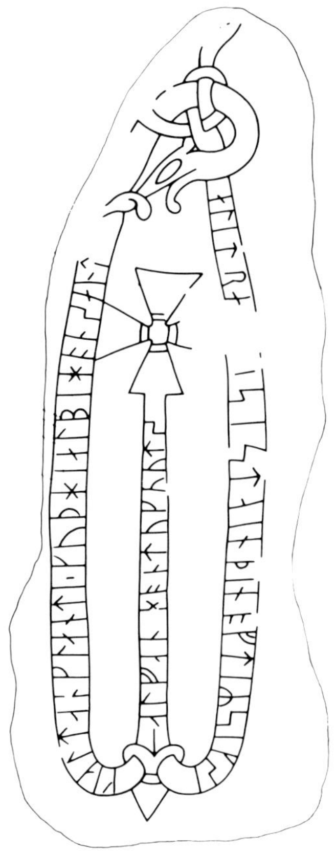

Dieser Stein in Gripsholm, Södermanland, erinnert an Harald, der bei der unglücklichen Orientfahrt seines Bruders Ingvar den Tod fand. Das Runenband hat die Form einer Schlange, der Text beginnt am Kopf. Oben rechts beginnt der Versteil, sein erstes Wort steht außerhalb des Bandes.

Rechts: Die Runenseite des großen Jellinge-Steins aus dem 10. Jahrhundert. König Harald Blauzahn ließ ihn für seine Eltern errichten. *Unten:* Einer der Steine des Jarlabanki in Täby. Die Inschrift fängt unten in der Mitte an und schlängelt sich nach links *(jarlabaki lit raisa stain thisa atsik kuikuan)*, die Fortsetzung verläuft dann von unten nach rechts.

Einen ähnlichen Fall stellt eine Inschrift in Nora im schwedischen Uppland dar, die einen Landanspruch geltend macht: „Bjorn, Finnvids Sohn, ließ diesen Fels in Erinnerung an seinen Bruder Olaf hauen. Er wurde auf Finnveden in verräterischer Weise umgebracht. Gott stehe seiner Seele bei. Dieser Hof ist der rechtmäßige Besitz und das Familienerbe der Söhne des Finnvid auf Älgesta". Neben diesen feierlichen Runentexten gibt es alltäglichere, Inschriften, die den Namen des Herstellers eines Gegenstands nennen – wie auf dem Kammfutteral von Lincoln – oder den Namen des Eigentümers. Auf eine wunderbare Spange im keltischen Stil, die man in Hunterston, Strathclyde, fand, verkünden Runen: „Diese Spange gehört Melbrigda." Obwohl der Besitzer einen keltischen Namen trägt, ist die Sprache skandinavisch und dies gibt einen Hinweis auf die Art der Integration der Leute aus dem Norden in die Gemeinden im Westen Schottlands.

Die ältesten Runen, die die Wissenschaft kennt, finden sich auf Waffen und Schmuckstücken.

Unten rechts: Die Runen der Brosche von Hunterston besagen im fortlaufenden Text: *malbrithaastilk* – „Diese Brosche gehört Melbridga." Danach folgen unbestimmte Zeichen, die den restlichen Platz füllen.

Eine kulturelle Bilanz

Soviel über die Taten der Wikinger. Für den Historiker ist es ebenso wichtig, etwas über die Stimmung der Wikingerzeit zu wissen. Welches Verhalten schätzten die Wikinger? Auch dies berichten die Runeninschriften. Sie beschreiben eine Gesellschaft, die wußte, was edel und heldenhaft war. Ihre Mitglieder hielten durch Familienbande zusammen oder durch die Pflichten, die beide hatten: Herr und Gefolgsmann. Sie preisen die Heldentugenden der Furchtlosigkeit, Ausdauer, Großzügigkeit, Treue, Ehrerbietung und Zuverlässigkeit. Natürlich hielten sich die Wikinger nicht immer an diese Tugenden. Ein Bruchstück eines Runenkreuzes aus Braddan auf der Insel Man hat für immer den Namen eines Mannes festgehalten, der sich schurkenhaft benahm, und es gibt keinen Zweifel, daß der Schreiber bewußt nicht nur den (nun verlorenen) Namen des Toten eintrug, sondern auch sein unwürdiges Verhalten öffentlich benannte: „Aber Hrosketil verriet das Vertrauen eines Mannes, dem er durch Eide verpflichtet war." Ein König konnte die Treue eines Gefolgsmannes anerkennen wie auf einem der Steine in Haithabu im Norden Deutschlands: „König Sven errichtete diesen Stein zur Erinnerung an seinen Gefolgsmann Skardi, der sich an einem Zug nach Westen beteiligt hat, aber nun in Haithabu den Tod fand." Oft inspirierte der Gedanke an diese heldenhaften Tugenden den Schreiber zur Poesie. Allen Veränderungen im Laufe der Zeit zum Trotz wahrten die Runen aber ihre Exklusivität. Sie blieben eine Schrift für wenige, eine Kunst der Chiffren und Symbole. Ein Stein in Turinge, Södermanland, erinnert an Thorstein, einen von zwei in der Nachbarschaft hoch angesehenen Brüdern. Unter den Stiftern des Denkmals befand sich die *húskarlar*, der Gefolgschaft des Haushalts.

Die Lobpreisung lautet:

Brœðr váru their beztra manna
á landi ok í liði úti,
heldu sína húskarla vel.
Hann fell í orrostu austr í Görðum,
liðs foryngi landmanna beztr.

„Diese Brüder waren die besten Männer zu
Hause und in der Ferne auf weiter Fahrt.
Sie behandelten ihre Gefolgschaft gut.
Thorstein fiel in der Schlacht im Osten
Rußlands, Heerführer,
der Beste der Landleute."

Vermutlich gefiel es der *húskarlar*, daß Thorstein ein großzügiger Herr war, der seine Leute mit vielem Guten versorgte. Andererseits konnte ein Wikinger Achtung erringen, wenn er kämpfte bis in den Tod und sich nicht ergab wie der Mann, an den in Sjörup, Schonen, erinnert wird. Die Inschrift beginnt einfach: „Saxi errichtete diesen Stein im Gedenken an seinen Kameraden Asbjorn, den Sohn des Toki" und dann folgt ein kurzer Vers, der erklärt, weshalb Asbjorn Angedenken brauchte und verdiente:

„Sá fló eigi Upsala lum
en vá medann (hann) vápn hafði."

Er floh nicht in Uppsala
sondern kämpfte, solange er Waffen halten
konnte."

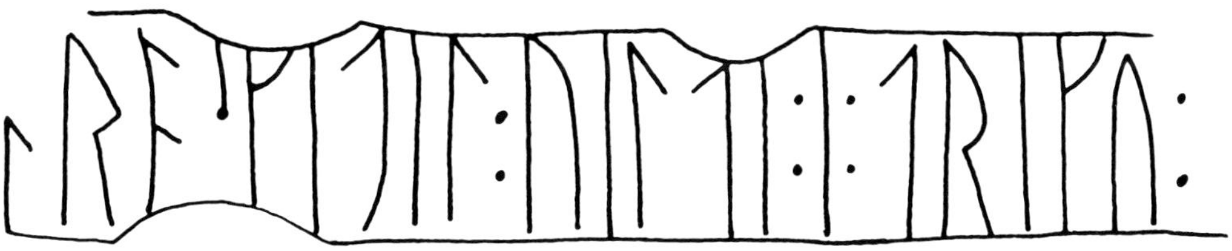

Die erhaltenen Runen der Vorderseite des Kreuzes von Braddan auf der Insel Man. – Der Text beginnt unvermittelt in der unteren Reihe links: *nroskitil: uilti: i: triku,* dann geht es in der oberen Reihe weiter: *aithsoara: siin.* In normalem Altnordisch heißt das: *[e]* n *Hrossketill vélti í tryggu eiðsvara siin,* wörtlich übersetzt: „und Hrosketil verriet unter Vertrauen seinen Eidgeschworenen [Freund]".

Skaldenpoesie

Die bisher zitierten Gedichte sind einfache Verse, deren Wirkungen stark auf Alliteration beruhen. Es gibt jedoch einige Runendenkmäler mit komplizierteren Versformen, die wir skaldisch nennen. „Skaldisch" stammt von dem isländischen Wort *skåld*, Dichter, doch benutzt man dieses Wort auch zur Bezeichnung eines altnordischen Hofpoeten oder eines Autors ähnlich kunstvoller Verse. Runen eines Skaldengedichts findet man auf einem Gedenkstein aus der späten Wikingerzeit in Karlevi auf der schwedischen Insel Öland. Nach einer einfachen Gedenkinschrift in Prosa geht der Text zum Lob des Toten in Verse über. Wir geben ihn hier in einfacher Schreibweise und in wörtlicher Übersetzung wieder:

„Fólginn liggr hinns fylgðu
– flestr vissi that – mestar
dæðir dolga thrúdar
draugr í theimsi haugi.
Munat reið-Viðurr ráða
rógstarkr í Danmarku
Endils iörmungrundar
ørgrandari landi.

„Begraben liegt, dem folgten
– die meisten wissen das – die größten
Taten, der Thrud der Kämpfe
der Baum, in diesem Hügel.
Es wird nicht herrschen ein Odin des
Wagens kampfstarker in Dänemark
des sich weit erstreckenden Landes von
Endil rechtschaffen über das Land."

Wenn man sie einfach so liest, scheint die Übersetzung nicht viel Sinn zu ergeben und dies aus zwei guten Gründen. Jede Halbstrophe weist zwei oder drei durcheinandergebrachte Phrasen auf, die der Leser entwirren muß; der Dichter benutzt nicht die Alltagssprache, sondern komplizierte Bilder, die „Kenningar", die zu verstehen der Leser lernen muß. Wenn wir die Worte dieser Strophe anders ordnen, erhalten wir folgenden Text: „Begraben liegt, dem folgten – die meisten wissen das – die größten Taten, der Baum der Thrud der Kämpfe in diesem Hügel. Es wird nicht herrschen in Dänemark ein kampfstarker, rechtschaffener Odin des Wagens des sich weit erstreckenden Landes von Endil über das Land."

Nachdem wir den Text neu geordnet haben, fragen wir nach der Bedeutung der „Kenningar". Thrud ist eine Tochter des Thor, eine Göttin minderen Ranges. Die Thrud der Kämpfe war also eine Kriegsgöttin oder Walküre. Der Baum der Walküre ist ein Krieger, der fest im Kampf steht wie ein im Boden verwurzelter Baum. Endil ist ein Seekönig, sein sich weit erstreckendes Land meint das Meer, und der Wagen des Meeres ist ein Schiff. Odin, der Gott, der das Schiff beherrscht, ist ein Seekrieger. Durch diese Interpretation der „Kenningar" gelangen wir zu folgender Aussage: „Begraben liegt, dem folgten – die meisten wissen das – die größten Taten, der Krieger in diesem Hügel. Es wird nicht herrschen in Dänemark ein kampfstarker, rechtschaffener Seekrieger über das Land."

Als historisches Zeugnis besagt dies nicht viel, doch erfahren wir, daß ein Seekrieger der Wikinger, der auf einer schwedischen Insel feierlich begraben wurde, Landbesitzer in Dänemark war, daraus können wir schließen, daß die verschiedenen Wikingerländer nicht stärker voneinander getrennt waren als ihre modernen Nachfolger. Aber die Inschrift liefert uns noch eine weitere wichtige kulturelle Information. Der komplizierte Vers mit seiner verzwickten Wortfolge und seinen schwierigen Bildern sollte gelesen und verstanden werden, sonst hätte man ihn nicht in Stein gemeißelt. Das bedeutet, daß es ein Lesepublikum gab, das es gelernt hatte, so schwierige Verse zu verstehen. Wir haben jedoch noch nicht gesehen, wie schwierig diese Versform ist.

Untersucht man den Vers im Einzelnen, entdeckt man seine Komplexität. Es ist das typische Beispiel eines weit verbreiteten Versmaßes, des *dróttkvætt*, d.h. des „Hofmaßes". Der Vers besitzt acht Zeilen. Jede Zeile enthält sechs Silben, drei betonte und drei unbetonte, allerdings wechseln die Betonungsmuster von Zeile zu Zeile. In jeder „geraden" Zeile gibt es zwei Silben, die sich reimen (*flestr/mest-; draugr/haug-; stakr/-mark-; -grand/land-*). In jeder „ungeraden Zeile gibt es zwei Silben, die sich teilweise reimen, sie enden mit dem gleichen Konsonanten, enthalten aber unterschiedliche Vokale (*fólg-/fylg-; dað-/Þrúð-; reið-/rað-; End-/-grund-*). Darüber hinaus gibt es in jeder „ungeraden" Zeile zwei betonte Silben, die mit dem gleichen Laut beginnen und diese sind Alliterationen der ersten Silbe der folgenden geraden Zeile (*fólg-/fylg-/flestr; dæð-/dolg-/draugr;* usw.). All diese Einzelheiten in eine ordentliche Strophe zu bekommen, erfordert einen Poeten, der sein Handwerk versteht. Ja, es erfordert sogar eine Dichterschule und ein Publikum, das weiß, welche Ansprüche man an einen Vers stellt. Daraus können wir schließen, daß die Wikinger nicht bloß zerstörungswütige Raufbolde waren, als die man sie oft darstellt, sondern ein Volk mit einer Literatur, die Differenziertheit und Bildung erforderte.

Ein einzelner Vers besaß Schwierigkeiten genug, aber ein vollständiges langes Gedicht konnte 20 oder 40 derartige Strophen umfassen, die sich aufteilten in einen Einführungs- und einen Schlußteil und einige Gruppen dazwischen, die jeweils ihren eigenen Refrain besaßen. Solche Gedichte waren zu lang, um sie in Runen festzuhalten, der Dichter mußte sie auswendig lernen. Die besonderen Reimformen und Alliterationen galten in der Tat als Hilfsmittel, die es dem Dichter erleichterten, sein Gedicht im Kopf zu behalten.

Der Skalde und seine Dichtung

Die Skaldenpoesie stellte in der Regel Gelegenheitsdichtung dar. Sie zeigte die Reaktion des Dichters auf aktuelle Ereignisse, auf etwas, das ihm gerade zugestoßen war oder auf den Besuch bei einem Fürsten. Viele Gedichte bestehen aus einem einzigen Vers – der Stein von Karlevi stellt hierfür ein Beispiel dar – und sehr oft wurden diese Verse in Handschriften aus viel späterer Zeit überliefert. Insbesondere findet man sie in den isländischen Prosaerzählungen, den Sagas, die im 13. und 14. Jahrhundert niedergeschrieben wurden. Diese Sagas geben Anlaß zu der Vermutung, daß ein geschulter Poet solche *dróttkvætt* – Strophen in kürzester Zeit bilden konnte, um seine unmittelbare Reaktion auf ein Ereignis festzuhalten. Fast alles, was wir über die Lebensweise der Skalden wissen, stammt aus diesen späteren Sagas. Obwohl sie keine verläßlichen historischen Quellen darstellen, scheint doch einiges glaubwürdig, was sie uns über die Skalden mitteilen. Während des größten Teils der Wikingerzeit scheint die Skaldendichtung eine isländische Besonderheit gewesen zu sein. Der Skalde war ein junger Mann aus guter isländischer Familie, der in die Ferne reiste, des Vergnügens, der Erfahrungen, des Abenteuers und des Geldes wegen, um wichtige Verbindungen zu knüpfen und einen guten Ruf zu gewinnen. Wenn er gute Verse schmieden konnte, war er an jedem der großen Höfe Nordeuropas willkommen, bei den Wikingerkönigen von Norwegen oder Schweden, Dänemark, Dublin oder York oder dem großen Häuptling der Orkneys. Er wurde ein Mitglied der Gefolgschaft des hohen Herrn und diente diesem durch große Taten, als Unterhalter oder Berater. Irgendwann erwartete man von ihm ein Gedicht zum Lobpreis seines Herrn, ein langes Gedicht, dessen Reimfolge man *drápa* nannte, wenn es einem König galt, oder vielleicht ein kürzeres Gedicht ohne Endreim, ein *flokkr*, wenn es jemandem von geringerer Stellung galt. Ein Gedicht konnte einen lebenden König preisen, es konnte eine Bestattungsode sein, die die Taten des Verblichenen seinen Nachkommen überlieferte. Aus diesen Gedichten stammt unser meistes Wissen über die Wikingerkönige. Solche Gedichte blieben oft nur deshalb erhalten, weil sie in den isländischen Sagas zitiert werden, besonders in den *konunga sögur*, den Sagas der Könige. Ein Isländer des 13. Jahrhunderts, Snorri Sturluson, der Autor einer berühmten Sammlung solcher Sagas, der *Heimskringla*, stellt in seiner Einleitung die Quellen seines Wissens über die frühen Könige von Norwegen dar. Die wichtigste Überlieferung, meinte er, sei:

„... was in jenen Gedichten gesagt wird, die vor den Fürsten selbst oder ihren Söhnen deklamiert wurden. Wir nehmen alle als wahr an, daß diese Gedichte über ihre Reisen und Schlachten berichten. Denn es ist die Gewohnheit der Skalden, den Mann am meisten zu loben, mit dem

Der Gedenkstein des Wikingerhäuptlings Sibbi des Guten in Karlevi auf Öland. Seine lange und wortreiche Inschrift beginnt mit einem Prosatext, der den Toten nennt, und fährt dann mit Skaldenlyrik zu seinem Lobpreis fort.

Das Oberteil dieses behauenen Steines aus einem Gräberfeld bei Stenkyrka auf Gotland zeigt einen berittenen Krieger und davor eine Frau, vielleicht eine Walküre, die ihm ein Trinkhorn darbietet.

sie zusammen sind, und niemand würde es
wagen, diesem Mann selbst von Taten
zu künden, die jeder, der davon gehört
hatte - sogar der Mann selbst - für Lügen
und Betrug hielt. Dies wäre Hohn, nicht
Preis gewesen."

Niemand der je eine Tischrede zu Ehren einer Berühmtheit gehört hat, wird sich von dieser Begründung besonders beeindrucken lassen, aber selbst wenn die Gedichte nicht die Wahrheit - oder zumindest nicht die ganze - über die Könige erzählten, die sie preisen, so zeigten sie doch zumindest, welche Eigenschaften es waren, die die Wikinger an einem König des Preisens wert erachteten.

Oden und Preislieder

Manchmal zitierte der Schreiber einer Saga einen langen Ausschnitt eines Gedichts, manchmal sogar das ganze. Ein Beispiel bildet die *Hákonarmál*, die Begräbnisode für König Hakon von Norwegen aus dem 10. Jahrhundert; sie wird in mehreren Sagas zitiert. Hakon wuchs am Hofe König Athelstans von Wessex auf und daher war er zumindest nominell ein Christ: daher sein Titel „der Gute". Trotzdem widmete ihm sein Skalde ein heidnisches Gedicht, nachdem er an den Wunden starb, die er in einem Scharmützel zwischen Skandinaviern erhielt, wie sie in der Wikingerzeit so häufig waren. Der Skalde hieß Eyvind und trug den Spitznamen „Plünderer der Skalden", denn da er wenig eigene Ideen hatte, klaute er sie von anderen, und diese Ode auf Hakon ist eine solche Diebesbeute, denn sie erinnert sehr stark an ein älteres Gedicht, das König Erik, der den Spitznamen „Blutaxt" trug, gewidmet war. Eyvinds Gedicht schildert Hakon in seiner letzten Schlacht. Odin, der Gott des Krieges, schickt zwei Walküren aus, die denjenigen Krieger bestimmen sollen, der es wert ist, in Walhall zu leben. Sie wählen Hakon aus, dann beeinflussen sie die Schlacht so, daß er Erfolg hat und seine Feinde in die Flucht schlägt. Dann fordern sie ihn auf, zu Odin zu kommen (damit bringt der Dichter zum Ausdruck, daß er an den Folgen des Kampfes stirbt). Hakon macht Ausflüchte und bittet, Odin solle ihn nicht im Augenblick seines Triumphes zu sich holen, aber am Ende gibt er seinen Zorn auf und die Götter heißen den großen Krieger willkommen. Die Ode endet mit Versen, die Hakon als König ohnegleichen preisen:

Mun óbundinn
a ýta sjöt
Fenrisulfr of fara
áðr jafngóðr
á auða tröð
konungmaðr komi.

„Befreit von seinen Bindungen
an die Heimat der Menschen
wird der Fenriswolf laufen
bevor da kommt ein so guter
Mann von königlicher Geburt
auf verwüstete Felder."

In zweierlei Hinsicht ist Eyvinds Gedicht untypisch für ein skaldisches Lobgedicht. Es besitzt eine einfachere Form als das übliche *dróttkvætt* und es enthält einen Bericht. Die meisten Skaldengedichte haben keinen Erzählcharakter. Statt Ereignisse zu berichten, deuten sie sie bloß an und diese Andeutungen sind oft undeutlich. Der Skalde ging davon aus, daß das Publikum wußte, wovon die Rede war, denn es kannte die Geschichte seines Herrschers, deshalb beschrieb er eine Schlacht oder eine Reise förmlich und mit wenig Einzelheiten. Hier folgt in wörtlicher Übersetzung ein einzelner Vers aus einem Gedicht, das Ottar der Schwarze über Olaf Haraldsson von Norwegen (Olaf d. Heiligen) schrieb:

„Fürst, ich erfuhr, daß schwer
euer Heer fern der Schiffe
rötete den Hügel Ringmere
aufrichtete einen blutigen Haufen Erschlagener.
Fiel vor euch nieder, bevor es vorbei war,
Volk des Landes, in die Schilde prasselnd
das Heer der Engländer, zur Erde
ungestüm, und viele auf der Flucht."

Ordnet man den Text zu Sätzen (es gibt verschiedene Möglichkeiten, dies zu tun), dann wird daraus:

„Fürst, ich erfuhr, daß euer Heer, fern
seiner Schiffe, einen großen Haufen
Erschlagener aufrichtete und den Hügel
von Ringmere mit Blut rötete. Bevor es

vorbei war, fiel das Heer der Engländer
ungestüm vor euch zur Erde in die Schilde
prasselnd und viele auf der Flucht."

All dies enthält nicht viel mehr als die Mitteilung, daß Olaf Haraldsson die Engländer bei Ringmere Heath in Norfolk schlug.

Ein anderer Skalde, Sigvat, widmete Olaf ebenfalls ein Gedicht, das einen Vers über dieselbe Schlacht enthielt. Es berichtet geradeheraus:

„Wieder einmal, zum siebenten Mal,
schlug Olaf eine Schlacht im Land
Ulfcetels, wie ich berichten werde. Alle
Engländer hatten sich am Hügel von
Ringmere aufgestellt, als Haralds Sohn den
Kampf begann. Männer kamen zu Tode."

In gleicher Weise förmlich, wird hier eine weitere kleine Information mitgeteilt: Ringmere lag in Ulfcetels Land. Die angelsächsischen Historiker kannten Ulfcetel gut, denn er war der Heerführer von East Anglia, der Anfang des 11. Jahrhunderts tapfer gegen die plündernden Wikinger kämpfte. Keine zeitgenössische englische Quelle spricht von einer Schlacht bei Ringmere, wohl aber die Chronik des Florence von Worchester aus dem 12. Jahrhundert; es handelt sich um die in der *Angelsächsischen Chronik* für 1010 verzeichnete Schlacht, bei der die Wikinger eine ganze englische Armee vernichteten, mit Ausnahme des Aufgebots aus Cambridgeshire, das standhielt. Die *Chronik* nennt die Wikingerarmee eine dänische, aber diese Verse zeigen, daß Norweger darunter waren, die unter ihrem zukünftigen König kämpften. Wenn wir die Skaldenpoesie in dieser Weise untersuchen, erfahren wir viele Einzelheiten über die Wikingerzeit, die anderswo nicht berichtet werden, allerdings muß man sie aus den geschwollenen Lobreden herauspräparieren, die jene Fürsten preisen, welche die Dichter bezahlten.

Skalde und Herr

Ein Skaldengedicht stellte nicht immer eine Lobhudelei dar, denn der Skalde besaß eine gewisse Freiheit der Rede gegenüber dem Herrn und die Höflinge benutzten ihn manchmal, um jenem schlechte Nachrichten mitteilen zu lassen oder Ratschläge zu geben, die er von jeder anderen Seite übel aufgenommen hätte. Magnus, Sohn des Märtyrerkönigs Olaf, wurde 1035 Herrscher von Norwegen nach dem Tode Knuts von Dänemark. Seiner Saga zufolge begann er Rache an jenen zu üben, die seinen Vater bekämpft hatten, ohne gesetzliche Grundlage nahm er ihnen Besitz und Ehren. Es überrascht nicht, daß er sehr unbeliebt wurde und ein Aufstand drohte. Die Freunde des Königs beauftragten den Skalden Sigvat, dem König zu sagen, daß sein Verhalten politisch falsch sei, und er tat dies in einer Reihe von Versen, den *Bersöglisvísur* (Offenherzige Verse). Aus ihnen gewinnen wir ein deutliches Bild der Lage des Königreichs nach 1030 und der Beziehung zwischen Herrscher und Volk. Sigvat begann, indem er Magnus seiner Loyalität versicherte und seinen Willen betonte, für ihn zu kämpfen. Er erwähnte die Könige, die Magnus vorausgegangen waren und zeigte, daß sie geachtet waren, weil sie sich gegenüber den Untertanen an die gesetzlichen Verpflichtungen hielten und sie vor Ausbeutung schützten. Dann bat er um Vergebung für seine Offenheit und teilte mit, wie die Landbesitzer sich beklagten, daß Magnus das Gesetz gebrochen habe, das zu halten er als König von Norwegen versprochen habe.

Ohne Furcht kritisierte Sigvat seinen König, aber das Gedicht beschwor die positiven Werte, auf die sich das norwegische Königreich gründete: eine vereinbarte Beziehung gegenseitiger Hilfeleistung zwischen Herrscher und Volk, Achtung vor Gesetzen und Verpflichtungen innerhalb einer Wikingergemeinschaft (was auch immer man außerhalb Stehenden antat) und Anerkennung der Bedeutung der Familie und der Kontinuität ihres Besitzes.

Skaldenlyrik als Dichtung

Natürlich ist es unfair, die Skaldenlyrik so ausschließlich als Quelle historischen Wissens zu behandeln. Sie hatte literarische Absichten und keine wörtliche Übersetzung kann ihre großartige Struktur und poetische Qualität wiedergeben.

Von Odin zu Christus

Unter den wikingerzeitlichen Gräbern von Lindholm Høje in Jütland, Dänemark, haben etwa 200 eine Steinumrandung in Form eines Schiffes – sie symbolisieren die Vorstellung vom Tod als Reise ins Unbekannte.

Heidentum

Zu Beginn der Wikingerzeit lebten in allen skandinavischen Ländern ausschließlich Heiden; es hatte bis dahin kaum Verbindungen zur Christenheit gegeben. In den folgenden Jahrhunderten gelangte die Kenntnis des christlichen Glaubens auf verschiedenen Wegen in diese Länder. Plünderer, die in einer Kirche oder einem Kloster raubten und mordeten, stahlen christliche Kultgegenstände wie Kreuze und Abendmahlskelche. Diese Stücke schmolz man gewöhnlich wegen ihres Metallwerts ein, aber einige besonders schöne Objekte behielt man als Souvenirs. Unter den Gefangenen, die man als Sklaven ins Land brachte, befanden sich Christen; ihre Religion mag auf ihre neuen Herren wenig Einfluß gehabt haben, aber sie muß immerhin in deren Bewußtsein gedrungen sein. Die Wikingerhändler trafen in der Fremde, im romanischen Westen und im griechisch-byzantinischen Osten, christliche Kaufleute und trieben friedliche Geschäfte mit ihnen.

Wikingersöldner dienten in den Armeen christlicher Heerführer und mußten sich manchmal der Form halber taufen lassen. Schließlich kamen christliche Missionare nach Skandinavien und ihre Lehren gelangten in die überseeischen Kolonien Skandinaviens, die Färöerinseln, Island und Grönland. Dieser Prozeß ging langsam vor sich, aber Ende des 11. Jahrhunderts war der größte Teil Skandinaviens christianisiert, nur Schweden blieb teilweise bis ins 12. Jahrhundert heidnisch und sicher hinterließ das Heidentum auch anderswo noch Spuren.

Die Quellen

Wir müssen uns klar machen, daß die heidnische Religion der Wikinger nicht in völliger Isolation vom zeitgenössischen christlichen Europa existierte. Tatsächlich stammen die vollständigsten Berichte über heidnische Riten und Glaubensinhalte von späteren, bereits christianisierten Leuten des Nordens, besonders von Isländern, allerdings ging es diesen hervorragenden Geschichtenerzählern manchmal mehr um eine gute Geschichte als um die Wahrheit. Von Gedichten und Prosastücken über alte Götter, die Christen im 12. Jahrhundert oder später niederschrieben, sollte man nicht die sorgfältigen Analysen ausgebildeter Altertumsforscher und Anthropologen erwarten. Aber diese Geschichten und Gedichte liefern uns viele fröhliche Anekdoten über das Leben und Treiben von Göttern und Göttinnen wie Thor und Odin, Frey und Freya sowie Beschreibungen der Erschaffung und des Untergangs der Welt nach der altnordischen Mythologie. Viele unserer Vorstellungen über den Glauben der Wikinger, über das Mettrinken in Walhall oder die Walküren, die durch die Lüfte reiten, um die Gefallenen der Schlacht zu bestimmen, stammen aus dieser isländischen Literatur des Mittelalters.

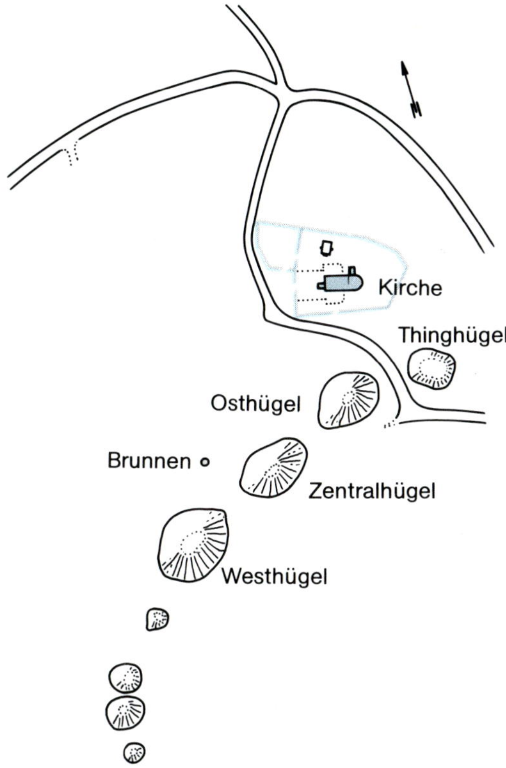

Uppsala war das berühmte Zentrum heidnischer Kulte im Schweden der Wikinger. An der Stelle des ursprünglichen Tempels steht nun eine Kirche in der Nähe der großen königlichen Grabhügel des 5. und 6. Jahrhunderts.
Unten: Adam von Bremens (auf Hörensagen beruhende) Beschreibung von Uppsala regte diese kunstvolle Phantasie-Rekonstruktion von Olaus Magnus aus dem Jahre 1555 an, die den Tempel in goldenen Ketten zeigt sowie den immergrünen Baum und den Brunnen, in dem ein Mann als Opfergabe ertränkt wurde.

Die schriftlichen Berichte von Leuten, die außerhalb der wikingischen Welt lebten, erzählen uns auch manches über das Heidentum der Wikinger, allerdings wissen wir oft nicht, ob ihre Informationen auf eigener Beobachtung oder den Berichten von Reisenden beruhen. Adam von Bremen, der im 11. Jahrhundert über schwedische Heidenkulte berichtete, gibt genaue Beschreibungen von Opferfesten in Uppsala, hat sie aber selbst nicht gesehen. Der arabische Chronist Ibn Fadlan, der ein heidnisches Wikingerbegräbnis an der Wolga beschrieb, berichtete ohne Zweifel so genau wie möglich. Aber in dieser Gegend waren die Kulte der Wikinger vielleicht von denen der slawischen Nachbarn beeinflußt und die Interpretation des

Bei den Heiden war es üblich, Männer und Frauen mit den Gegenständen zu bestatten, die sie während ihres Erdenlebens benötigt hatten. Die Wikinger bildeten in dieser Hinsicht keine Ausnahme, und Ausgrabungen ihrer Gräber liefern uns bemerkenswerte Zeugnisse sowohl ihres Glaubens als auch ihres Alltagslebens. Der Inhalt der grasbewachsenen Grabhügel von Birka *(oben)* zeigt deutlich die Bedeutung der Stadt als Handelszentrum. Man fand Münzen, Luxusgüter, Kaufmannswaagen und Kriegerausrüstungen.

Arabers für das, was er sah, war möglicherweise durch Kommunikationsprobleme behindert. Z.B. kommt in seinem Bericht mehrfach ein Wort für Paradies vor, das diesen Ort als „grün und wunderschön" bezeichnet. Dies entspricht kaum den Beschreibungen Walhalls in den altnordischen Quellen des Westens und es ist unklar, welches andere altnordische Wort man mit Paradies übersetzen könnte.

Ins einzelne gehende und genaue Kenntnisse liefert uns die Archäologie, denn bei den Heiden war es üblich, Männer und Frauen mit den Gegenständen zu bestatten, die sie während ihres irdischen Lebens benutzt hatten, vermutlich nahm man an, daß sie diese auch im Jenseits benötigten. Die Ausgrabung von Grabstätten gibt uns dreierlei Arten von Informationen: Erstens lernen wir die Gegenstände des täglichen Gebrauchs aus der Wikingerzeit kennen – denn viele Dinge zeigen Anzeichen des Gebrauchs und wurden sicher nicht besonders für die Bestattungszeremonie hergestellt; zweitens lernen wir die jeweiligen Bestattungsbräuche kennen, die in einem bestimmten Teil des heidnischen Skandinavien der Wikinger herrschten; drittens erfahren wir etwas über den Glauben des Volkes, das solche Bräuche pflegte. Die Benutzung des Grabschiffs deutete vielleicht darauf hin, daß man sich den Tod als Reise vorstellte, und selbst wenn man kein wirkliches Schiff benutzte, markierte man die Grenzen eines Grabes oft schiffsförmig mit Steinen.

Bei Ausgrabungen von Siedlungen kann man ebenfalls Gegenstände von kultischer Bedeutung entdecken, z.B. Talismane und Amulette. Wir finden winzige Götterfiguren und Miniaturen ihrer bekannten Attribute, etwa den Hammer des Thor.

Die Interpretation von Orts- und Flurnamen kann die archäologischen Spuren ergänzen, hier

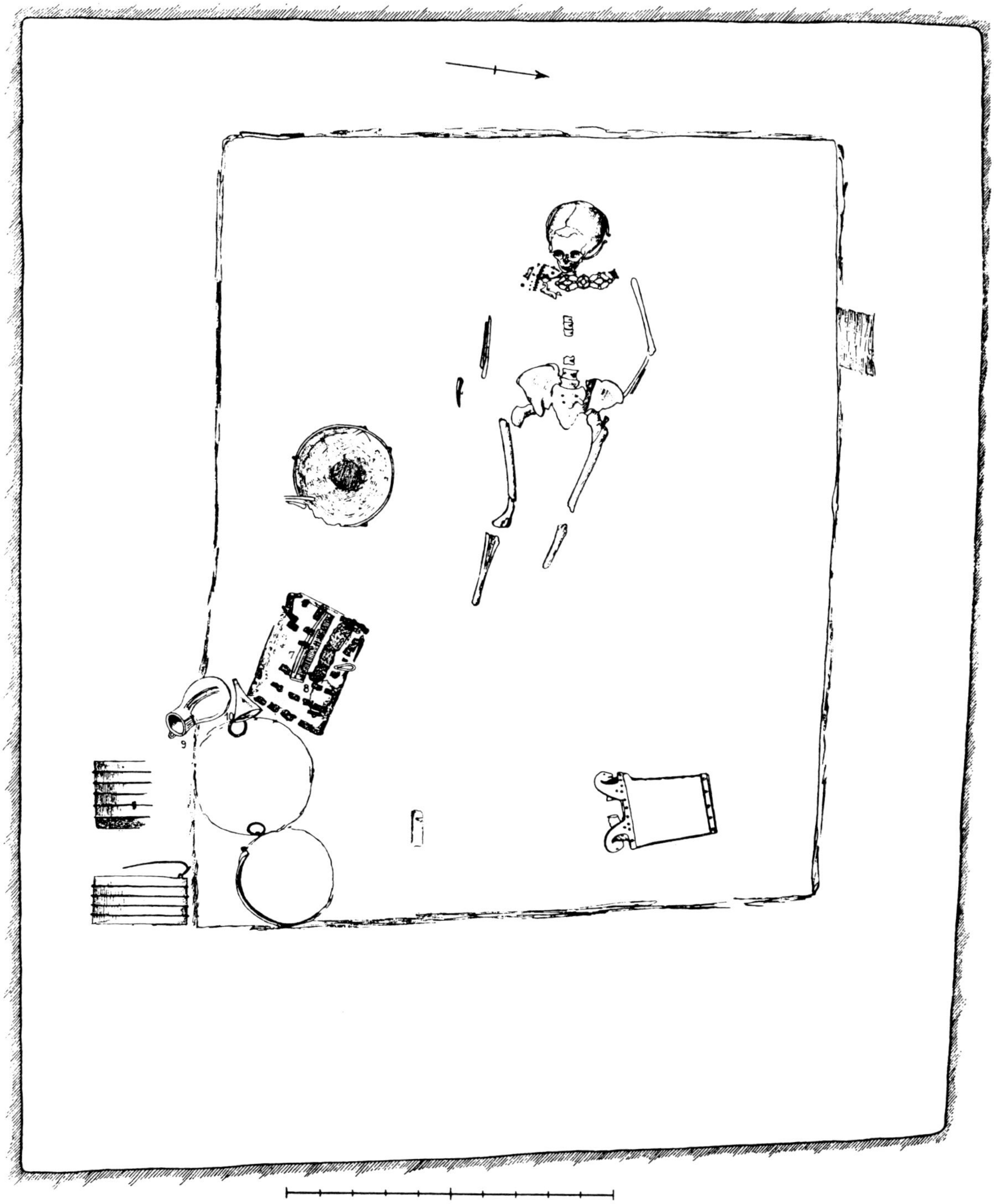

Abb. 274. Grab 854.

Dieser Plan zeigt eines der reichsten der in Birka ausgegrabenen Frauengräber. An einer Seite der hölzernen Kammer fand man eine Bronzeschüssel, ein Kästchen (mit einem Kamm und einem gläsernen Gnidelstein), einen Weinkrug und einen Trinkbecher aus dem Rheinland sowie zwei Eimer. In der gegenüberliegenden Ecke lag eine Platte aus Walknochen (s. auch S. 122). Die Dame hatte man vollständig gekleidet bestattet und mit ihren Spangen und Ketten an den richtigen Stellen, darunter der roßen gleicharmigen Spange, die auf S. 116 oben abgebildet ist. Ein eiserner Reif mit Thorshämmern als Anhängern wurde unter dem Schädel gefunden und schmückte wohl ursprünglich den Hals der Toten.

erfährt man, welche Götter und Göttinnen man wo verehrte und welche Orte als heilig galten. *Helgafell*, Heiliger Berg, ist ein häufig vorkommender Name, der eher auf eine allgemein verehrungswürdige Stätte, denn auf eine Kultstätte für einen bestimmten Gott hinweist. Es gab auch heilige Haine und Inseln, Weiden und Flüsse. Nützliche Hinweise ergibt die Untersuchung der Streuung von Ortsnamen. Die Häufigkeit, mit der der Name Odin in Dänemark vorkam, läßt vermuten, daß der Odinkult hier vorherrschte.

Der Odinkult

Diese Bronzefigur aus Lindby in Schonen erscheint einäugig und stellt daher möglicherweise Odin dar, von dem es heißt, daß er ein Auge geopfert habe, um Erkenntnis zu gewinnen.

Die Quelle, in der die Stellung Odins am deutlichsten wird, stellt die *Prosa-Edda* des Snorri Sturluson dar. Jener Isländer schrieb zu Anfang des 13. Jahrhunderts, als Island schon über 200 Jahre lang christlich war und das Wissen über heidnische Traditionen nicht bedeutete, daß man an sie glaubte. Snorri sagt:

> „Odin ist der höchste und älteste der Götter; er beherrscht alle Dinge, und wie machtvoll die anderen Götter auch sein mögen, sie dienen ihm alle, wie die Kinder ihrem Vater . . .
> Odin nennt man den All-Vater, weil er der Vater aller Götter ist; er heißt auch Walvater, weil alle, die in der Schlacht fallen, seine auserwählten Söhne sind. Walhall ist ihnen gewiß."

Das Wort *valr*, die erste Silbe von Walhall und Walvater (und Walküre) bedeutet „die Erschlagenen" und bezieht sich auf die in der Schlacht Gefallenen. Snorri zählt auch die Namen auf, unter denen Odin bekannt ist, diese Liste stammt aus dem Gedicht *Grímnismál*. Zu diesen Namen zählen auch „Gott der Erhängten", „Helmträger" und verschiedene andere, die mit Kampf und Tod zu tun haben. Die Tiere des Odin sind jene, die man mit Leichen füttert, die Raben und die Wölfe, obwohl seine Raben Huginn und Munnin – Gedanke und Erinnerung – sich auf seine andere Rolle als Gott der Weisheit beziehen.

Ein Prägestempel aus Öland zum Stanzen von Folien, die Helme der Vor-Wikinger zierten (wie den auf S. 15), zeigt einen jungen Mann mit behörntem Helm, der an einem Waffentanz für Odin, den Gott der Krieger, teilnimmt.

Eine Gruppe von Gedichten, die man insgesamt die *Liederedda* nennt (manchmal auch die *Ältere Edda*, da sie aus der Zeit vor Snorri stammt, der sie weidlich ausschlachtete), läßt sich schwer datieren, sie ist uns aus einem Manuskript des 13. Jahrhunderts überliefert, das aber viel jünger als sein Inhalt ist und enthält viele Gedichte, die von Odins Streben nach Weisheit und Verstehen künden. *Vafthrúðnismál* beschreibt einen Wettstreit des Wissens zwischen Odin und dem Riesen *Vafthruthnir*, der behauptet, neun Welten besucht zu haben und *Niflhel*, das Reich der Toten, genau zu kennen; von ihm erfährt Odin viele Geheimnisse der Welt, bevor der den Wettstreit durch ein schändliches Rätsel gewinnt. *Völuspá* berichtet, was eine Sybille Odin über das Ende der Welt erzählte, über die Vernichtung der Menschen und Götter, über die Ungeheuer, die losgelassen werden, die Brut des Loki, den Fenriswolf, die Midgardschlange. *Hávamál* (Die Sprüche des Hohen) stellt angeblich Odins eigene Schilderung seiner Suche nach Wissen und deren Erfolg dar: „Ich begann zu wachsen und weise zu werden." „Ich schleppte die Runen, keuchend verstand ich sie." Das Gedicht nennt viele Fähigkeiten, die der Hohe angeblich sich selbst zuschrieb: die Fähigkeiten, die Waffen der Gegner stumpf zu machen, Fesseln zu lösen, Wind und Wellen zum Stillstand zu bringen. Einige sind kaum verständlich, so die Behauptung, jene zu beherrschen, „die auf den Gehöften reiten", andere sind weniger geheimnisvoll wie seine Behauptung: „Wenn ich eine Leiche am Galgen hängen sehe, kann ich bestimmte Runen schnitzen und bemalen, so daß sie geht und mit mir spricht." Man mag dies für eine seltsame Quelle der Weisheit halten, aber von Odin wird auch behauptet, er habe selbst an einem „windgepeitschten Baum" gehangen, „dem Odin zum Opfer gebracht, mich selbst mir selbst", und bei einer anderen Gelegenheit soll er ein Auge für Wissen gegeben haben.

Odins andere Haupttätigkeit als Gott der Dichter und der Dichtung hängt mit einer anderen langen und komplizierten Geschichte zusammen, von der wir verschiedene Varianten kennen. In Snorris geschliffener Version lautet die Geschichte in den Grundzügen so: Zwerge brauten einen kräftigen Mettrunk aus Honig und dem Blut eines ermordeten Mannes namens Kvasir zusammen: „Dieser war so weise, daß er jede Frage beantworten konnte." Wer diesen Met trank, wurde ein Dichter. Indem er das Getränk stahl, machte es Odin allen Göttern und Menschen verfügbar, daher ist die Poesie ein Geschenk des Odin, Odin ist der Schutzherr aller Dichter. Die Skalden sprechen immer wieder von ihrer Kunst in diesem mythischen Zusammenhang. Egil Skallagrimsson erwähnt zwei Funktionen Odins in seinem Gedicht *Höfuðlausn* (Kopfgeld), das er in York vortrug, um als Lohn dafür von Erik Blutaxt sein Leben geschenkt zu bekommen. Egil behauptet, er habe Odins Met (d. h. sein Gedicht) auf die englischen Felder getragen, und bei der Beschreibung von Eriks Siegen sagt er, daß Odin beobachtete, wo die Toten *(valr)* lagen.

Ein freundliches Detail in Snorris Darstellung über Odin bildet die Beschreibung seines grauen achtbeinigen Rosses Sleipnir. Der Sleipnir findet sich auch in einigen Gedichten der Edda. In *Baldrs Draumar* etwa heißt es: „Odin erhob sich .... Und legte den Sattel auf Sleipnir." Die gotländischen Bildsteine aus dem 9. Jahrhundert zeigen einen Reiter auf einem achtbeinigen Roß.

Offensichtlich verwandt mit dem Prägestempel von Öland ist dieses Amulett aus einem wikingerzeitlichen Frauengrab in Uppland, das einen Krieger mit einem gehörnten Helm, Schwert und Speeren darstellt. Die Hörner dieser kultischen Helme besitzen vogelkopfartige Enden.

Behauene Steine aus Gotland stellen nicht nur Schiffe dar, sie zeugen auch vom Odinkult und können verschiedene Aspekte des Lebens nach dem Tode illustrieren. Dieser Stein aus dem 8. Jahrhundert in Tjängvide, Alskog, zeigt einen Mann, der auf einem achtbeinigen Roß reitet, vielleicht ist es Odin auf Sleipnir, die Gestalten mit Trinkhörnern und Speeren könnten Walküren darstellen, und das Gebäude im Hintergrund kann Walhall symbolisieren.

Der Thorskult

Diese beiden silbernen Thorshammer-Amulette entstanden im 10. Jahrhundert in Schweden. *Oben:* Diese großartig stilisierte Version aus Schonen (vergrößert) weist die verstehenden Augen auf, die man Thor in mehreren Edda-Erzählungen nachsagt.

Unten: Ein einfacher Silberanhänger aus Uppland.

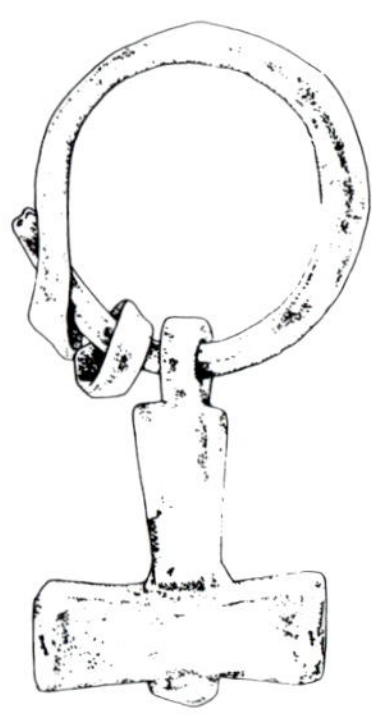

Obwohl Snorri den Odin so eindeutig den Platz des All-Vaters, des höchsten der Götter zuweist, hat es den Anschein, daß Odin diese Position nicht beständig innehatte. Der englische Prediger Ælfric schrieb im 11. Jahrhundert über heidnische Götter, und er setzt Thor und nicht Odin mit dem römischen Jupiter gleich, und es ist anzunehmen, daß er sich auf die heidnischen Kulte der zeitgenössischen Wikingereindringlinge stützt und nicht auf vage Erinnerungen an die ferne vorchristliche Vergangenheit des angelsächsischen England. Der deutsche Chronist Adam von Bremen beschreibt die Götterbilder im Tempel von Uppsala, von denen eines Odin darstellt, ein anderes, so sagt er, Thor, den mächtigsten der Götter. Wenn der Dichter Egil Skallagrimsson die Götter anfleht, den Erik Blutaxt aus Norwegen zu vertreiben, benutzt der zweimal in verschiedenen Gedichten den Ausdruck „Landgott" und man hält dies allgemein für ein Anrufen Thors. Es gibt einige Gründe für die Annahme, daß der Ausdruck „Gott", wenn er allein steht, den Thor meint. In einer handgeschriebenen Darstellung des heidnischen Gesetzes nur Zeit der Landnahme in Island wird ein wichtiger und verpflichtender Eid zitiert, in dem „Frey, Njord und der allmächtige Gott" als Zeugen angerufen werden. „Allmächtig" ist uns aus dem Christentum ein so bekanntes Wort, daß es schwierig ist, seine Bedeutung in einer heidnischen Götterwelt zu begreifen, aber hier handelt es sich möglicherweise um eine Anrufung Thors in seiner Schützerrolle. Diese Rolle Thors herrscht auch in Snorris Erzählungen in der *Prosa-Edda* vor. Die Götter selbst sind ohne Thor verwundbar, aber selbst Thor ist verwundbar ohne seinen geliebten Hammer Mjöllnir. Die Gedichte der Edda über Odins Suche nach Weisheit erscheinen schwer vor Würde aber das Gedicht *thrymskvida,* daß Thors Reise auf der Suche nach seinem verlorenen Hammer beschreibt, ist eine höchst fröhliche Angelegenheit. Die Riesen, die ewigen Feinde der Götter, haben Mjöllnir gestohlen und wollen ihn nur zurückgeben, wenn ihr Anführer Freya als Braut erhält. Thor scheint dies zuerst für ein faires Angebot zu halten, aber Freya, die Göttin der Liebe, macht deutlich, daß sie nicht so verzweifelt nach einem Gemahl sucht, daß sie sich sogar unter den Riesen danach umsieht. Man findet die Lösung, daß Thor, der Gott der Kraft, der männlichste der Götter, Brautkleider anzieht, Freyas ausfällige goldene Halskette anlegt und unter angemessener Begleitung von Feuer und Erdbeben zu den Riesen fährt. Dort zeigt er jedoch nicht genügend weibliche Delikatesse – beim Brautmahl verspeist er einen Ochsen, acht Lachse und drei Fässer Met – aber schließlich bringt man den Hammer, „um die Braut zu weihen". Thor vernichtet die Riesen wirksam und schnell „und so bekam Odins Sohn seinen Hammer zurück".

Ob Thors Hammer wirklich ein Teil des Hochzeitrituals war, kann man bezweifeln, aber man fand Gedenksteine mit den Runensprüchen „Möge Thor weihen" oder mit Thors Hammer als Teil des eingemeißelten Musters. Die Verehrung, die die heidnischen Wikinger diesem Symbol zollten erkennt man auch an den Miniaturhämmern, die es noch gibt. Einige dieser Amulette waren scheinbar als Anhänger zu tragen, die meisten sind verziert, aber andere sind wertlos, sie können nur ein Symbol für den Glauben des Eigentümers gewesen sein.

Die weitverbreitete Beliebtheit Thors zeigt sich auf vielfache Weise. Insbesondere seinen Namen ehrten die Wikinger in der Fremde, indem sie Orte nach ihm benannten (Thorshofn und Thorsness) und viele Personennamen enthalten Thor als Namensbestandteil wie Thorgrim und Thorstein. Daß es nicht nur die Isländer waren, die die Legenden um Thor in Erinnerung hielten, zeigt sich an der Verbreitung von Bildsteinen, die Thor in einem seiner bekanntesten Kämpfe zeigen. Nach Snorri hatte er einige Auseinandersetzungen mit der Midgardschlange und wenn das Ende der Welt und die Götterdämmerung kommen, werden sie einander umbringen. Die Prosa und die Lieder der Edda berichten, daß Thor fischen ging mit einem Ochsenkopf als Köder am Angelhaken, wodurch er die Weltschlange an die Leine bekam. Die verbreitete Beliebtheit dieser Sage zeigt sich daran, daß sie an so weit voneinander entfernten Orten wie Altuna in Schweden und Gosforth in England in Stein gemeißelt wurde.

Die Legende, wie Thor ging, um die Midgardschlange zu angeln, ist in viele Steine in Schweden und England gemeißelt. Auf einem Runenstein aus Altuna, den man im 11. Jahrhundert zum Andenken an zwei in ihrem Haus verbrannte Männer errichtete, steht Thor unten mit erhobenem Hammer in einem Boot. Mit seiner Linken hält er einen Ochsenkopf als Köder, während die Schlange sich unten windet.

Links: Eine ähnliche Angelszene zeigt der Stein von Gosforth in Cumbria. Hier kann die zweite Person im Boot der Riese Hymir sein – nach Snorris Darstellung nahm er an dem Abenteuer teil.

Andere Gottheiten

Wir haben hier nicht den Platz, all die Götter und Göttinnen der Wikinger zu schildern, etwa Frigg, die Gattin des Odin, Idun, die Hüterin jener außerordentlichen Äpfel, die die Jugend der Götter bewahren, Baldr, den Schönen und Vielgeliebten, bei dessen Tod alle Geschöpfe aufgefordert wurden zu weinen, damit er aus Hel zurückkehre. Einige wie Tyr der Einhändige, den englische Quellen mit Mars, dem Kriegsgott, gleichsetzen, scheinen anfangs wichtige Gestalten gewesen zu sein, verlieren aber im Laufe der Wikingerzeit ein wenig an Bedeutung. Freyr, seine Schwester Freyja und deren Vater Njörd bilden eine besondere Gruppe, die mit Fruchtbarkeit und Wohlstand im Zusammenhang steht. Eine Geschichte über die frühen Siedler auf Island berichtet, daß auf bestimmten Gräbern kein Schnee liegt, weil Freyr den Toten zu sehr liebte, als daß er Frost zwischen sich und ihn geraten ließe. Sagas wie die *Edda* des Snorri wurden oft lange Zeit nach den Ereignissen von Christen niedergeschrieben. In *Egils Saga* spricht die Tochter des Egil in Erwartung des Todes: „Ich habe nicht gegessen und werde es nicht tun, ehe ich bei Freyja bin." Solch ein Ausspruch erinnert an den Glauben, daß tote Krieger in Odins Walhall eingingen, Frauen dagegen von Freyja willkommen geheißen wurden.

Die Walküren

In dieser Hinsicht hatte Freyja Gemeinsamkeiten mit den Walküren. Ihr Name bedeutet „Auswähler der Erschlagenen", doch hat die Literatur den Namen romantisiert und entschärft. Das Gedicht *Eiríksmál* aus dem 10. Jahrhundert beschreibt, wie die Walküren die Helden mit Wein empfangen, und es kann sein, daß es diese weibliche Betätigung ist, die auf jenen Schnitzereien und Amuletten gezeigt wird, auf denen Frauen Trinkhörner herbeischaffen. Aber als niedere Gottheiten des Todes erhielten sie als angemessenen Namen das übliche Wort für Schlacht, etwa das altnordische *Hildr*, und viele Skalden bezeichnen die Schlacht als Spiel oder Sturm der Hilde.

Dieses schnurrbärtige Gesicht auf einem Essestein, gefunden am Strand von Snaptun in Jütland, kann Loki darstellen, der Odins Lieblingssohn Baldr umbrachte. Striche durchschneiden den geschlossenen Mund – Loki wurden einst für eine verlorene Wette die Lippen zusammengenäht.

Dieser schwedische Anhänger zeigt eine Frau, die ein Trinkgefäß hält – vielleicht eine Walküre, die einen gefallenen Krieger in Walhalla willkommen heißt.

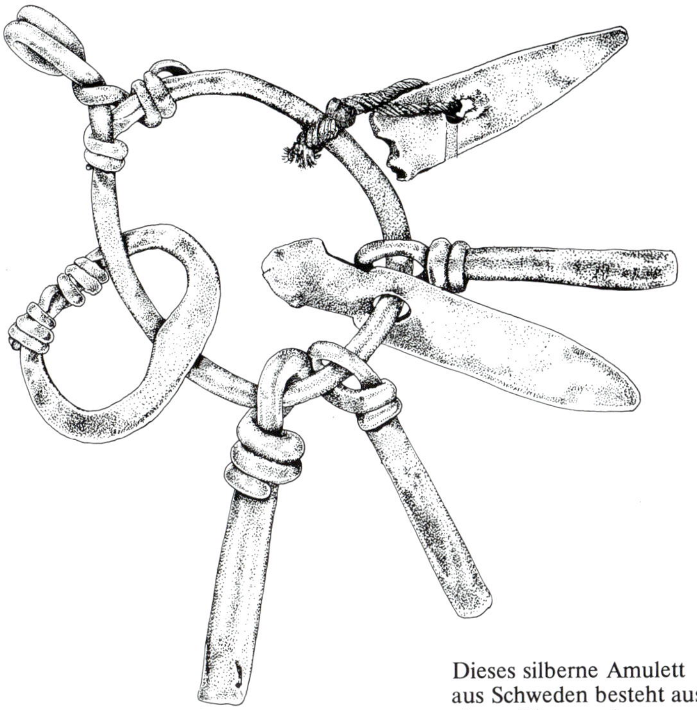

Die Bronzefigur *(rechts)* aus Rällinge in Schweden muß Freyn, den Gott der Fruchtbarkeit, darstellen. Diesen sieht man auch beim Werben um die Riesin Gjerd *(oben,* vergrößert) auf goldenen Preßblechen aus Helgö. *Unten:* Diese in Lund gefundene Figur aus Walroß-Elfenbein, die ihren Bart umklammert (ebenfalls vergrößert), hat man sowohl für Freyr als auch für Thor gehalten, aber es kann sich auch einfach um den „König" eines Brettspiels handeln.

Dieses silberne Amulett aus Schweden besteht aus einem Ring, an dem Miniaturwaffen und -werkzeuge von unbekannter Bedeutung befestigt sind: zwei Schwerter, drei Stöcke und ein Feuerstahl.

Sigurdslegende und Weltuntergang

Auf diesem Stein des 10. Jahrhunderts aus Kirk Andreas auf Man brät sich Sigurd Schnitzel aus Drachenherz über dem Feuer und leckt seinen verbrannten Daumen.

Ein anderer Stein aus dem 10. Jahrhundert auf Man zeigt Odin mit seinem Raben und seinem Speer, während er vom grauen Fenriswolf angegriffen wird – der ihm der Prophezeiung nach im letzten Kampf den Tod bringen wird.

Gleichzeitig mit dem Prozeß der Romantisierung kommt es zur Verwandlung der Walküren in weibliche Heldengestalten, die teils göttlicher, teils weltlicher Herkunft sind. Die berühmte Sigurdslegende enthält ein Beispiel hierfür: Brunhilde, mit der sich der Held verlobt, ist gleichzeitig menschlicher Abstammung und eine von Odins Walküren. Die isländische Literatur meint, Brunhildes langer Schlaf hinter einer Feuerwand sei Odins Strafe gewesen, weil sie entgegen seinen Anordnungen einen Sieg verlieh. Sigurd ist selbst ein Held von übernatürlichem Ausmaß, und der Legendenkreis, der ihn umgibt, verbindet Berichte über die Vorgeschichte mit solchen über die Götter. Die Beliebtheit dieser Legende erkennt man daran, daß die Hälfte der Edda von Göttermythen handelt, der Rest aber fast nur von Episoden aus dem Sagenkreis um Sigurd.

Die Steinmetze hatten ebenfalls ihre Freude an Sigurd, besonders am Drachenkampf. Sigurd, sein Pferd Grani, den Drachen Fafnir und den verräterischen Schmied Regin findet man auf vielen Steinbildern überall in der Welt der Wikinger. Ein bei den Künstlern beliebtes Einzelmotiv stellt die Szene dar, in der Sigurd das Herz des Drachens brät, seinen verbrannten Daumen leckt und dabei die Sprache der Vögel zu verstehen lernt.

Die letzte Schlacht

Sigurds Vater Sigmund wird in dem Gedicht *Eiriksmál* als der Held bezeichnet, der Eirik in der Gemeinschaft von Walhall willkommen heißt. Sigmund fragt Odin, warum sie Eirik erwarten und erhält die verschlüsselte Antwort: „Wegen der Ungewißheit, der graue Wolf sucht das Heim der Götter." Der graue Fenriswolf wird Odin in der letzten Schlacht der Götter und Menschen gegen die Riesen und Ungeheuer den Tod bringen, wie viele Prophezeiungen der Edda vorhersagen, aber es läßt sich schwer sagen, wie weit diese apokalyptische Vision zum Glauben der Wikingerzeit gehörte und wie weit sie eine spätere literarische Schöpfung darstellt, die teilweise beeinflußt ist von christlichen Vorstellungen über das Ende der Welt und den Jüngsten Tag. Snorri erzählt die Sage mit Sinn für Dramatik:

> „Der Wolf wird die Sonne verschlingen . . ., dann wird ein zweiter Wolf den Mond befallen und große Zerstörungen anrichten.

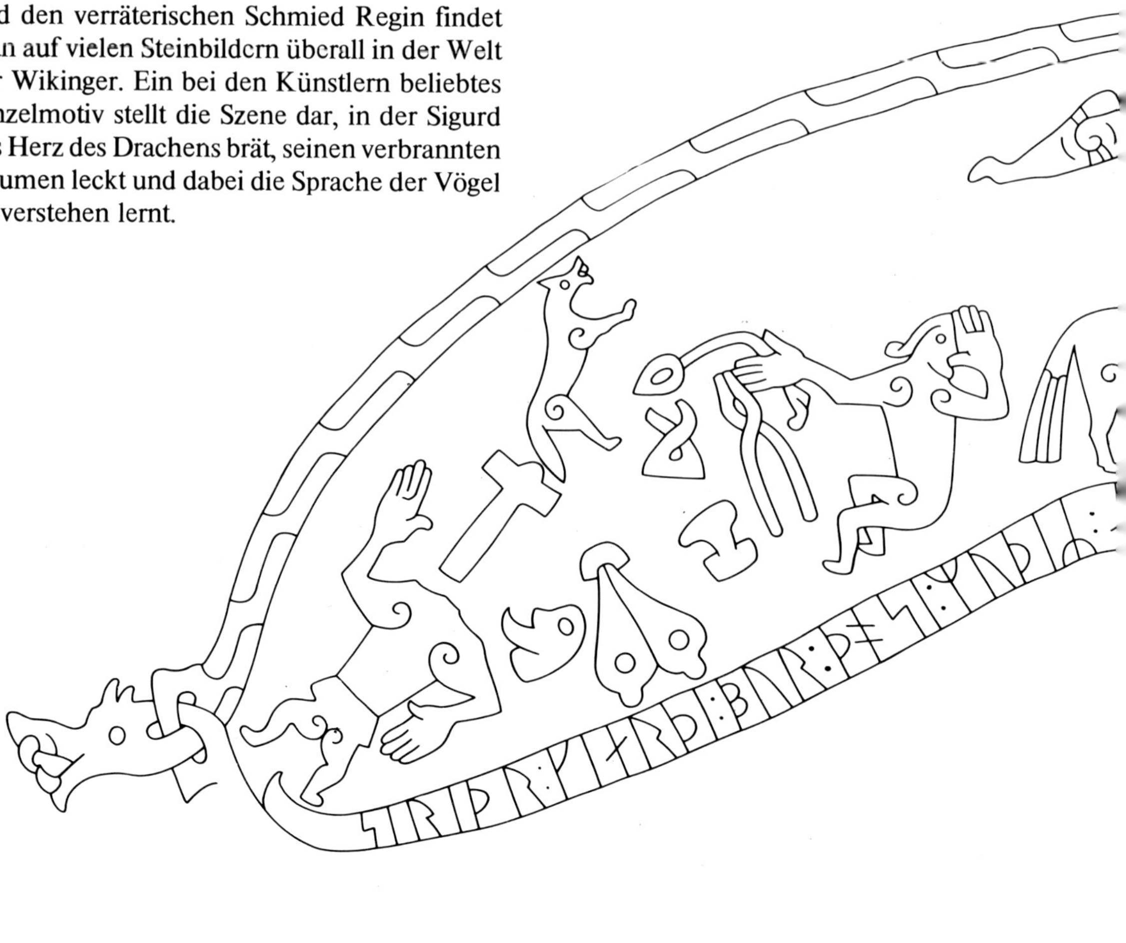

Die Sterne werden vom Himmel verschwinden . . . Dann wird der Fenriswolf losgelassen sein. Das Meer wird ins Land eindringen, denn die Midgardschlange wird wild um sich schlagen, um ans Ufer zu gelangen."

Naturkatastrophen wie Erdbeben werden auftreten, begleitet vom Niedergang der Menschheit: Krieg, tödlicher Streit in den Familien, Inzest. Thor erschlägt die Midgardschlange, erliegt aber dem giftigen Geifer, den sie versprüht. Loki und Heimdall bringen sich gegenseitig um, ebenso Tyr und der Helhund Gorm. Alle Götter sterben, die Schlacht endet in einem Rausch der Vernichtung, dem niemand entgeht, auch die Menschenwelt nicht. Doch kündigt Snorris Fassung, die sich auf die *Vafthrúðnismál* und die *Völuspá* stützt, den Aufstieg einer neuen und schöneren Welt nach der Zerstörung der alten an. Bevor der Wolf sie verschlang, gebar die Sonne eine Tochter, die ihren Platz am Himmel einnehmen wird; zwei Sterbliche überlebten die Vernichtung und es wird wieder Menschen auf Erden geben; auch einige Götter werden leben, Söhne der toten Odin und Thor. „Sie finden im Gras die goldenen Spielsteine, die einst den Göttern gehörten" lautet eine hoffnungsvolle Beschwörung eines neuen Zeitalters.

Wir wissen nicht, wieviel diese ausgeklügelte Mythologie mit dem Glauben jener zu tun hat, die in den Grabhügeln, Schiffsgräbern oder bescheideneren Gräbern des Nordens liegen. Aber zumindest besaßen einige Wikinger Spielsteine, wenn auch keine goldenen, und nahmen sie mit ins Grab, ebenso Erntewerkzeuge und Waffen, und damit deuteten sie vielleicht ihre Hoffnung an, daß das zukünftige Leben etwas anderes umfaßte als das ständige Kämpfen und Trinken in Walhall.

Die Geschichte von der Tötung des Drachens aus der Sigurdslegende ist auf einer Felszeichnung in Ramsund in Schweden dargestellt (s. auch S. 154/155). Das lange Band des Runentextes, das den Drachenkörper bildet, stellt Sigurds Abenteuer dar. Die Geschichte erzählt, er habe Fafnir getötet, indem er sich in einer Grube versteckte und mit seinem Schwert nach oben stieß, als der Drache über ihm kroch. Diese Szene sieht man auf dem Bild unten rechts. Links davon im Runenband liegt der tote Regin, Sigurds Verräter, mit seinen Schmiedewerkzeugen. Daneben sitzt Sigurd und brät das Herz des toten Drachens über der Schmiede-Esse und hält dabei den verbrannten Daumen im Munde. „Als das Blut aus dem Drachenherz seine Zunge berührte, verstand er die Sprache der Vögel." Vögel sitzen auf dem Baum im Hintergrund, an den sein Roß Grani gebunden ist.

Vom Heidentum zum Christentum

Auf dem am besten erhaltenen der Kreuze in Middleton in Yorkshire, England, befindet sich diese schöne Darstellung eines behelmten Wikingers, der von seinen Waffen umgeben ist. Diese Szene kann auch eine für ein heidnisches Begräbnis aufgebahrte Leiche darstellen.

Für die Wikinger, die ein fast völlig christianisiertes Europa bereisten, stellte die Bekehrung kein dramatisches Einzelereignis dar. Wenn wir an die frühere Situation in England denken, wo das Christentum nachhaltig jede Kenntnis des heidnischen Glaubens und seiner Riten auslöschte, ist es schon faszinierend, die Art und Weise zu studieren, in der einige Nordmänner beide Religionen kühl wägend verglichen, die Verdienste beider würdigten und in einigen Fällen versuchten, sich auf den Schutz beider zu verlassen. Es ist vermutlich eine Folge dieser Unbeschwertheit, daß auch die Konvertierten bereit waren, sich des Heidentums zu erinnern und darüber zu berichten und es nicht einfach als Irrtum, Götzendienst und Teufelsverehrung abzutun.

Die Übergangszeit zwischen Heidentum und Christentum hinterließ ihre Spuren in der bildlichen Darstellung, der Literatur und in Metallarbeiten. Man weiß nicht genau, ob die Wikinger sich entschlossen, einen Thorshammer um den Hals zu tragen, weil die Christen Kreuze trugen oder ob dieser Brauch vom Christentum unabhängig war. Sicher ist nur, daß es Nachfrage nach beidem gab, denn ein geschäftstüchtiger Schmied in Dänemark besaß eine Gußform mit der er sowohl Kreuze als auch Hammeramulette herstellen konnte. Die meisten noch vorhandenen Anhänger sind entweder als Hammer oder als Kreuz klar erkennbar, aber es gibt auch Stücke, wo sich beide Formen gegenseitig beeinflußt haben, und in einem Fall ist nicht erkennbar, um welches der beiden Symbole es sich handelt. Vielleicht beabsichtigte der schlaue Wikinger, der es trug, diese Unklarheit. Unter den Gestalten der Sagas sticht besonders Helgi durch solch zweideutige Haltung hervor. Er war einer der frühen isländischen Siedler, nannte seinen Hof *Kristnes*, Christi Vorgebirge, aber gab auch den Thor nicht auf, den er in ernsten Angelegenheiten anzurufen pflegte. Ein Wikingerpoet entsagt mit einiger Trauer in seinen Gedichten den Heidengöttern. Er bekennt, daß er sie nicht von ganzem Herzen hassen kann, „obwohl ich nun Christus diene". Genau dies scheint auch die Haltung der Männer ge-

Vom Hammer zum Kreuz: Der tüchtige Feinschmied des 10. Jahrhunderts aus Trendgården in Dänemark, der sich diese Speckstein-Gußform herstellte, stand Anhängern beider Religionen zu Diensten.

wesen zu sein, die die Steinkreuze von Gosforth in Cumbria und Middleton in North Yorkshire bestellten oder herstellten. In Middleton gibt es einige Kreuze und Bruchstücke von Kreuzen aus der Wikingerzeit mit typischen Wikingermustern. Das eindruckvollste weist auf einer Seite einen behelmten Mann inmitten seiner Waffen auf. Man kann annehmen, daß die frisch Konvertierten sich nicht so schnell mit dem Gedanken an eine Bestattung ohne Grabbeigaben vertraut machen konnten, und daß sie zumindest bei dieser Gelegenheit auf einem christlichen Symbol an die Art von Bestattung erinnerten, die sie gewohnt waren. Auch in Gosforth steht das Kreuz für den christlichen Glauben, aber die Symbole darauf stammen aus heidnischen Mythen und Legenden; hier findet sich z. B. das Abbild einer Frau mit einem Trinkhorn, die ihren Schwestern auf den Steinen von Gotland sehr ähnelt sowie das einer Person, die mit einer Schlange kämpft, vielleicht Sigurd, der Drachentöter oder Thor und die Midgardschlange.

Für Snorri bedeutet es kein Problem, Christus und die heidnischen Götter mit fast gleichen Begriffen darzustellen. Ein Abschnitt seines Werks über poetische Ausdrucksweise fragt nach der richtigen Beschreibung für Freyja und gibt die Antwort: „Man nenne sie Tochter des Njörd, Weib des Od, Mutter des Hnoss" usw. Später fragt er nach der richtigen Beschreibung Christi und die Antwort lautet: „Man nenne ihn Schöpfer des Himmels und der Erde, der Engel und der Sonne, Herrscher der Welt und des Königreichs des Himmels und der Engel und Jerusalems und des Jordans" usw. Snorri schreibt natürlich nach der Übergangszeit in einer christlichen Umgebung, aber interessanterweise zitiert er Eilif Gudrunarson als ersten Dichter, der über Christus schrieb. Dieser Isländer lebte zur Zeit der Bekehrung und er schrieb die *Thórsdrápa*, ein Gedicht über eines von Odins Abenteuern mit den Riesen. Sein von Snorri zitiertes Gedicht, das von Christus handelt, verwendet Bilder aus heidnischen Mythen. Unsere Kenntnisse der kunstvoll angelegten Skaldenpoesie beruht nicht zuletzt auf der Snorri Edda.

Dieser isländische Silberanhänger mit seiner Aufhängeöse in Form eines Tierkopfs kann sowohl einen stilisierten Thorshammer als auch ein rohes Kreuz darstellen.

Das Christentum

Diese vergoldete Spange aus Haithabu stellt ebenfalls die Kreuzigung dar. Die ersten Kirchen in Haithabu und Birka ließ der heilige Ansgar im 9. Jahrhundert bauen, aber die Christianisierung machte zunächst kaum Fortschritte.

Die Wikinger, die sich in christlichen Ländern wie England, Irland oder der Normandie ansiedelten, übernahmen die Religion ihrer neuen Länder. Den Dänen, die sich unter Alfred im Norden Englands niederließen, erzählte man Mitte des 10. Jahrhunderts, daß sie Schutz gegen die heidnischen norwegischen Eindringlinge benötigten, zumindest tat dies der Autor eines Gedichts in der *Angelsächsischen Chronik*. Das Gedicht bezieht sich auf das Jahr 942, es heißt, daß die Dänen Gefangene in den Ketten der Heiden waren, bis König Edmund sie befreite; dies zeigt möglicherweise genauso sehr den Patriotismus und den Glauben dieser Siedler wie die Ansicht des Autors.

Diese Silberkreuze aus Schweden zeigen eine stilisierte Christusgestalt in Hosen ans Kreuz gefesselt. Die kleine Filigranversion stammt aus einem Grab in Birka, die andere aus einem Silberschatz in Gotland.

Die Bekehrung Skandinaviens, Islands und Grönlands

Inzwischen machte auch zu Hause in Dänemark das Christentum seinen Einfluß geltend. Harald Blauzahn starb 986, und was Harald im Dienste des Christengotts erreicht zu haben glaubte, berichtet stolz der große Runenstein von Jellinge. Harald läßt hier erklären: Er „eroberte ganz Dänemark und Norwegen und machte die Dänen zu Christen".

Es sollte festgehalten werden, daß er zwar Norwegen erobert zu haben behauptet, daß aber nichts darauf hindeutet, daß er die Norweger zu Christen machte. Tatsächlich war Hakon, der unter Harald Norwegen regierte, ein entschiedener Anhänger heidnischer Kulte. Aber 995 wurde Olaf Tryggvason der Nachfolger Hakons. Er war ein entschiedener, ja aggressiver Christ. Einer seiner Biographen schildert ihn als Zerstörer heidnischer Heiligtümer, und ein zuverlässiger isländischer Historiker des 12. Jahrhunderts schreibt ihm die Bekehrung Islands und Norwegens zu. Er herrschte nur vier oder fünf Jahre und es gab zweifellos viel Widerstand gegen seine Christianisierungspolitik, besonders in den abseits gelegenen Gegenden Norwegens, wo der heidnische Glauben bisher kaum in Frage gestellt worden war. Aber in dieser kurzen Zeit wurde viel erreicht; als Olaf Haraldsson – der Heilige Olaf – 1015 die Herrschaft über Norwegen antrat, konnte er das Christentum fest verankern.

Wenn wir dem Glauben schenken, was die Sagas über Olaf Tryggvason und den Heiligen Olaf berichten, gab es auf dem skandinavischen Festland unvermeidbare Widerstände gegen die Einführung des Christentums, die daher von einigen Auseinandersetzungen, ja Brutalitäten begleitet war. Auch in Island gab es Widerstand, aber schließlich ging die Bekehrung Islands so ruhig und vernünftig vonstatten, daß man gern darüber liest. Ari, ein Historiker des 12. Jahrhunderts, ein bedeutender Gelehrter, der auch seine Quellen sorgfältig mitteilt, beschreibt die Christianisierung Islands im Jahre 1000 in allen Einzelheiten. Zunächst sah die Sache für Island und die Isländer gar nicht gut aus, denn der erste Priester, den Olaf Tryggvason gesandt hatte, um sie zu bekehren, taufte einige Männer von Einfluß, „aber nach einem Jahr reiste er wieder ab, nachdem er zwei oder drei Männer getötet hatte, die ihn beleidigt hatten". – Ein ungestümer Priester! In seinem Bericht an Olaf meinte er, die Bekehrung Islands wäre eine schwierige Angelegenheit, worauf Olaf sehr heftig reagierte und drohte, alle in Norwegen lebenden Isländer töten oder verstümmeln zu lassen. Aber einige besonnene Isländer redeten ihm diese Absicht aus. Sie wollten sich um die Bekehrung ihres Landes kümmern und besänftigten Olafs Zorn. Sie kehrten nach Island zurück und trafen Vorbereitungen für das nächste Treffen des Althings, der isländischen Nationalversammlung. Hier sollten Christen und Heiden ihren Kampf ausfechten, aber schließlich legte man die Entscheidung in die Hände des Sprechers, der selbst damals noch ein Heide war. „Er legte sich nieder und zog seinen Umhang über sich und lag dann einen ganzen Tag und eine ganze Nacht da, ohne ein Wort zu sprechen. Dann hatte er sich entschieden. Sein erster Gedanke war, die Spaltung des Landes zu verhindern – alle mußten zustimmen, nur einem Gesetz zu folgen, denn sonst wäre der Friede zerstört und das Land verwüstet worden. Er bestimmte das Christentum zu dem „Gesetz", dem seine Landsleute folgen sollten, und wer im Land noch nicht getauft war, sollte dies jetzt nachholen. Aber er sorgte auch für die, die ihre alten Bräuche nicht aufgeben wollten, sie durften ihre heidnischen Götter im Geheimen weiter verehren, wenn sie dies wollten.

Der Bau von Kirchen

Der Saga von Erik dem Roten zufolge wurde Eriks Sohn Leif von Olaf Tryggvason ausgesandt, das Christentum in Grönland zu predigen. Erik begrüßte den neuen Glauben nicht, aber sein Weib Thjodhild „nahm ihn sofort an und ließ in der Nähe ihres Heims eine Kirche bauen. Man nannte sie Thjodhilds Kirche". Als Archäologen Eriks Hof Brattahild auf Grönland ausgruben, entdeckten sie in der Nähe des Hauptgebäudes, aber in verdeckter Lage die Reste der kleinen aus Torf gemauerten Kirche der Thjodhild mit dem dazugehörigen Friedhof.

Schließlich besaßen die grönländischen Niederlassungen neben der Kirche der Thjodhild noch etwa 17 Steinkirchen einschließlich einer Kathedrale in Gardar. Es gab Versuche, das Christentum noch weiter nach Westen zu tragen, denn die isländischen Annalen berichten, Anfang des 12. Jahrhunderts habe ein Bischof versucht, nach Vinland zu segeln. Unter den Geschichten über die Entdeckungsreisen von Grönland zur Küste Nordamerikas im 11. Jahrhundert findet sich eine seltsam überzeugende Anekdote über die Spannungen zwischen Christen und Heiden. Während einer Nahrungsmittelknappheit beteten die Männer um Vorräte zu Christus, aber ein wenig beliebter Mitreisender namens Thorhall sonderte sich ab, um seine

Auf der Vorderseite des großen Runensteins von Jellinge in Dänemark befindet sich diese Darstellung des gefesselten Christus. Wiederum ist die Gestalt stilisiert, ohne jeden Versuch naturalistischer Detaildarstellung, der Formalismus wird durch das symmetrische Bandgeflecht um Christi Leib betont.

privaten Gebete zu verrichten. Als ein Wal an Land gezogen wurde, rief Thorhall: „War uns der Rotbart nicht nützlicher als euer Christus. Dies ist die Antwort auf ein Gedicht, daß ich meinem Herren Thor widmete!" Der Autor der Saga teilt mit, als die Männer erfuhren, daß es sich um ein Geschenk Thors handelte, hätten sie es über die Klippen geworfen und auf Gott vertraut, aber da er auch berichtet, eine Kostprobe davon habe sie krank gemacht, besitzt auch diese Geste einen höchst praktischen Aspekt. *Eríks Saga* berichtet, wie in Grönland selbst, als einmal die Ernte schlecht und die Nahrung knapp war, die Leute eine heidnische Seherin baten, ihnen die Zukunft zu deuten. Was dann geschah, zeigt wieder das Maß an Toleranz, daß es zwischen Heiden und Christen geben konnte. Als die Seherin jemand zum Singen bestimmter Lieder benötigte, weigerte sich Gudrid, die einzige anwesende Frau, die die Lieder kannte, „weil ich eine Christin bin". Man überzeugte sie, doch zu singen, mit dem Argument, damit könne sie Hilfe leisten „und keine schlechtere Frau als vorher sein." Es ist erfreulich festzustellen, daß die Seherin der Gudrid dann eine großartige Zukunft daheim in Island vorhersagte: „Und über deine Nachkommen scheinen hellere Strahlen, als meine Augen

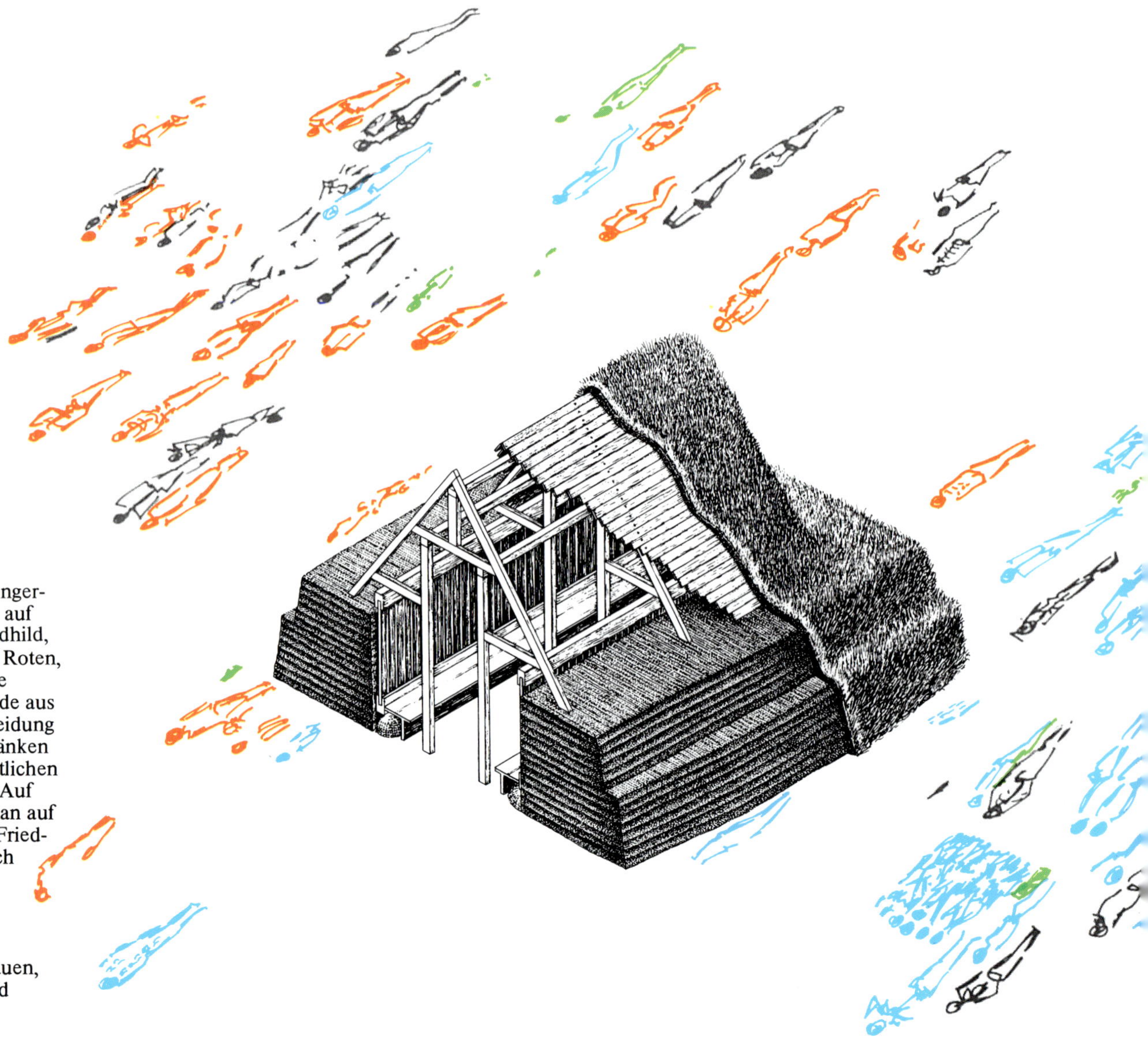

Diese winzige Wikingerkirche in Brattahlid auf Grönland ließ Thjodhild, die Gattin Erik des Roten, um 1001 bauen. Ihre bogenförmige Wände aus Torf mit Holzverkleidung und eingebauten Bänken entsprechen den örtlichen Baugewohnheiten. Auf dieser Skizze hat man auf dem umgebenden Friedhof die Skelette nach Geschlechtern verschiedenfarbig dargestellt (soweit bekannt): blau für Männer, rot für Frauen, grün für Kinder und Jugendliche.

Dieses Tympanan aus dem 12. Jahrhundert an der St.-Michaels-Kirche von Hoveringham in Nottinghamshire, England, zeigt St. Michael im Kampf mit dem Drachen. Aber die Windungen des Untiers entsprechen so sehr der anglo-skandinavischen Tradition, daß es eher gegen Sigurd oder Thor zu kämpfen scheint als gegen den Erzengel.

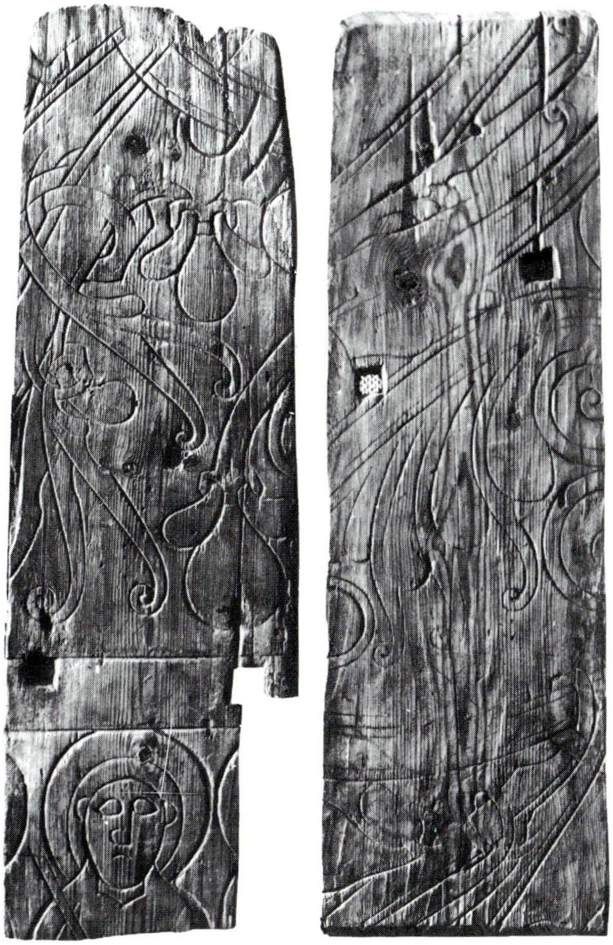

Diese geschnitzten Holzbretter vom Gehöft in Flatatunga in Island waren wohl ursprünglich Teile einer Kirche aus dem 11. Jahrhundert.

Oben: Östliche Einflüsse werden spürbar in der Gestaltung dieses Silberreliquiars aus Gåtabo auf Öland, obwohl Details des Ornaments im Urnes-Stil zeigen, daß es ein skandinavisches Stück ist.

Unten: Diese in Schweden gefundenen „Auferstehungseier" fertigte man als christliche Symbole in der Gegend von Kiew an.

sehen können." Tatsächlich wurde einer dieser Nachfahren ein Bischof.

Der östliche Einfluß

Das Christentum Skandinaviens und seiner überseeischen Kolonien kam hauptsächlich von Westen, eine wichtige Rolle spielten englische und deutsche Missionare und Lehrer. Aber es gab auch enge Beziehungen der Wikinger nach Osten und besonders Verbindungen zwischen Schweden und Byzanz. Schwedische Runensteine berichten von Männern, die den Tod in *Grikkland* fanden, Teil ihrer Ornamentik ist oft ein Kreuz und die Formel „Gott stehe seiner Seele bei" oder „Gott und die Gottesmutter mögen seiner Seele beistehen". Hier findet man auch Berichte über Leute, die auf der Fahrt nach Jerusalem den Tod fanden. Eine beherzte Frau namens Ingerun ließ sich einen Gedenkstein errichten, bevor sie die Heimat verließ: „Sie will nach Osten ziehen und weiter nach Jerusalem." Kiew, teilweise von Slawen und teilweise von Wikingern besiedelt, wurde nicht von Westen sondern von Byzanz her bekehrt, doch gab es zu diesem Zeitpunkt keine offizielle Spaltung zwischen der Römischen und der Griechischorthodoxen Kirche, und ihre Unterschiede lagen eher im Ritus als in der Theologie. Gegenstände von religiöser Bedeutung, die den Einfluß byzantinischer Riten und byzantinischer Kunst auf Schweden zeigen, erreichten das Land als Handelsgüter, als Geschenke oder als fromme Erwerbungen Einzelner.

Die Folgen des Christentums

Die Christianisierung der Länder Skandinaviens hatte unvermeidlich Folgen für Kultur, Recht und Umgangsformen. Solche Folgen zeigen sich nicht sofort, und sie scheinen den Wikingern schwerer gefallen zu sein, als etwa ihren heidnischen Göttern abzuschwören. In den Sagas finden wir viele Fälle von Leuten, die meinen, daß ihre Ehre oder die ihrer Familie davon abhängt, jeden zu töten, der sie beleidigt oder verletzt hat, und einige Beispiele von Leuten, die einen Zwiespalt sehen zwischen den Geboten der Ehre und denen der Religion. In der *Njáls Saga* sagt Flosi - vielleicht nicht die wichtigste Gestalt, aber jene die die wichtigste Entscheidung fällt - knapp:

> „Wir haben zwei Alternativen, keine ist gut. Die eine ist umzukehren, was für uns alle den Tod bedeutet; die andere ist Feuer zu legen und sie in ihrem Hause zu verbrennen, was eine große Schuld vor Gott ist, und wir sind Christen. Nun laßt uns so schnell wie möglich Feuer legen."

Was das Christentum zu erreichen hoffte, war eine Milderung der Rachsucht, die Bereitschaft, Geldbuße und Schadenersatz an die Stelle des Tötens zu setzen. Die christlichen Sagas zeigen und loben oft den größeren Mut und die Güte derer, die nicht rachsüchtig sind. Der Leidensmut des Märtyrers wird dem Heldenmut des Kriegers gegenübergestellt. Der Njal der *Njáls Saga*, dessen Haus Flosi niederbrennt, findet Worte christlichen Trostes für die seinen: „Glaubet auch, daß Gott gnädig ist und uns nicht verbrennen läßt in dieser Welt oder der nächsten." Er verknüpft den alten Heldenmut mit dem neuen Gottvertrauen und weigert sich, ein freies Geleit aus seinem Haus anzunehmen: „Weil ich ein alter Mann bin und meine Söhne nicht mehr rächen kann, will ich doch nicht in Schande leben." Danach legen er und seine Frau sich in dem brennenden Hause nieder, bekreuzigen sich und vertrauen ihre Seelen

Gott an. So stellt der Autor der Saga die Dinge natürlich Jahre nach dem Ereignis dar, aber die Spannungen zwischen den beiden ethischen Systemen müssen für viele in der Zeit der Bekehrung und danach ein wirkliches Problem gewesen sein. Die älteste erhaltene Übersetzung der Bibel ins Altnordische zeigt, wie Teile des Alten Testaments mit der Ethik der Wikinger auf natürliche Weise übereinstimmten. Besonders die Übersetzung des Buches Josua liest sich wie ein Teil einer Saga über einen christlichen Kriegerkönig wie Olaf Tryggvason oder den Heiligen Olaf.

Wikingerheilige

Der Wikinger Olaf war nicht der einzige unter den Christen des Nordens der ersten Generationen, der heilig gesprochen wurde, aber er war einer der ersten und beliebtesten. In heidnischen Zeiten waren Könige manchmal nach ihrem Tode zu Göttern erhöht worden. In der frühchristlichen Zeit wurden zwar oft Missionare zu Heiligen und Märtyrern, aber es war eine Frage des Nationalstolzes, einen Landsmann und besonders einen König als Heiligen zu sehen. Der Norweger Olaf scheint diese Rolle eines Nationalheiligen oder Lieblingsheiligen für das ganze neue christliche Skandinavien gespielt zu haben. Man verehrte ihn früh in Norwegen und Island, dann aber auch auf den Britischen Inseln, wo ihm viele frühe Kirchen geweiht sind. Die *Angelsächsische Chronik* bringt für das Jahr 1055 folgende Eintragung: „In diesem Jahr starb in York Herzog Sigward und er wurde in dem Münster bestattet, das er selbst bauen ließ und im Namen Gottes dem Olaf weihte." Ein schwedischer Runenstein berichtet von einem Abenteurer: „Er starb in Holmgard [Nowgorod] in Olafs Kirche." Holmgard, an der Route der Wikinger nach Osten, erinnert uns erneut an Byzanz am anderen Ende des Weges. Hier besaßen die Wikingersöldner, die Leibwache des Byzantinischen Kaisers, angeblich (wieder nach dem Bericht eines isländischen Geschichtsschreibers) ihre eigene Kirche, die dem Heiligen Olaf geweiht war. Über dem Altar soll das Schwert gehangen haben, das Olaf bei seiner letzten Schlacht bei Stiklestad in Norwegen 1030 trug.

St. Olaf, König von Norwegen, fiel 1030 in der Schlacht von Stiklestad. Dieses Ereignis stellt ein bebildertes Initial aus dem im 14. Jahrhundert in Island geschriebenen Manuskript des *Flateyjarbók* dar.

Es dauerte aber bis zum 12. Jahrhundert, bis wenigstens in den größeren Siedlungen das Kreuz aufgerichtet war. Aber noch lange Zeit klagten die Chronisten über Rückfälle in die alte Barbarei. „Wenn Stürme des Mißgeschicks, wenn Mißwuchs, Dürre, Orkane oder Unwetter" das Land heimsuchten, kannten die Svears keine Bedenken, „den Gottesdienst, den sie den Formen nach verehrten", zu verfolgen. Sie rotteten sich zusammen, „rächten sich an den Priestern und versuchten sie aus dem Land zu jagen".

So der angelsächsische Mönch Aelnoth von Canterbury im 12. Jahrhundert – dem Jahrhundert der salischen Dome in Deutschland.

Trotzdem – die Christianisierung des Nordens war kein dramatischer Vorgang.

Nationalstaaten

Das republikanische Island der Wikingerzeit wurde durch eine Reihe regionaler Versammlungen oder Things verwaltet sowie durch eine nationale Versammlung, das Althing, das jeden Sommer zwei Wochen lang in Thingvellir tagte. Ihm stand ein gewählter Gesetzessprecher vor, der einen besonderen Platz auf dem *Lögberg*, dem Gesetzesfelsen, einnahm, der hier durch einen weißen Flaggenmast markiert wird.

Regierungen und Könige

Überall in Skandinavien war während der Wikingerzeit das Thing die politische Grundeinheit. Es war die öffentliche Versammlung der freien Männer eines Bezirks, die sich in regelmäßigen Abständen trafen, um über wichtige Angelegenheiten des Bezirks zu beraten (einschließlich der Königswahlen), Gesetze zu verabschieden und Recht zu sprechen. Kläger trugen ihre Beschwerden dem Thing vor und zumindest ursprünglich hatte die gesamte Versammlung zu urteilen. Danach konnte die geschädigte Partei den Schaden selbst wieder eintreiben. Jede Provinz oder Region verfügte ebenfalls über ihr eigenes Thing, und dieses rangierte mit der Zeit über den Bezirksthings, so daß sich eine pyramidenartige Struktur entwickelte, an deren Spitze der König stand.

Im republikanischen Island bestand eine nationale Körperschaft, das Althing, die Versammlung der gesamten Nation, die jährlich für vierzehn Tage im Sommer in Thingvellir zusammentrat. An dieser Versammlung unter freiem Himmel konnten alle freien Männer teilnehmen, so daß sie gleichzeitig auch Markt und gesellschaftliches Ereignis war. Ursprünglich gab es innerhalb der Versammlung eine Legislative aus 36 Häuptlingen unter der Leitung des Gesetzessprechers, der auf drei Jahre gewählt war und einen besonderen Platz auf dem Lögberg oder Gesetzesberg inne hatte. Die Rechtsprechung oblag einem besonderen „Gerichtshof" von 36 Richtern, die ebenfalls von den Häuptlingen gewählt wurden.

Auch in anderen überseeischen Wikingerniederlassungen gründete man Things. Das der Färöer trat in Thorshavn zusammen und stand ebenfalls unter der Leitung eines Gesetzessprechers. Das der Insel Man, dessen Nachfolger heute noch jährlich auf dem Hügel von Tynwald zusammentritt, haben wir bereits erwähnt. Bei Dublin gab es bis zum 17. Jahrhundert einen Thinghügel. Einige dieser Hügel haben in Ortsnamen ihre Spur hinterlassen wie Thingwall auf den Orkneys und auf den Shetlands. In Island versammelt sich noch heute alljährlich das Parlament auf dem Feld von Thingvellir.

Wikingerkönige

In allen skandinavischen Ländern vergab man die Königswürde nach dynastischen Grundsätzen, aber die Nachfolge erfolgte nicht automatisch, jeder Thronkandidat mußte von den freien Männern auf ihren Things bestätigt werden.

Dänemark

Es ist anzunehmen, daß die dänischen Könige einer einzigen Dynastie angehören, die vor der Wikingerzeit gegründet wurde. Dänemark scheint bereits zur Zeit Godfreds am Beginn des 9. Jahrhunderts mehr oder weniger ein vereintes Königreich gewesen zu sein. Godfreds unmittelbare Nachfolger Hemming und Horik waren wohl ebenfalls Könige von ganz Dänemark. Wir wissen jedoch nicht, wie weit dies so blieb, ob also jeder König zwischen Horik, der 853/4 starb und Gorm dem Alten, der um 936 den Thron bestieg, das Land als Einheit regierte. Über Gorm wissen wir wenig Zuverlässiges. Jedoch ist sicher, daß er ein König in Dänemark war, daß er Heide war, daß er ein Familiendenkmal errichten ließ und Ahnherr einer Reihe mächtiger Könige wurde: Harald Blauzahn, Sven Gabelbart, Knut der Große, Hardeknut und Sven Estridsson.

Knut der Große war der mächtigste der skandinavischen Könige der Wikingerzeit. Von ihm heißt es, daß er „der Gründung eines wirklichen Nordseereichs näher als jeder andere kam". Denn er war nicht nur König von Dänemark und England, sondern am Ende seiner Herrschaft auch von Norwegen. Daß er auch in Schweden als Oberherr anerkannt war, beweisen Münzen aus Sigunta mit der Inschrift *Cnut rex Sv[eorum]*. Doch sein großes Reich war eine persönliche Leistung, ohne Zusammenhalt oder einigende Strukturen, deshalb erwies es sich als kurzlebig und verfiel rasch nach seinem Tod im Jahre 1035.

Norwegen

Norwegen wurde viel später als Dänemark vereinigt. Im 9. Jahrhundert regierte eine königliche Familie schwedischen Ursprungs die Gegend um den Oslofjord; durch die außerordentlich reichhaltigen Schiffsgräber von Ose-

Das Martyrium des Hl. Olaf stellt diese bemalte Holztafel des 14. Jahrhunderts aus Trøndelag in Norwegen dar. Der königliche Heilige steht in der Mitte und hält einen Reichsapfel und eine Axt. Die Szenen links zeigen seinen Tod bei Stiklestad und seine spätere Aufbahrung.

berg und Gokstad wissen wir aus archäologischen Funden sehr viel über sie. In Trøndelag dagegen hatten die Herzöge von Lade die Herrschaft inne. Andere Gegenden Norwegens hatten ihre eigenen Häuptlinge. Um 900 strebte König Harald Schönhaar von Vestfold erfolgreich die Alleinherrschaft über ganz Norwegen an. Danach galt es als allgemein anerkannt, daß Norwegen einen König haben sollte. Viele Männer sollen nach Island ausgewandert sein, um der Alleinherrschaft Harald Schönhaars zu entgehen und sich lieber dafür entschieden haben, in jenem Lande eine Republik zu gründen.

Olaf Tryggvason, der Urenkel Harald Schönhaars, war ein fanatischer Christ. Ihm schrieb man später die Bekennung nicht nur Norwegens, sondern auch der Orkneys, der Färöer, Islands und Grönlands zu. In Norwegen wurde der Christianisierungsprozeß unter Olafs Nachfolger Olaf Haraldsson vollendet, aber politische und religiöse Auseinandersetzungen, verstärkt durch dänische Thronansprüche, führten zu einem Aufstand gegen ihn. Olaf fand 1030 in der Schlacht bei Stiklestad in Trøndelag den Tod; darauf ereigneten sich derartige Wunder, daß seine sterblichen Überreste nach einem Jahr nach Trondheim gebracht wurden und er der erste königliche Märtyrer und Heilige Skandinaviens wurde – ihm folgten im späten 11. und 12. Jahrhundert die beiden Knuts von Dänemark und Erik von Schweden (Magnus von den Orkneys nicht zu vergessen).

Ebenfalls einen besonderen Platz unter den norwegischen Königen nimmt Harald Hardrade („der Harte") ein, der Olafs Halbbruder war. Verwundet floh er im Alter von

Eine Wandmalerei des 11. Jahrhunderts aus der Kirche der Hl. Sophia in Kiew zeigt Elisabeth, die Tochter des Jaroslaw und Enkelin des Wladimir, die die Bevölkerung von Kiew zum Christentum bekehrt hatte. Sie heiratete Harald den Harten von Norwegen, den letzten großen Wikingerkönig.

15 Jahren vom Schlachtfeld von Stiklestad und gelangte nach Nowgorod. Von dort aus schloß er sich der Warägergarde an; er kehrte 1046 nach Norwegen zurück, um die Hälfte des Königreichs zu erben, bevor er ein Jahr später das ganze Erbe antrat. Seine weiteren Unternehmungen blieben erfolglos. Angriffe auf Dänemark führten nicht zu dessen Eroberung und er fand den Tod bei Stamford Bridge in Humberside beim Versuch einer Invasion in England. Sicher war er eine der größten Gestalten der Wikingerzeit. Noch in Rußland hatte er Elisabeth geheiratet, eine Tochter Jaroslaws, des Königs von Kiew und Nowgorod, dessen Gattin Ingigerd die Tochter des Königs Olaf Skött-konung von Schweden war. Jaroslaws übrige Töchter machten ebenfalls gute Partien – eine heiratete König Andreas I. von Ungarn, die andere König Henri I. von Frankreich, während vier seiner Söhne in die Höfe von Byzanz und Deutschland heirateten. Haralds Familienverbindungen erstreckten sich so über ganz Europa.

Schweden

Adam von Bremen schrieb um 1070, daß die Schweden Könige von altem Geschlecht hätten, doch sei ihre Macht in den meisten Angelegenheiten von der Öffentlichen Meinung abhängig, außer in Kriegszeiten. Wir wissen wenig über die Könige von Uppsala im 9. und 10. Jahrhundert oder über deren Verwaltung, aber wie anderswo in Skandinavien zogen sie umher von einem Königssitz zum nächsten. In Schweden kennen wir über 60 solcher Königshöfe, alle heißen *Husaby*. Hús bedeutet Gebäude und verweist vermutlich auf die Größe oder Zahl derselben, die man für das königliche Gefolge benötigte oder auf die Lagerhäuser für örtliche Naturalsteuern, die auf Verbrauch oder Verwendung durch den König warteten. Sie dienten auch als Zentren für Versammlungen des örtlichen Wehraufgebots.

Einer der ersten schwedischen Könige, der über sein Land hinaus aktiv wurde, war Olaf Sköttkonung, der um 1022 starb. Ihn ernannte man als ersten zum König der *Svear* und der *Götar*, und auch im östlichen Norwegen scheint man seine Oberhoheit anerkannt zu haben. Seine Töchter heirateten den König Jaroslaw und den Heiligen Olaf von Norwegen. Unter seiner Herrschaft konnte das Christentum in Schweden mit der Einsetzung eines Missionsbischofs in Skara endgültig Fuß fassen.

Münzwesen

Die ersten Münzen von Wikingerkönigen schlug man Ende des 9. Jahrhunderts in England, wo skandinavische Siedler die angelsächsischen Münzstätten übernahmen. Wikingerkaufleute dürften den Gebrauch von Münzen als Zahlungsmittel bei ihren Geschäften in Übersee kenngelernt haben, auch wenn sie selbst sie meist nur als „Wechselgeld" benutzten. So überrascht es nicht, daß man in Haithabu die ersten einheimischen skandinavischen Münzen schlug, deren Aussehen sich an dem

Die ersten königlichen Münzen schlugen die Wikinger in England, wo sie angelsächsische Münzanstalten übernahmen. *Oben:* Ein Thorshammer, ein Rabe, ein Bogen und ein Pfeil, eine Flagge und ein Schwert schmücken die Münzen von verschiedenen Herrschern von York im 10. Jahrhundert. Auf der Münze mit dem Schwert steht *ERIC REX* (König Erik Blutaxt). Die drei „Portraits" stellen in Wirklichkeit angelsächsische Könige dar, die man für Münzen Knuts *(Mitte)* und seiner Söhne ausborgte.

der friesischen Händler orientierte, mit denen die Dänen seit dem 8. Jahrhundert Kontakt hatten. Die Münze von Haithabu scheint etwa von 825 bis zur Mitte des 9. Jahrhunderts tätig gewesen zu sein. Einige Prägungen ähnelten den in Dorestad geschlagenen karolingischen Münzen, ihre Zeichen imitieren die Buchstaben *CAROLUS* (Karl der Große) und *DORSTAD*, jeweils auf einer Seite des Originals standen. Andere friesische Münzen jener Zeit wiesen Bilder von Tieren, Masken, Tempeln und Schiffen auf – diese Muster kopierten und veränderten die Münzmeister von Haithabu ebenfalls. Nach einer Unterbrechung der Produktion arbeiteten ab Ende des 9. und im 10. Jahrhundert wieder Münzwerkstätten in Haithabu. Ihre Produkte waren nun gröber und wiesen keine Bilder auf, nur an den Buchstaben der Worte *CAROLUS* und *DORSTAD* orientierte Muster. Sie waren leicht und dünn (das Muster war nur auf einer Seite eingeprägt) und daher etwas unpraktisch im Gebrauch. Jedoch erfreuten sie sich großer Beliebtheit, denn man fand sie vom nördlichen Schweden bis ins südliche Polen.

Der Aufstieg der königlichen Macht und das Wachsen des Handels führten Ende des 10. Jahrhunderts zur Errichtung nationaler Münzstätten in Skandinavien. Die Münzen tragen die Namen von Olaf Sköttkonung in Sigtuna, von Sven Gabelbart in Dänemark und von Olaf Tryggvason in Norwegen. In Dublin ließ König Sigtrygg um 977 die ersten Münzen prägen.

Diese im 9. Jahrhundert in Haithabu geprägte Münze zeigt ein friesisches Handelsschiff.

Das königliche Jellinge

Zwei große Hügel beherrschen die königlich-dänische Totenstadt von Jellinge in Jütland. Zwischen ihnen steht eine mittelalterliche Steinkirche mit zwei Runensteinen davor, die heute von einem modernen Friedhof umgeben sind. Schwere Steine, die man unter dem Südhügel fand, deuten auf einen früheren geheiligten Bezirk hin.

Die königlich-dänische Nekropole in Jellinge in Jütland ist eines der beeindruckendsten und faszinierendsten Denkmäler der Wikingerzeit. Im Mittelpunkt steht eine mittelalterliche Steinkirche an der Stelle derjenigen, die König Harald Blauzahn in den Jahren nach 960 errichten ließ. Davor stehen zwei Runensteine, die uns vieles, aber bei weitem nicht alles erzählen, was wir über diese Stätte und ihre Entstehung wissen wollen.

Der kleinere der beiden Steine weist keine Ornamente auf, aber seine Inschrift verkündet: „König Gorm errichtete dieses Denkmal zum Gedenken an sein Weib Thyra, die Zierde Dänemarks". Was für ein Denkmal Gorm der Königin, die vor ihm starb, errichten ließ, erfahren wir nicht.

Beiderseits der Kirche erheben sich zwei massige, die Umgebung beherrschende Hügel. Im nördlichen Hügel entdeckte man eine große, niedrige Kammer aus Holz, die in der Mitte durch ein Brett geteilt wird. Obwohl dies den Anschein eines Doppelgrabs erweckte, fand man keine Gebeine. Die wenigen entdeckten Gegenstände waren nur Einzelstücke von hoher Qualität (darunter die auf S. 139 und S. 142 beschriebenen Schnitzwerke und der Silberbecher). Der Raum war ganz sicher in alter Zeit schon betreten und seines Inhalts beraubt worden. Die übriggebliebenen Gegenstände deuten alle auf die Benutzung des Raums in der Mitte des 10. Jahrhunderts hin; Gorm selbst starb 950. Deshalb erscheint es unzweifelhaft, daß Gorm den Nordhügel von Jellinge errichten ließ, um Thyra zu bestatten – und ihr selbst dorthin zu folgen. Aber was geschah mit den Gebeinen?

Ihr Sohn Harald Blauzahn trat 960 zum Christentum über und war bestrebt, seine Eltern auf christliche Weise bestatten zu lassen. Als er eine Kirche bauen ließ, grub man in ihrer Mitte ein Grab, öffnete den Nordhügel und überführte die Gebeine in die neue christliche Ruhestätte. All dies können wir vermuten; wir kennen die Einzelheiten der letzten Ausgrabungen in der Kirche noch nicht, bei denen man das Grab in der Mitte fand – und darin die zergliederten Knochen zweier Skelette und goldgeschmückte Stoffe.

Es bleibt nun noch der Südhügel zu erklären und die aus großen Blöcken bestehende Steinsetzung, die unter ihm zum Vorschein kam. Auch diesen Hügel grub man aus und wir können sicher sein, daß er nie eine Grabstätte enthielt, obwohl sich Spuren eines aus Pfosten errichteten Gebäudes an seiner Spitze befinden. Auch anderswo fand man solche leeren Hügel, so daß dies nichts besonderes darstellt. Man hält sie normalerweise für Gedenkstätten oder Kenotaphien. War der Hügel von Harald selbst aus solchem Grund errichtet worden? Denn er selbst wollte in seiner neuen Kathedrale in Roskilde bestattet werden.

Die aufrecht stehenden Steine unter dem Hügel bilden ein offenes Dreieck, das nach Süden zeigt. Man hat vermutet, daß sich seine Seitenlinien einst bis zum Nordhügel erstreckten und so eine geweihte Einfriedung als Teil der Gedenkstätte Thyras bildeten. Aber hierfür gibt es keine befriedigenden Belege und eine solche Einfriedung wäre gewiß einzig in ihrer Art. Wahrscheinlicher ist es, daß die Archäologen ein Ende einer einstmals riesigen Schiffssetzung entdeckt haben. Man hat die Steine zwischen dem Südhügel und der Kirche wieder aufgerichtet.

Der größere der beiden Runensteine vor der Kirche ist der berühmte von Harald errichtete Jellinge-Stein. Sein Muster sieht man auf den Seiten 147, 166 und 189. Die Inschrift lautet:

„König Harald ließ dieses Denkmal zur Erinnerung an seinen Vater Gorm und seine Mutter Thyra errichten: Der Harald, der ganz Dänemark und Norwegen für sich eroberte und die Dänen zu Christen machte."

Die Gelehrten streiten sich über das genaue Alter dieses Steines. Vielleicht wurde er am Ende der Regierungszeit Haralds errichtet, als dieser „ganz Dänemark und Norwegen für sich erobert" hatte. Vielleicht errichtete er aber den Stein auch 960, als er die ganze Anlage verändern ließ, und die Inschrift wurde später hinzugefügt. Wie dem auch sei, Haralds Stolz war berechtigt, selbst wenn sich die Vereinigung von Dänemark und Norwegen als kurzlebig erwies. Die Grundlage seines Anspruchs auf Ruhm war eine gründliche Organisation seines Königreichs Dänemark,

Die Hügel und die Kirche von Jellinge hat man sämtlich ausgegraben. Der über einem vorgeschichtlichen Hügel errichtete Nordhügel enthielt eine hölzerne Grabkammer. Sie war leer, die Gebeine hatte man in ein Grab innerhalb der ersten Holzkirche übergeführt, die unter der steinernen Nachfolgerin liegt. Der südliche Hügel enthielt nur ein leichtes Holzgerüst, aber obenauf hatte ein Holzbauwerk gestanden, und unter ihm waren Reste einer Steinsetzung.

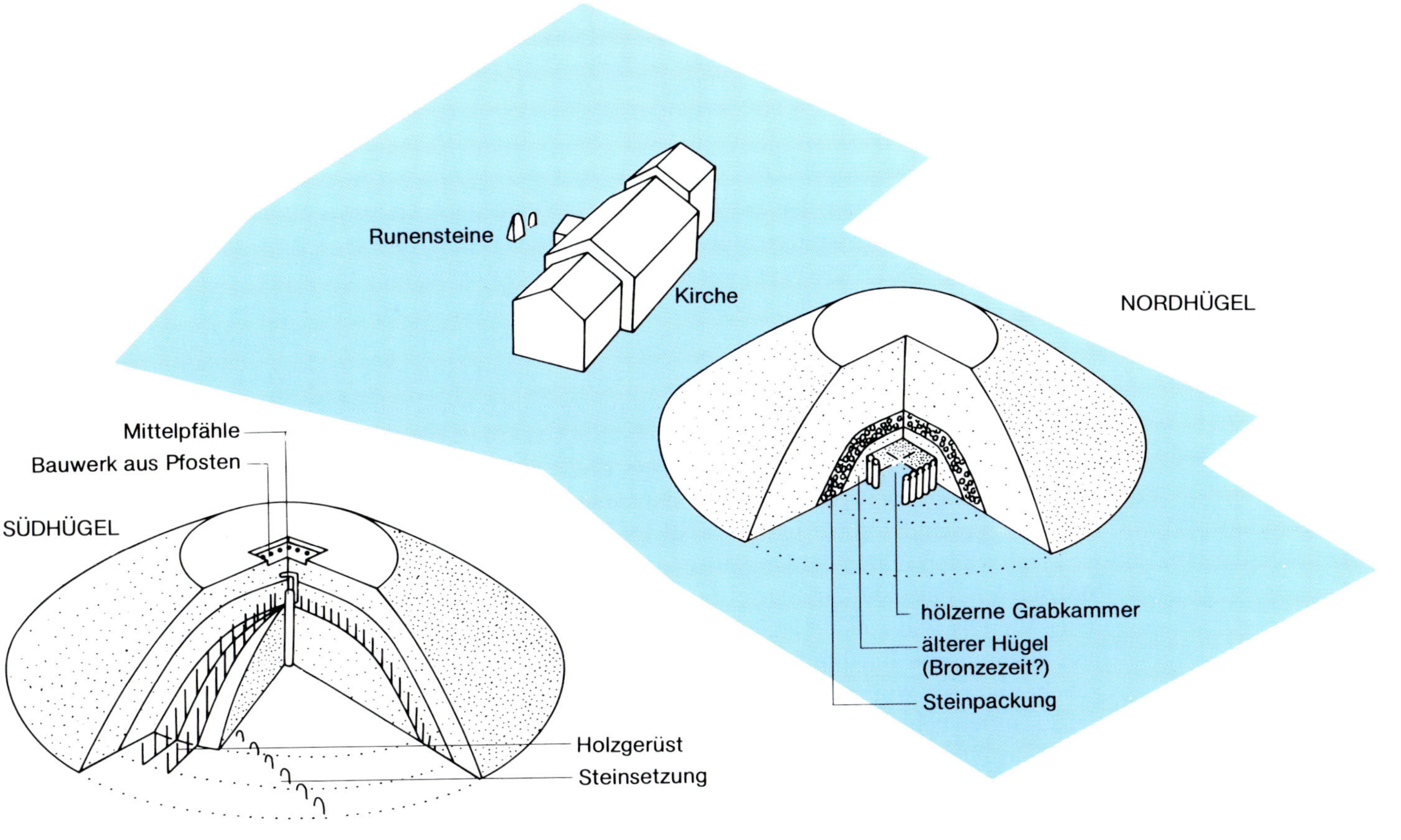

Die Wikingerfestungen

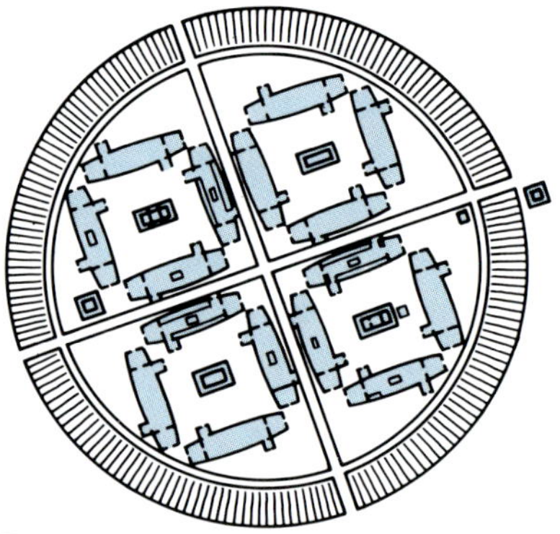

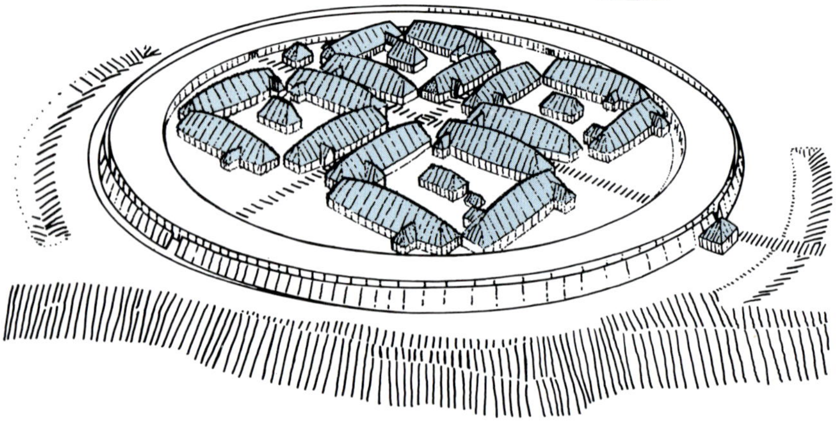

Der Ausgrabungsplan und die Rekonstruktion von Fyrkat zeigen auf den ersten Blick die genaue und rechteckige Anlage der Festung. Gleichartige Gebäude, um Innenhöfe gruppiert, scheinen unterschiedlichen Zwecken gedient zu haben, dies läßt den Schluß zu, daß Fyrkat nicht bloß ein Militärlager war.

Die Macht des Königs muß die Grundlage der Planung und des Baus von vier bemerkenswerten Ringwallanlagen gewesen sein, die in Dänemark in der zweiten Hälfte des 10. Jahrhunderts entstanden. Obwohl eine dieser Befestigungen auf Seeland liegt, eine weitere auf Fünen und die beiden übrigen in Jütland, bilden alle vier doch nur Varianten eines gemeinsamen Grundplanes. Nach diesem Plan sind die Hauptgebäude von einem kreisförmigen, aus Holz und Grassoden errichteten Wall umgeben sowie einem äußeren Graben an den Stellen der Anlage, die nicht von Natur durch Sumpfböden oder steile Abhänge geschützt sind. Dieser Wall besitzt vier Tore an den Enden der kreuzförmigen, mit Holzbohlen belegten Straßen. Die Gebäude jedes Viertels sind zu viert angeordnet und bilden quadratische Innenhöfe, und sie sind alle gleichartig. Wir wollen zunächst eine Anlage genau untersuchen, um ihre Bedeutung zu ermitteln. Die besterhaltenste und zuletzt ausgegrabene liegt in Fyrkat bei Hobro in Jütland.

Fyrkat

Die Festung Fyrkat errichtete man an einer erhöhten Stelle in einem sumpfigen Tal; da der Platz zunächst nicht groß genug war, um den Plan auszuführen, mußte man ihn zuerst planieren und erweitern. Tatsächlich steht der Südteil der Festung auf Erde, die man mit Karren herbeischaffen mußte. Die Maßeinheit des Plans war der Römische Fuß; sie galt für die Entwürfe aller Festungen, doch variiert die genaue Fußlänge von Wallanlage zu Wallanlage (in Fyrkat betrug sie wenig über 29,5 cm).

Der holzeingefaßte Wall enthielt mindestens 10.000 m³ Soden und Steine, sein innerer Durchmesser betrug 120 m, also 408 Fyrkat-Fuß. Unten war er knapp zwölf Meter breit, die Höhe ist unbekannt; in der Rekonstruktion beträgt sie 3,5 m, aber vielleicht war sie im Original höher. Vermutlich gab es zusätzlich eine Brustwehr; diese müßte dann auch über die vier Tore gelaufen sein, die wie die Himmelsrichtungen auf einem Kompaß angeordnet waren und das Innere in vier gleiche Teile teilten.

Eine Luftaufnahme zeigt die Lage der wikingischen Ringwallanlage Fyrkat – der höchste Punkt eines sumpfigen Tals. Die Wälle, die man zerpflügt hatte, wurden wiederaufgebaut, und die Pfostenlöcher der Gebäude und Wege hat man mit Beton markiert. Ein Viertel der Anlage blieb unausgegraben.

An der Außenseite des Walls befand sich ein starker Holzzaun, der Angreifer hinderte, den Wall zu stürmen, und sie in angreifbarer Lage an der Böschung festhielt – zwischen Wall und Graben. Der Graben war sieben Meter breit und zwei Meter tief. Er umgab die Festung dort, wo das Gelände nicht steil abfiel.

In der Festung waren die beiden sich kreuzenden Hauptstraßen mit Bohlen belegt, eine andere lief rund um die Innenseite des Walls. In jedem der von diesen Straßen eingefaßten Viertel gab es einen Block von vier großen Gebäuden mit bogenförmigen Seitenwänden um einen Hof in der Mitte, in dessen Zentrum ein kleineres rechteckiges Gebäude stand.

Die Gebäude an der Ost-West-Achse enthielten alle Feuerstellen in der Mitte und man fand Hausrat. Sie waren wohl die Wohngebäude. Zwei Gebäude an der Nord-Süd-Straße waren eher Werkstätten; auch sie besaßen Feuerstellen, aber man fand dort Handwerkerschutt, u.a. von Kunstschmieden, und kaum Haushaltsabfälle. Zwei der Gebäude gegenüber dem Wall besaßen ebenfalls Feuerstellen (ein Viertel der Festung hat man bisher nicht ausgegraben). Auch diese Gebäude enthielten möglicherweise Werkstätten oder Schmieden. Die übrigen Gebäude wiesen kaum Funde auf und besaßen keine Feuerstellen. Sie waren wahrscheinlich Lagerhäuser oder Scheunen. Die zentrale Planung scheint sich also nicht nur auf den Grundriß der Festung erstreckt zu haben, sondern auch auf die Zweckbestimmung der Gebäude im Inneren: Die Wohngebäude hatten sich zur Ost-West-Straße hin auszurichten, die Dienstleistungsgebäude zum Wall. Die Häuser der anderen Achsenstraße waren vielleicht auch als Wohngebäude geplant, obwohl sie als Werkstätten benutzt wurden.

Nordöstlich des Walles befand sich der Friedhof für die Bewohner der Befestigung. Bei Ausgrabungen fand man Gebeine von Männern, Frauen und Kindern – etwa 30 Gräber. Einige waren in Särgen, andere in Wagenkästen und einer sogar in einer Kiste beigesetzt. Insgesamt schein es sich um eine ganz gewöhnliche (jedoch wohlhabende) jütländische Gemeinde des mittleren oder späten 10. Jahrhunerts gehandelt zu haben. Nichts in Friedhof oder Befestigung deutet darauf hin, daß Fyrkat ausschließlich militärischen Zwecken diente, wie man aufgrund des Plans und der Verteidigungsanlagen annehmen könnte. Die Funde aus den anderen Befestigungen stützen diese Annahme.

Die Ausgrabung von Fyrkat informiert uns auch über die Dauer seiner Nutzung, denn man fand kein Material aus dem 11. Jahrhundert. Ja, an den Holzgebäuden fanden sich keine Anzeichen, daß sie irgendwann repariert wurden, das deutet darauf hin, daß sie nicht viel länger als 30 Jahre benutzt wurden. Die Anlage muß schnell verfallen sein. Es gab eine Brandkatastrophe und danach baute man sie nicht wieder auf. Die Daten und die Gründe ihrer Errichtung erörtert man am besten vor dem Hintergrund der drei anderen Ringwallanlagen der Wikingerzeit.

Aggersborg, Trelleborg und Nonnebakken

Aggersborg am Limfjord in Nordjütland ist die größte dänische Befestigung. Sie hat einen doppelt so großen inneren Durchmesser wie Fyrkat und enthält dementsprechend das Dreifache an

Die Pläne der Wikinger-„Festungen" in Dänemark ähneln sich so sehr, daß sie das Werk einer zentralen Macht – zweifellos des Königs – sein müssen. Trelleborg *(links)* besitzt innerhalb der Wallanlage die gleiche Anzahl Häuser wie Fyrkat, aber es hat eine Vorburg mit weiteren 15 Gebäuden. Aggersborg *(unten)* hat den doppelten Durchmesser von Fyrkat und dreimal so viele Häuser.

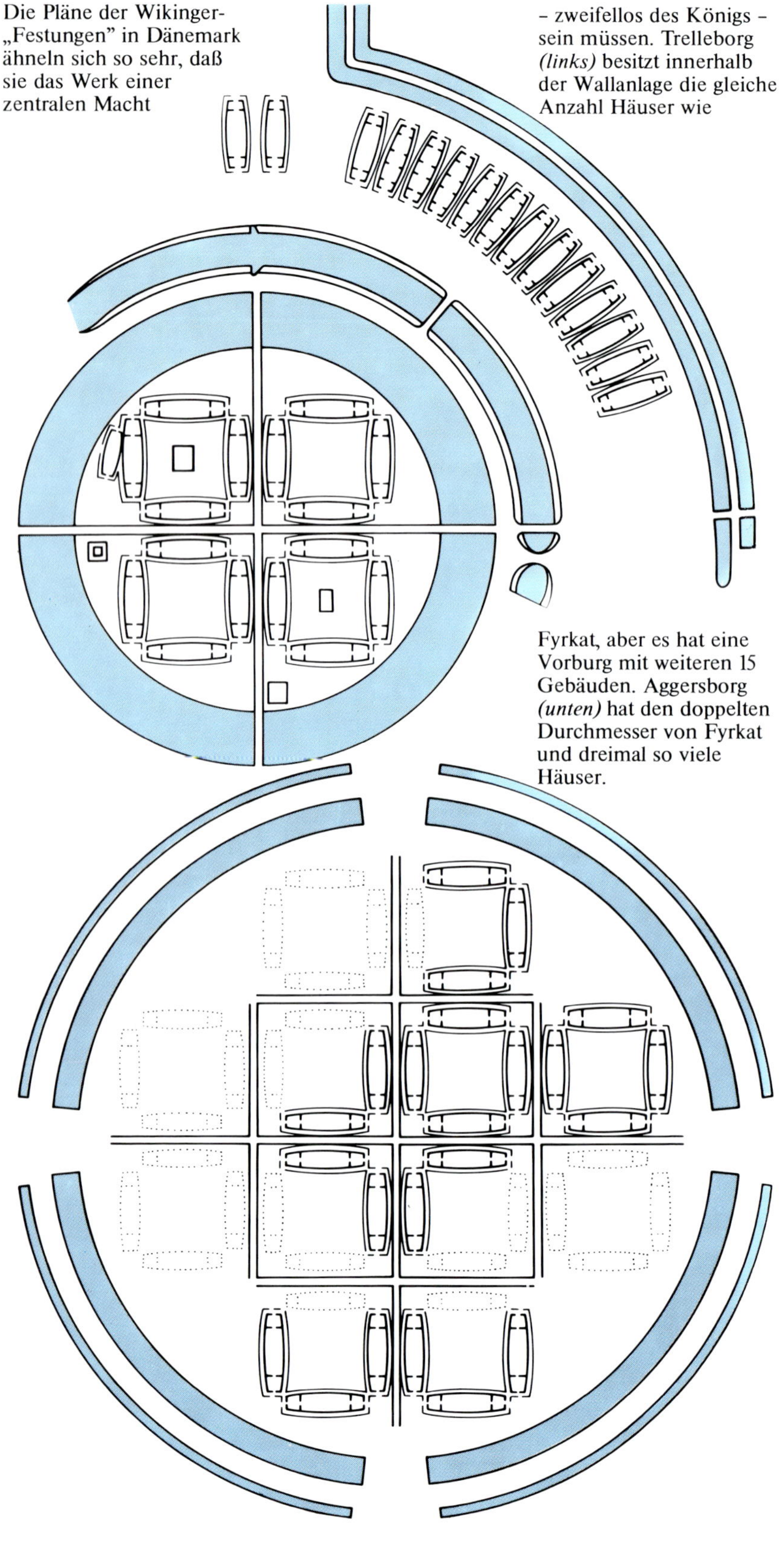

Gebäuden. Trelleborg im Westen Seelands besaß innerhalb des Walles genau so viele Häuser wie Fyrkat, aber es hatte eine Vorburg mit 15 weiteren Häusern; sie schützte ein dem Ringwall konzentrisch vorgelagerter weiterer Wall mit einem Knick vor dem Haupttor, in dem der Friedhof lag. Mit einem inneren Durchmesser von 468 Römischen Fuß und einem Wall von 60 Römischen Fuß Dicke war Trelleborg etwas größer als Fyrkat. Die vierte Befestigung, Nonnebakken, liegt in der Nähe von Odense auf Fünen. Man nimmt an, daß sie in Größe und Anlage Fyrkat entsprach, aber sie wurde überbaut, und genauere Untersuchungen sind daher schwierig.

Diese großen dänischen Festungen sind in Westeuropa ohne Parallele und ihr plötzliches Entstehen in verschiedenen Teilen Dänemarks im 10. Jahrhundert legt die Vermutung eines gemeinsamen Ursprungs aller vier unter der Planung einer Zentralgewalt nahe. Die Anregung zum Bau derartiger Befestigungen kam wahrscheinlich von ähnlichen Anlagen der Slawen und Sachsen obwohl diese kleiner waren und andere Grundrisse hatten. Ihre Größe entspricht eher einer Reihe von sieben Befestigungen an der niederländischen Küste, die vermutlich zum Schutz gegen Wikingerangriffe errichtet wurden. Die Anlage von Souburg auf der Insel Walcheren ist ebenso kreisförmig, genau so groß wie Trelleborg, hat auch vier Toreinfahrten, doch verfügt sie nicht über ein gleich planmäßig angeordnetes Inneres.

Der genaue Grundriß und die Befestigungsanlagen der dänischen Wälle lassen auf den ersten Blick vermuten, daß es sich um rein militärische Anlagen handelte. Aber wie Fyrkat uns gezeigt hat, waren es keine bloßen Kasernen. Ihre Aufgaben müssen daher vielfältiger gewesen sein. Sie konnten sicher als Örtlichkeiten dienen, an denen man zu Gefahrenzeiten Heere sammelte und wohin die Bevölkerung fliehen konnte. Im Frieden dienten sie wohl als Mittelpunkte der königlichen Verwaltung, wo man Steuern einzog und von denen aus der Hof versorgt werden konnte. Denn insgesamt kann kein Zweifel daran bestehen, daß es sich um königliche Anlagen handelte, und da sie, den Funden nach zu schließen, zwischen 950 und

1000 benutzt wurden, sind sie Harald Blauzahn oder seinem Sohn Sven Gabelbart zuzuschreiben.

Das Trelleborg-Haus

Der standardisierte Haustyp in den dänischen Wikingerburgen ist nach dem bekanntesten Beispiel als der Typ des Trelleborg-Hauses bezeichnet worden. Dort, in Trelleborg, errichtete man einen vollständigen Nachbau aufgrund der Ausgrabung der Pfostenlöcher, die fast die einzigen Reste dieser Holzgebäude darstellen. Leider ist dieser Nachbau - so beeindruckend er ist - in einem wesentlichen Aspekt irreführend: Die äußeren Pfosten, die das Haus umgaben, neigten sich nach innen und konnten daher nicht Bestandteile einer äußeren Galerie sein wie in der Rekonstruktion von Trelleborg.

Den Hauptgrundzug des Trelleborg-Hauses bildet die lange, dünne, geschwungene Form, die einen auffallend gebogenen Dachfirst zur Folge hat. Einen deutlichen Gesamteindruck eines solchen Gebäudes gewinnen wir mit Hilfe einer großen Schatulle (möglicherweise ein Reliquienschrein), die lange in der Kathedrale von Cammin in Pommern stand, aber im Zweiten Weltkrieg zerstört wurde. Ihre Seitenwände aus Elchgeweih waren mit Schnitzereien im Mammen-Stil verziert, die in ihrer Qualität der der Schatulle von Bamberg vergleichbar sind (s. S. 144). Die vorstehenden Tierköpfe aus vergoldeter Bronze an beiden Enden zeigen, wie die Giebel solcher Gebäude möglicherweise geschmückt waren und erinnern an die mit Tierköpfen geschmückten Kreuzblumen der späteren Stabkirchen.

Andere hausförmige Gegenstände kann man ebenfalls bei der Rekonstruktion des Haustyps von Trelleborg zu Rate ziehen. Eine schöne Serie von Grabplatten aus dem 10. Jahrhundert

Wie Frykat steht die „Festung" Trelleborg im Westen Seelands auf einem Kamm mit sumpfigem Boden zu beiden Seiten. Die Vorburg im Hintergrund des Fotos enthält zusätzliche Gebäude und einen Friedhof.

Die Rekonstruktion eines Hauses vom Trelleborg-Typ gründet sich auf die Ausgrabungen von Häusern der Wallanlage Fyrkat. Diese waren 96 Römische Fuß lang und besaßen Schindeldächer. Der gebogene Dachfirst ist ein Charakteristikum, eine Folge der langen Wände mit bogenförmigen Seitenlinien.

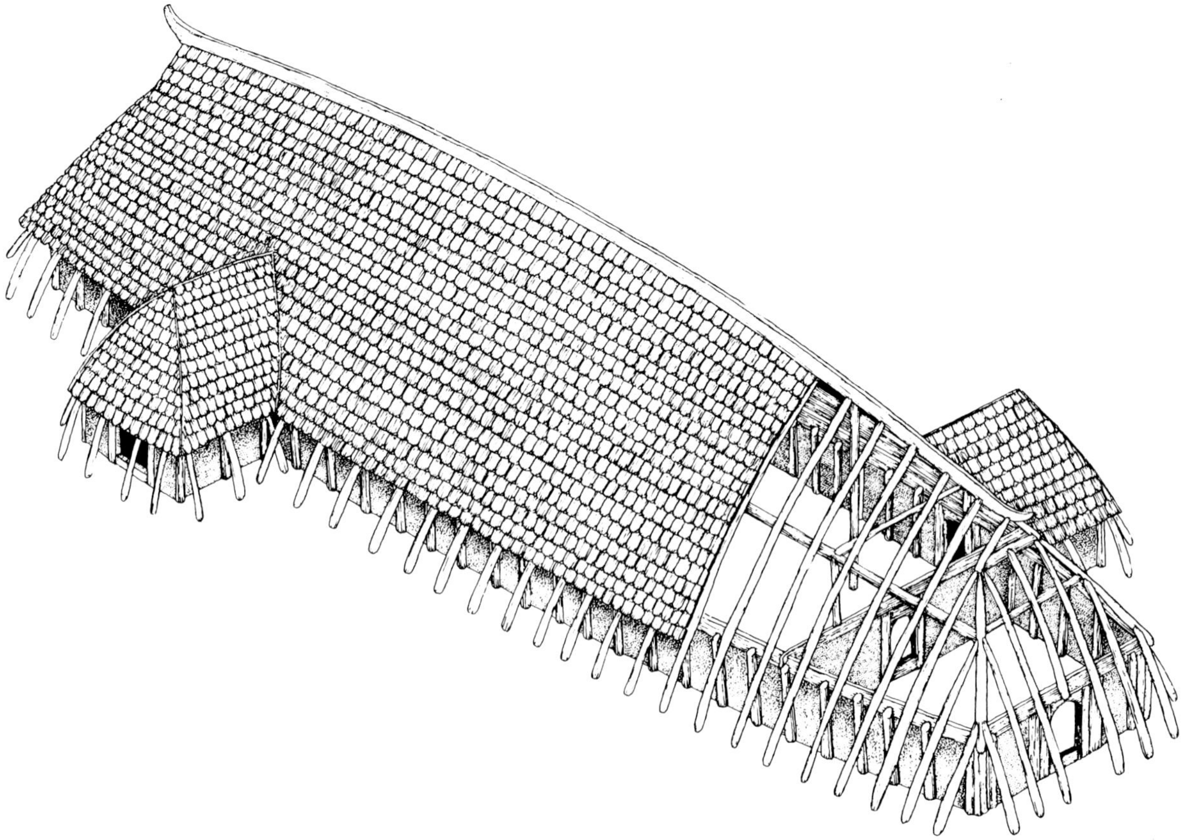

im Gebiet der Wikingerniederlassungen in Nordengland erwies sich als besonders aufschlußreich. Unter diesen Grabplatten befinden sich einige, die Häusern nachgebildet sind, jedoch bleiben die Giebel undeutlich, weil aufgrund eines besonderen Brauchs bärenartige Wesen ihre Enden umklammern. Die Grabsteine in Brompton, North Yorkshire, weisen Schindeldächer auf, ähnlich einem in Trelleborg entdeckten Beispiel. Manchmal mögen solche Häuser auch strohgedeckt gewesen sein. Die Längsseiten einer der Grabplatten von Brompton sind verkleidet mit breiten Flechtbandmustern, die von einfachen vertikalen Streifen geteilt werden. Dies erinnert an die typische Bauweise der Wände jener Häuser, die aus Holzrahmen mit Flechtwerkfüllungen bestanden. Dagegen waren die Wände der Häuser von Trelleborg in Stabbauweise errichtet: aus halbierten Holzstämmen, deren Rundseiten nach außen zeigten.

Die Häuser von Trelleborg waren 100 Römische Fuß lang, man betrat sie durch Türöffnungen, die sich an den entgegengesetzten Enden der Langseiten befanden (eine kam von der Straße, die andere vom Hof). Die Türen gewährten direkten Zugang zur großen Halle in der Mitte. In Fyrkat scheinen diese Türöffnungen mit Vorbauten versehen gewesen zu sein. An den Giebelenden gab es weitere Türen, durch die man in die kleineren Räume an beiden Enden der Halle gelangte.

In Birka fand man eine Münze, die, obwohl in Haithabu geprägt, solch ein Haus mit gebogenem Dachfirst und mit geneigten Pfosten oder Strebepfeilern zu beiden Seiten zeigt. Rund um die Trelleborg-Häuser fand man solche Außenpfosten und interpretierte sie zunächst falsch. Weitere Untersuchungen (insbesondere in Fyrkat) zeigten, daß die Pfosten der äußeren der beiden Parallelreihen tatsächlich geneigt gesetzt waren. Hierfür gibt es zwei plausible

Erklärungen: Entweder waren es Strebepfosten, die zum oberen Ende der Wände führten, um das Dachgewicht mitzutragen, oder sie verlängerten die Dachsparren.

Diese Art von hölzernem Haus mit bogenartigen Außenwänden findet man überall in Dänemark und im südlichen Schweden (wir stellen unten ein Beispiel aus Lund vor). Seiner Form entsprechen auch die Torf- und Steingebäude der Nordleute-Siedlungen auf den Atlantischen Inseln, die jedoch keine Strebepfeiler kennen.

Die Häuser von Trelleborg verraten den Geist „bürokratischer Pedanterie", der hier wunderlicherweise am Werk war. Es waren reine Serienproduktionen, auswechselbar und, soweit erkennbar, kongruent bis ins Detail, mit dem einzigen Unterschied, daß die Vorburgkasernen zehn Fuß kürzer waren.

Das allgemeine Urteil geht dahin, daß das Trelleborg-Haus seine Form zwar vom gewöhnlichen Langhaus der Wikingerzeit hat, doch mit seiner strengen Form und seiner kühnen Ausnutzung des dünnen Bauholzes ein selbständiges Bauwerk ist.

Oben: Der hausförmige Schrein von Cammin zeigt vorstehende Tierköpfe. Das läßt vermuten, daß die Giebelspitzen der Holzhäuser auf diese Weise geschmückt waren. Das Foto zeigt eine Nachbildung.

Ein bestimmter Typ von Sarkophagdeckeln im Norden Englands zeigt die Form von Häusern mit bogenförmigen Seitenwänden, Schindeldächern und Flechtwerkwänden.

Ein weiteres Beispiel eines Hauses vom Trelleborg-Typ zeigt diese Münze aus Haithabu, die man in Birka fand. Man sieht ein Bauwerk mit geschwungenem Dach und äußeren Stützen, dazu große Tierköpfe an den Giebeln, ähnlich denen am Schrein von Cammin.

Verteidigung und Verkehr

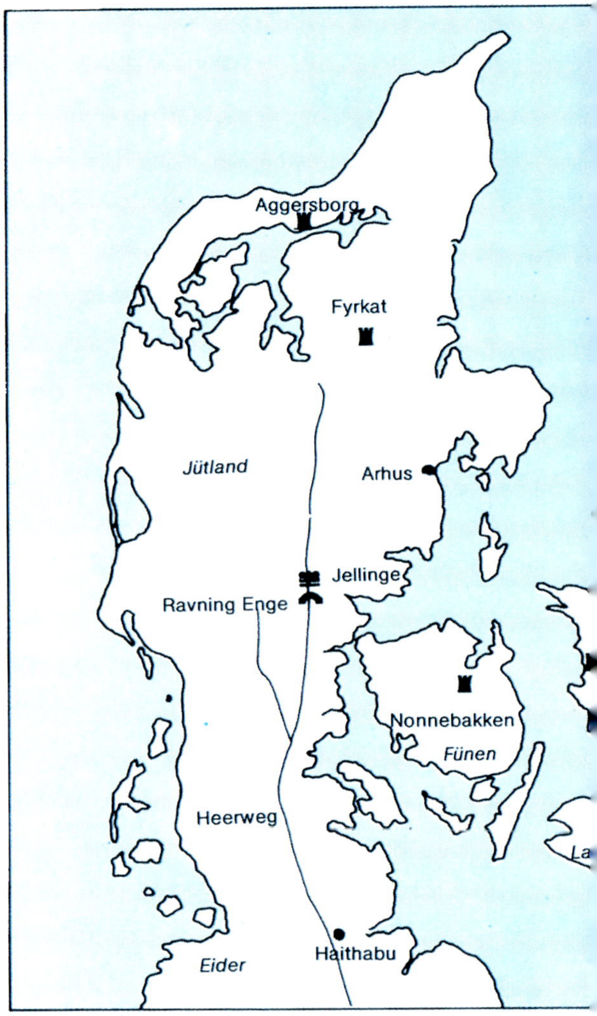

Graben und Wall des Danewerks durchschneiden noch immer die flache Landschaft am Fuße der Halbinsel Jütland. Dieses große Befestigungssystem schützte in der Wikingerzeit Dänemark vor Angreifern und Viehdieben aus dem Süden.

Die dänischen Ringwallanlagen stellen nur ein Beispiel des sich Ende des 10. Jahrhunderts in Skandinavien entwickelnden Befestigungsbaus dar. Mit den Wällen um Haithabu und Birka haben wir bereits andere Beispiele kennengelernt. Man versteht diese Tendenz wohl am besten als Auswirkung des Wachsens der Zentralgewalt in Gestalt der königlichen Macht. Von anderen Städten wie Århus in Dänemark weiß man ebenfalls, daß sie in jener Zeit Verteidigungsanlagen erhielten, während die Sperre von Skuldelev durch versenkte Schiffe eine Verteidigung Roskildes nach See hin in der späten Wikingerzeit bedeutete. In Dänemark und Schweden baute man zu jener Zeit auch Unterwasserbefestigungen in Form von Pfahlreihen. Aber diese Art der Seeverteidigung scheint einer Tradition anzugehören, die in die Zeit vor den Wikingern zurückreicht.

Verteidigungsanlagen an Land unter Verwendung von Wällen gab es auch schon vor dem 10. Jahrhundert. Haithabu und Birka besaßen wohl im 9. Jahrhundert kleine Burganlagen, während das Handelszentrum Löddeköpinge in Schonen bereits durch einen Wall geschützt wurde. Wichtiger ist, daß sich inzwischen gezeigt hat, daß die früheste Phase des Danewerks im 8. Jahrhundert, also vor der Wikingerzeit, liegt.

Das Danewerk

Während der Wikingerzeit war die Südgrenze

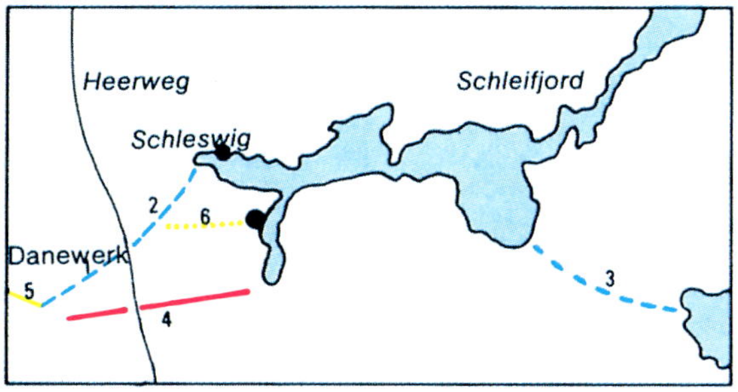

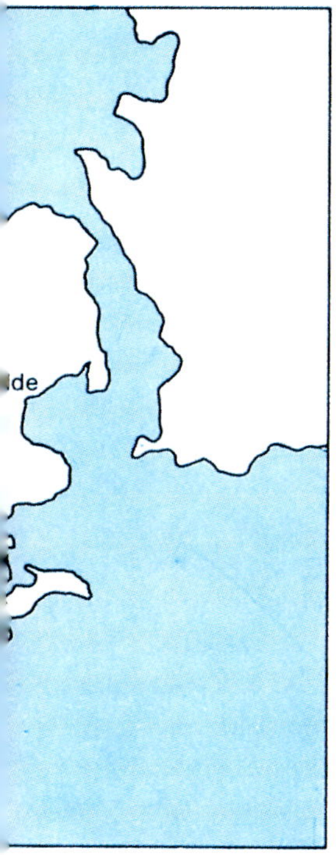

Oben: Die Erbauer des Danewerks nutzen voll die natürlichen Hindernisse aus, um die Sperre an der schmalsten Stelle der Halbinsel Jütland zu bauen. Neuere Untersuchungen haben die sieben wichtigsten Bestandteile drei Hauptbauphasen zugeordnet.

des dänischen Königreichs gegen die Deutschen durch eine Reihe von Erdbefestigungen geschützt, die quer über die Halbinsel Jütland verlaufen und natürliche Hindernisse verbinden: das Danewerk. Über das Danewerk berichten erstmals die Fränkischen Annalen zum Jahre 808; dort heißt es, daß der dänische König Godfred:

„. . . . entschied, die Grenze seines Königreichs gegen Sachsen mit einem Wall zu befestigen, so daß sich ein schützendes Bollwerk von der östlichen Bucht, genannt Østersalt (bis zum westlichen Meer) erstreckte, entlang dem Nordufer der Eider, nur durch ein einziges Tor unterbrochen, durch das Wagen und Reiter ein- und ausreisen konnten . . . .”

Die Untersuchung der Jahresringe des Bauholzes ergab jedoch, daß der erste Teil des Danewerks viel früher errichtet wurde und zwar etwa um 737.

Es gibt sieben unterscheidbare Wallabschnitte, die zu den drei Hauptbauperioden des Danewerks gehören, das eine Länge von insgesamt mehr als 30 km hat. Man nimmt an, daß zur ersten Periode der Hauptwall, der Nordwall und der Ostwall gehören, die zusammen diese skandinavische Halbinsel vom übrigen Europa abtrennten. In der zweiten Bauperiode entstand der „Kograben”, der südlich von Haithabu verläuft. Seine Entstehungszeit ist unbekannt, aber es kann sehr wohl die Befestigung Godfreds sein, von der in den Fränkischen Annalen die Rede ist. Godfred wollte sicher den Landweg zu seinem neugegründeten Handelshafen Haithabu sichern. Die dritte Bauperiode datiert in die Zeit nach 968 (wiederum nach der Analyse der Bauhölzer), als man zwei Abschnitte hinzufügte: Es sind der Krummwall, eine westliche Verlängerung des Hauptwalles, und der Verbindungswall, der den neuen Stadtwall von Haithabu an dieses Netz von Verteidigungsanlagen anband.

Das Endergebnis stellt ein Hindernis von militärischer Bedeutung bis ins 19. Jahrhundert hinein dar. Jedoch dürften seine Ursprünge im 8. Jahrhundert weniger anspruchsvollen Zielen gedient haben – vielleicht handelte es sich um eine offizielle Grenzlinie zur Kontrolle des Handels oder zur Verhinderung von Viehdiebstahl. Das „große Tor”, von dem die Fränkischen Annalen später berichteten, ließ man für den *Heerweg*, die nordsüdliche Landverbindung durch Jütland, die bis Viborg reichte.

Inländische Wasserstraßen

Das Meer, die Flüsse und die Seen blieben während der gesamten Wikingerzeit die natürlichen Verkehrsadern für Verbindungen und Transporte jeder Art in Skandinavien, aber im Laufe dieser Jahrhunderte wuchs ebenso schnell der Bedarf an Landverbindungen. Das Schleppen von Schiffen über Land hatte immer eine Notwendigkeit beim Reisen dargestellt (wie auf der südlichen Route von Birka), aber der Bau eines Kanals von fast einem Kilometer Länge auf der dänischen Insel Samsø stellte eine ungewöhn-

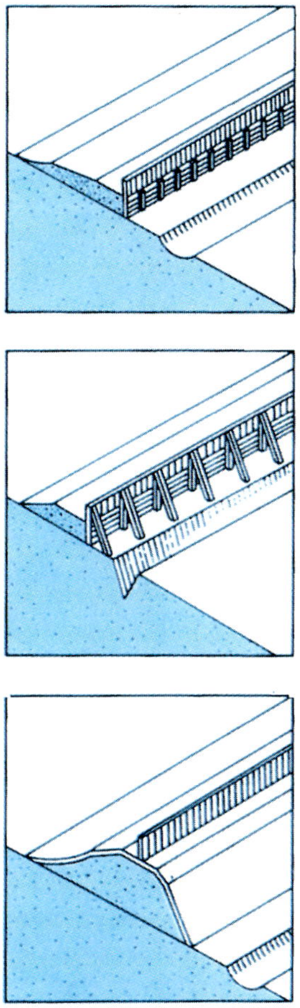

Diese drei Zeichnungen zeigen die Wälle und Gräben der Hauptphasen des Danewerks:

I. Ein holzverkleideter Wall mit Sohlgraben (Hauptwall, Nordwall, Ostwall).

II. Ein holzverkleideter Wall mit Schrägstützen und Spitzgraben (Kograben).

III. Ein Erdwall mit Palisade und Sohlgraben, Krummwall, Verbindungswall, Haithabu-Wall).

Dieser steinerne Dammweg aus der Wikingerzeit wurde bei Risby auf Seeland ausgegraben. Eine kleine Holzbrücke verband zwei Abschnitte, unter ihr entdeckte man einen einfachen Holzschlitten und ein Wagenrad.

liche Sache dar. Der Durchstich war 11 m breit und 1,25 m tief, teilweise war er an den Seiten mit Eichenbrettern eingefaßt, deren Analyse sie auf den Zeitraum von hundert Jahren vor oder nach dem Jahre 800 datiert, d.h. es handelte sich wohl in der Tat um ein Bauwerk der Wikingerzeit. Über seine Bedeutung kann man nur Vermutungen anstellen, aber sein Ziel muß es gewesen sein, Schiffe möglichst schnell von den westlichen zu den östlichen Wasserwegen zwischen Jütland und Seeland zu bringen. Aber es bleibt offen, ob es sich hier um ein Werk des Königs zu Verteidigungszwecken oder um ein privates Unternehmen im Dienste des Piratentums handelte.

Straßen und Brücken

Skandinavische Runensteine des 11. Jahrhunderts bezeichnen den Bau von Brücken oft als „gute Werke". Hier handelte es sich meist um Dammwege über Sumpfgelände, so wie kürzlich bei Risby in Dänemark ausgegraben, obwohl dieser tatsächlich mit einer kleinen Holzbrücke über einen Bach verbunden war. Solche Gemeinschaftsarbeiten besaßen in der späten Wikingerzeit oft eine spezifisch christliche Bedeutung, denn sie ermöglichten den Zugang zu den wenigen ersten Kirchen, ja wichtiger noch, damals erleichterten sie es den Priestern, zwischen den zerstreuten Gemeinden zu reisen.

Der Straßen- und Brückenbau hatte in Dänemark im 10. Jahrhundert einen gewissen Entwicklungsstand erreicht, denn man fand Reste einer Brücke von etwa einem Kilometer Länge bei Ravning Enge nahe Jellinge in Jütland, die vielleicht zum Heerweg gehörte. Sie überbrückte das sumpfige Tal des Vejle und stützte sich auf Pfosten, die jeweils in Viererreihen gesetzt wurden, mit je einem angewinkelten Pfosten am oberen Ende zur Abstützung des Fahrweges, der fünf bis sechs Meter breit war. Der Abstand zwischen den Pfeilerreihen betrug 2,40 m, so daß man insgesamt etwa 2.500 Pfosten benötigte. Am bemerkenswertesten ist jedoch die Genauigkeit, mit der der gesamte Bau geplant und durchgeführt wurde. Die tragenden Pfeiler maßen alle einen Römischen Quadratfuß im Querschnitt und die Reihen hatte man alle genau ausgemessen. Daher ist es kaum eine Überraschung, daß die Brücke von Ravning Enge etwa aus der Zeit der dänischen Ringwallanlagen stammt; hinter beiden Bauten stand eine ähnliche Mentalität. Holzanalysen haben als Datum ihres Baues etwa das Jahr 979 ergeben. Auch hier setzte sich wohl wieder die königliche Macht durch, denn die Beherrschung und Verteidigung des Königreichs gründete sich nicht zuletzt auf das schnelle Tempo mit dem Menschen und Befehle befördert wurden, d.h. auf die Qualität der Straßen und Brücken.

Harald Blauzahn war es wohl, der eine ganze Reihe von Bauprojekten in die Wege geleitet hat, die für seine Zeit bemerkenswert waren.

Neue Städte in Skandinavien

Obwohl der Reichtum eines Herrschers zum Teil aus seinen militärischen Erfolgen resultiert, sorgte seine Fähigkeit, Steuern zu erheben – in bar oder in Naturalien – für die Mittel, die er normalerweise für Organisation und Verteidigung seines Landes benötigte. Wir sahen, daß seit Beginn der Wikingerzeit das Interesse der Könige am Handel als Quelle des Steuereinkommens zur Gründung und Förderung von Städten führte. Die Gründung neuer Städte war eine wichtige Aufgabe im Skandinavien der späten Wikingerzeit. Sie waren nicht nur Märkte, sondern auch Zentren von Kirche und Verwaltung.

Ein deutliches Beispiel in Schweden bildet Sigtuna, die Nachfolgerin Birkas hinsichtlich seiner Aufgaben als Binnenhandels- und Handwerkszentrum; denn hier gründete man eine königliche Münzanstalt und einen Bischofssitz. In ähnlicher Weise trat Schleswig an die Stelle von Haithabu. Århus, Viborg, Ålborg und Roskilde in Dänemark sind Gründungen der Wikingerzeit. In Norwegen stellten Bergen, Trondheim (oder Nidaros, wie es damals hieß) und Oslo Gründungen der Endphase dieser Zeit dar.

Lund in Südschweden (damals dänisch) scheint in vieler Hinsicht typisch für diese Städte der späten Wikingerzeit. Hier machte Knut der Große um 1020 aus einer kleinen Siedlung eine Stadt als lokalem Zentrum für Handel und Gewerbe. Sie hatte enge Straßen und Häuser aus lehmverschmierten Flechtwänden, aber man fand bei Ausgrabungen auch ein Haus des Trelleborg-Typs. Man hatte es im 11. Jahrhundert durch eine Stabkirche an gleicher Stelle ersetzt. Ein großer steinerner Dom folgte um 1080 einer anderen hölzernen Kirche von 1060 (die wohl vorher als Kathedrale gedient hatte). Lund wurde Sitz des ersten Erzbischofs in Skandinavien.

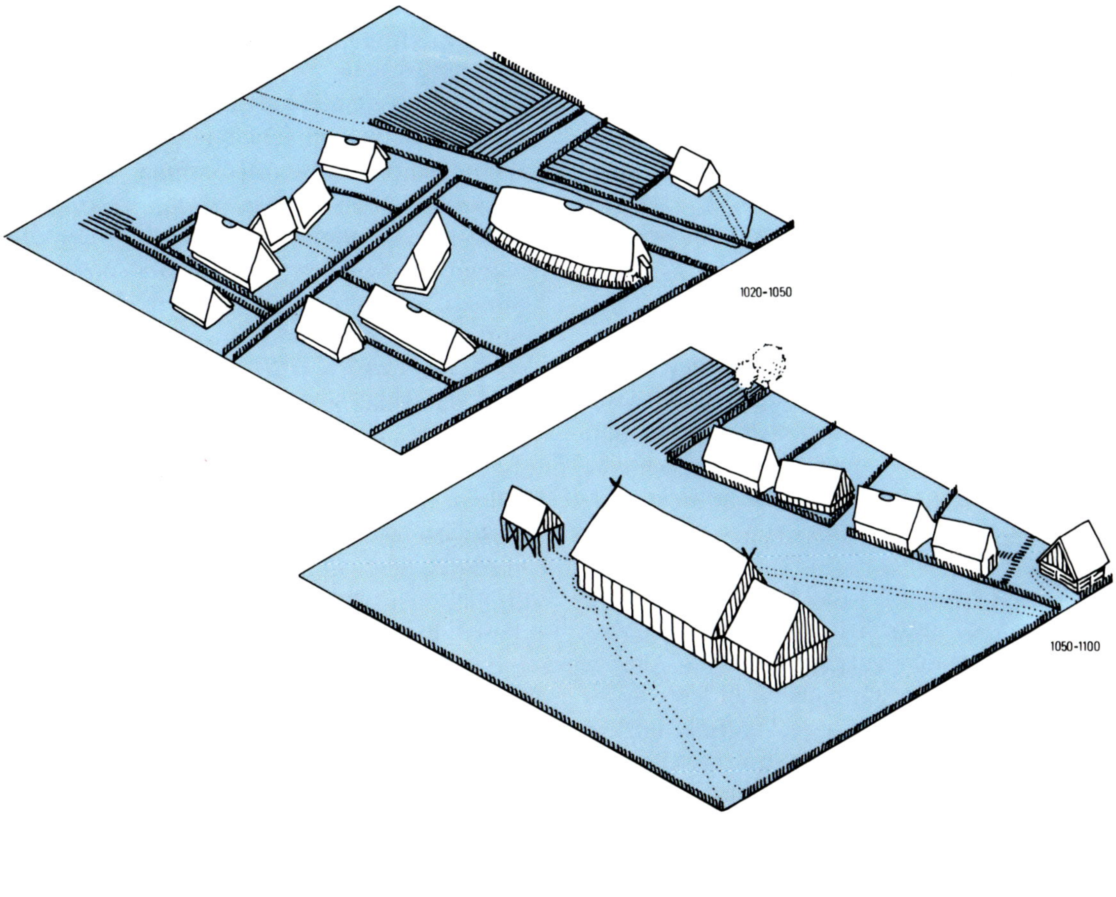

Die Stadt Lund in Schonen wurde etwa 1020 von Knut dem Großen gegründet. Umfangreiche Ausgrabungen haben einen Teil ihrer Geschichte in der späten Wikingerzeit enthüllt: An einer Stelle riß man einige Gebäude (darunter ein Haus mit bogenförmigen Seitenwänden) ab, um hier im 11. Jahrhundert eine Stabkirche zu bauen.

Kirchen

Die frühesten Kirchen Skandinaviens waren wohl Holzbauten. Archäologische Ausgrabungen haben in Norwegen, Schweden, Dänemark und England eine Reihe von Gebäuden aus dem 11. Jahrhundert freigelegt, die alle einen sehr ähnlichen Grundriß aufweisen und in Stabbautechnik errichtet sind. Diese Technik stellte natürlich nichts Neues oder Besonderes dar, denn sie wurde schon früher angewandt, etwa in Haithabu und Trelleborg. Das einzige Problem für Gebäude, die lange stehen sollten, bestand darin, daß die unteren Teile der Bretter, die direkt im Boden steckten, sehr bald verrotteten. Das führte dazu, daß nur dort oberirdische Reste solcher Kirchen aus dem 11. Jahrhundert erhalten blieben, wo ihre Wände später für eine andere Kirche an gleicher Stelle hergerichtet und wieder verwendet wurden – wie in Urnes in Norwegen und Greensted in England – denn in diesen späteren Gebäuden setzte man die Bretter in Schwellbalken, so daß sie über dem Boden verankert waren und dieses Problem gelöst war. Von den Kirchen der ersten Missionare im 9. und 10. Jahrhundert fand man keine Spuren, während die in den überseeischen Wikingerniederlassungen wie Brattahlid örtlichen Bautraditionen angepaßt wurden. Die Stabkirchen bilden jedoch eine besondere Gruppe von Gebäuden, deren Ursprünge in der späten Wikingerzeit liegen.

Die Grundrisse der Kirchen des 11. Jahrhunderts sind einfach, sie bestehen aus einem rechteckigen Mittelschiff mit einem annähernd quadratischen Altarraum; in einigen Fällen waren beide noch unterteilt. In der ersten Kirche von Urnes gab es vier zentrale Pfeiler im Mittelschiff, die auch dazu dienten, das Dach höher werden zu lassen; dies ist ganz sicher die Aufgabe der Pfosten im Altarraum der noch stehenden Nachfolgekirche aus dem 12. Jahrhundert. Mehrfache Dächer übereinander waren für die späteren norwegischen Kirchen genauso typisch wie kunstvolle Schnitzereien.

Die besterhaltene und ursprünglichste dieser norwegischen Kirchen steht in Borgund am inneren Ende des Sognefjords im Westen Norwegens; ihre innere Struktur ähnelt stark der der zweiten Kirche von Urnes, daher stammt sie wahrscheinlich auch aus dem 12. Jahrhundert. Aber ihr typisches Profil mit gestuften Dächern und von Tierköpfen geschmückten Kreuzblumen resultiert aus Hinzufügungen des 13. Jahrhunderts, die jedoch eine logische äußere Ergänzung der inneren Struktur darstellen. Die Schnitzereien aus dem 11. Jahrhundert an der ersten Kirche von Urnes lassen vermuten, daß es damals schon eine voll entwickelte Tradition der Ausschmückung von Kirchen gab.

Doch führt uns die Entwicklungsgeschichte der Stabkirchen schon über die Wikingerzeit hinaus.

Das Ende der Wikingerzeit

Die Heranbildung echter Nationalstaaten in Skandinavien, das Wachsen der königlichen Macht und die Christianisierung bedeuteten gemeinsam das Ende der Wikingerzeit. Mit der Entstehung der drei christlichen Königreiche des Nordens, Norwegen, Schweden und Dänemark, hatten die Überseefahrten der Wikinger, allmählich aufgehört; dies geschah aber erst, nachdem ein Großteil der nördlichen Halbkugel ihre Wirkungen zu spüren bekommen hatte – in einigen Fällen unter Hinterlassung dauerhafter Spuren. Die Entdeckung und Erforschung von Teilen Nordamerikas, die Niederlassungen in Grönland, die Gründung der isländischen Nation und die Besiedlung der Färöer waren die bleibenden Veränderungen im Fernen Westen. In Westeuropa mischten sich das norwegische und das dänische Volk und ihre Kultur tief und dauerhaft mit den Bewohnern und Kulturen Britanniens, Irlands und der Normandie. Im Osten spielten die Wikinger als die „Rus", während sie Verbindungen nach Byzanz und zum Islam knüpften, eine Rolle bei der Schaffung jenes slawischen Königreichs, daß als Rußland ihren Namen verewigen sollte. Aber für Skandinavien selbst hatten alle die vielfältigen Aktivitäten, durch die jenes große Netz von Verbindungen und Niederlassungen geknüpft wurde, zur Folge, daß es in die europäisch-christliche Zivilisation einbezogen wurde und das meiste der heidnisch-barbarischen Kultur aufgab, die die Wikingerzeit zu einer so glanzvollen Periode in der Geschichte des Nordens gemacht hatte.

Die Stabkirchen Skandinaviens bilden einen besonderen und originellen Beitrag zur Architektur Europas. Ihre Ursprünge liegen in der Wikingerzeit, aber ihren höchsten Entwicklungsstand erreichten sie im 12. und 13. Jahrhundert – wie hier im norwegischen Borgund.

Bibliographie

Diese Bibliographie enthält nur deutschsprachige Werke neueren Datums, die für ein breites Publikum relevant sind. Beiträge zu Fachzeitschriften sowie Ausgrabungsberichte wurden nicht aufgenommen.

Almgren, B. *Die Wikinger* (Essen 1968)

Arntz, H. *Handbuch der Runenkunde* (1957)

Böhner, K. *Schleswig-Haithabu-Sylt* (Mainz 1968)

Brønstedt, J. *Die große Zeit der Wikinger* (Neumünster 1964)

Capelle, T. *Der Metallschmuck von Haithabu, Studien zur wikingischen Metallkunst* (1968)

Carter, S. *Nordmänner und Drachenschiffe. Die Wikinger und ihre große Zeit.* (Düsseldorf 1976)

Deér, J. *Papsttum und Normannen. Untersuchungen zu ihren lebensrechtlichen und kirchenpolitischen Beziehungen.* (Köln 1972)

Dreijer, M. *Das wiedergefundene Birka* (Aland 1969)

Ebel, E. *Die Vinlandsagas. Ausgewählte Texte zur Entdeckung Amerikas durch die Wikinger* (Tübingen 1973)

Ebel, E. *Die Waräger. Ausgewählte Texte zu den Fahrten der Wikinger nach Vorderasien.* (Tübingen 1978)

Faber, G. *Die Normannen. Piraten – Entdecker – Staatengründer.* (München 1976)

Glob, P. V. *Vorzeitdenkmäler Dänemarks* (Neumünster 1960)

Hagen, A. *Die Wikinger-Schiffsfunde* (Oslo 1965)

Ingstadt, H. *Die erste Entdeckung Amerikas. Auf den Spuren der Wikinger* (Frankfurt, Berlin, Wien 1966)

Jacob, G. *Der nordisch-baltische Handel der Araber im Mittelalter* (Amsterdam 1966)

Jankuhn, H. *Haithabu (Wegweiser 2)* (Neumünster)

Klindt-Jensen, O. *Welt der Wikinger* (Frankfurt 1967)

Langenberg, I. *Die Vinland-Fahrten. Die Entdeckungen Amerikas von Erik dem Roten bis Kolumbus (1000–1492)* (Köln 1977)

Magnusson, M., Forman, W. *Der Hammer des Nordens. Mythen, Sagas und Heldenlieder der Wikinger.* (Freiburg 1977)

Norwich, J. *Die Normannen in Sizilien 1130–1194* (Wiesbaden 2. Auflage 1973)

Oxenstierna, E. *Die Wikinger* (Stuttgart, Berlin, Köln, Mainz 3. Auflage 1979)

Pörtner, R. *Die Wikinger Saga* (Düsseldorf, Wien 5. Auflage 1977)

Schnall, U. *Navigation der Wikinger* (Oldenburg 1975)

Sjøvold, T. *Der Oseberg-Fund und die anderen Wikingerschiffsfunde* (Oslo 1964)

Stenberger, M. *Die Schatzfunde Gotlands der Wikinger-Zeit* (Stockholm 1947/58)

Stenton, F. *Der Wandteppich von Bayeux* (Köln 1957)

Strømberg, M. *Neue schwedische Beiträge zur Geschichte der skandinavisch-slawischen Beziehungen während der Wikingerzeit* (Warschau, Posen 1960)

Vries, J., de *Altnordische Religionsgeschichte.* (Berlin 1956)

Die Wikinger (TIME-LIFE) (Amsterdam 1980)

Zettel, H. *Das Bild der Normannen und der Normanneneinfälle in westfränkischen, ostfränkischen und angelsächsischen Quellen des 8. bis 11. Jahrhunderts* (München 1977)

Index

G

H

O

P

Q

R

S